深圳市人文社会科学重点研究基地成果
国家高端智库综合开发研究院（中国·深圳）出品

碳达峰碳中和背景下
智慧城市绿色发展研究

Study on Green Development of
Smart City under the Target
of "Dual Carbon"

张静超 ◎ 著

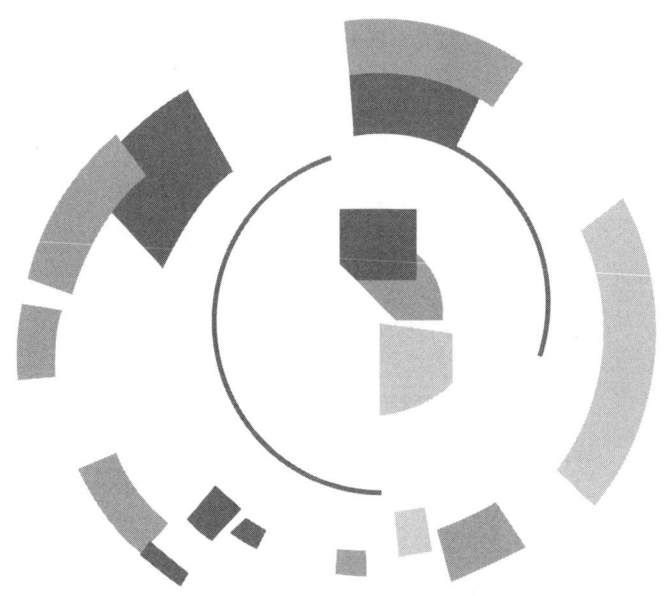

中国经济出版社
CHINA ECONOMIC PUBLISHING HOUSE

北京

图书在版编目（CIP）数据

碳达峰碳中和背景下智慧城市绿色发展研究 / 张静超著. -- 北京：中国经济出版社，2024.11. -- ISBN 978-7-5136-7926-8

Ⅰ. F299.21

中国国家版本馆 CIP 数据核字第 2024K4B625 号

责任编辑　赵静宜
责任印制　马小宾
封面设计　久品轩

出版发行	中国经济出版社
印刷者	北京富泰印刷有限责任公司
经销者	各地新华书店
开　本	710mm×1000mm　1/16
印　张	14.75
字　数	212 千字
版　次	2024 年 11 月第 1 版
印　次	2024 年 11 月第 1 次
定　价	98.00 元

广告经营许可证　京西工商广字第 8179 号

中国经济出版社 网址 http://epc.sinopec.com/epc/ 社址 北京市东城区安定门外大街 58 号 邮编 100011
本版图书如存在印装质量问题，请与本社销售中心联系调换（联系电话：010-57512564）

版权所有　盗版必究（举报电话：010-57512600）
国家版权局反盗版举报中心（举报电话：12390）　　服务热线：010-57512564

前言
Preface

2020年9月，在第七十六届联合国大会一般性辩论上，习近平总书记郑重宣布："中国将提高国家自主贡献力度，采取更加有力的政策和措施，二氧化碳排放力争于2030年前达到峰值，努力争取2060年前实现碳中和。"中国作为世界上最大的发展中国家，将完成全球最高碳排放强度降幅，力争用全球历史上最短的时间实现从碳达峰到碳中和。实现碳达峰碳中和，是以习近平同志为核心的党中央经过深思熟虑作出的重大战略决策，是着力解决资源环境约束突出问题、实现中华民族永续发展的必然选择。

相比欧美等发达经济体的自然达峰过程，我国要实现碳达峰碳中和的目标必须进行集中干预，立足我国能源资源禀赋，坚持先立后破，有计划、分步骤实施碳达峰行动。虽然碳达峰碳中和任务重、时间紧，但我们不能操之过急。我们需要锚定目标，砥砺奋进，深入推进生态文明建设，持续实施积极应对气候变化国家战略，采取强有力的政策措施，让绿色日益成为我国经济社会高质量发展的鲜明底色。积极探索我国碳达峰碳中和目标的实践路径，应充分吸收过去发展的经验和教训，立足可持续的长远目标，兼顾效率与持久，综合国内、国际双循环，进行更科学、更系统的布局。

目 录
Contents

第一章　行业与市场分析篇 ··· 001

　　一、欧盟碳中和各行业进程 ··· 003

　　二、日本碳中和各行业进程 ··· 009

　　三、中国碳中和各行业进程 ··· 015

　　四、政策建议 ·· 027

第二章　碳排放交易体系篇 ··· 031

　　一、我国碳市场发展情况 ··· 033

　　二、全球碳排放市场 ··· 050

　　三、加强碳交易市场建设的政策建议 ·· 055

第三章　绿色科技基础研究建设篇 ·· 059

　　一、全球绿色低碳科技创新的趋势 ··· 061

　　二、我国绿色低碳科技创新 ··· 070

　　三、以碳为约束条件的产业国际竞争力提升路径 ························· 087

第四章　数据信息融合创新及技术应用篇 ·· 093

　　一、大数据、物联网在智慧城市中的技术融合 ···························· 095

　　二、中国智慧政务数据治理发展 ·· 112

　　三、数字信息融合创新的技术应用 ··· 121

第五章 高水平建设智慧城市信息平台及技术应用篇 …………… 151

一、智慧城市信息平台的核心理念 ………………………… 153
二、重点城市数据治理评价 ………………………………… 162
三、高水平建设智慧城市信息平台的技术应用 …………… 170

第六章 零碳示范区建设及技术应用篇 …………………………… 193

一、零碳排放示范区的建设背景 …………………………… 195
二、零碳排放示范区的实施领域 …………………………… 200
三、零碳示范区建设的系统保障 …………………………… 215
四、零碳示范区建设技术应用 ……………………………… 218

第一章 行业与市场分析篇

云计算、大数据、物联网、人工智能等现代信息和通信技术的发展，对信息化条件下智慧城市的管理和服务模式提出了更高要求。新型智慧城市是一个开放的复杂系统，在政府、企业提供的城市管理、建筑能源管理、环境与基础设施运营管理等领域发展情况有所差异。本部分分析欧盟、日本重点行业发展特点，立足我国重点行业的发展基础，研判新型智慧城市发展趋势。

一、欧盟碳中和各行业进程

欧盟经济增长已和碳排放脱钩。经济增长、碳排放、能源消费3个因素互为因果关系，能源消费和碳排放促进经济快速增长；同时经济的快速增长，也导致了能源消费和碳排放的迅速增加。2004—2019年，由于欧洲GDP增长主要通过消费、服务业以及科技创新驱动，欧洲GDP的增长与二氧化碳排放量之间出现了负向关联。欧盟碳排放于1979年见顶，自20世纪90年代起从高平台下行，这主要是由于全球化分工的改变，导致欧洲的大量工业出现转移。1991—2019年，制造业和工业增加值占GDP的比重下滑，分别从19.8%和28.6%下滑至14.5%和22.2%。同一时期服务业增加值占GDP的比重保持持续上行，从59%上升至65.5%。

（一）总体框架性政策

在《巴黎协定》自下而上自愿减排的框架下，欧洲率先提出更为激进的2030年目标：2014年欧洲理事会在《巴黎协定》达成一致之前，率先确定了2030年温室气体需在1990年的基础上降低40%的目标，在2019年欧洲绿色新政中更是提出2030年温室气体相比1990年降低50%~55%这一更为激进的减排目标。

除此之外，欧盟还发布了诸多框架性的指导政策，包括：①加大对绿色领域的投资，以此来支持清洁能源技术的发展；②欧盟体制内气候立法，设定为具有法律约束力的目标，欧盟及其成员国将就此目标在欧盟层面以及国家层面采取必要措施；③在各个行业细项领域提出针对性目标，如各个部门的排放量、各个行业可再生能源的渗透率、能源利用效率等。

欧洲涉及的总体框架性气候政策见表1-1。

表1-1 欧洲涉及的总体框架性气候政策

政策名称	发布机构	时间	主要政策内容
《联合国气候变化框架公约》	包括欧盟及其成员国在内的197个缔约方	1992年通过，1994年生效	《联合国气候变化框架公约》（UNFCCC）是应对气候变化的主要国际条约，终极目标是将大气温室气体浓度维持在一个稳定的水平，在该水平上人类活动对气候系统的危险干扰不会发生
《京都议定书》	联合国气候变化框架公约参加国	1997年	在2020年之前，《京都议定书》是世界上唯一具有法律约束力的温室气体减排文书。共包含两个承诺期：2008—2012年，工业化国家承诺在1990年的水平上平均减少5%的排放量；2013—2020年，缔约方承诺在1990年的水平上减少至少18%的排放量
《2020年气候和能源一揽子计划》	欧洲理事会	2007年3月提出，2008年12月批准	确定欧盟2020年气候和能源发展目标，即著名的"20-20-20"一揽子目标：将欧盟温室气体排放量在1990年的基础上降低20%，将可再生能源在终端能源消费中的比重增至20%，将能源效率提高20%
《2030年气候与能源政策框架》	欧洲理事会	2014年10月	初步确定欧盟2030年气候和能源发展目标，即将温室气体排放量在1990年的基础上降低40%，将可再生能源在终端能源消费中的比重增至27%，将能源效率提高27%
Mission Innovation	欧盟及其他24个国家	2015年	加速全球清洁能源创新，促进相关科技进展突破并降低清洁能源成本。主要举措：①在参与方层面上大力加强公共部门对清洁能源研发的投资；②增加私人部门对能源创新的参与和投资，尤其是在关键的技术创新方面；③进一步促进国际合作；④支持创新、评估关键清洁能源技术的进步
《巴黎协定》	包括欧盟及其成员国在内的UNFCCC的所有缔约方	2015年通过，2016年签订	《巴黎协定》是首个具有普遍约束力的全球气候协议；欧洲在促成《巴黎协定》上发挥了重要作用，并将继续发挥全球领导作用；2019年12月，欧盟提交了更新和改进的NDC目标，即到2030年在1990年的基础上至少减少55%的排放
Action Plan for the Planet	欧盟委员会	2017年12月	提出面向现代清洁经济与公平社会的10项转型举措，以巩固欧盟在应对气候变化行动中的国际领导地位
《人人共享清洁星球》	欧盟委员会	2018年11月	通过使用现有技术及新兴技术，欧盟地区在2050年实现温室气体净零排放目标具备可行性
European Green Deal	欧盟委员会	2019年12月	阐明欧洲迈向气候中性循环经济体的行动路线，提出提高欧盟2030年和2050年气候目标，即2030年温室气体排放量在1990年的基础上减少50%~55%，2050年实现净零排放的碳中和目标

续表

政策名称	发布机构	时间	主要政策内容
2030 Climate Target Plan	欧盟委员会	2020年9月	到2030年，欧盟温室气体排放量与1990年的水平相比下降至少55%。能源系统在欧洲气候和经济转型中居核心地位，需要实现完全脱碳：在建筑及发电部门，排放量需要达到比2015年的水平降低至少60%；到2030年，欧盟可再生能源发电提升至65%以上，供暖制冷部门可再生能源渗透率达到40%；在一些碳密集型工业过程中，使用可再生氢替代化石燃料；在2030年前，将目前1%左右的建筑翻新率翻倍，并在智能电子化、可再生能源整合等方面深度改造；通过电动汽车、生物燃料及其他可再生低碳燃料的进一步推广，2030年，交通运输部门的可再生能源份额达到24%；到2030年，与2015年的水平相比，煤炭消耗量减少70%以上，石油和天然气分别减少30%和25%以上，可再生能源在最终能源消耗中所占的比重上升至38%~40%；欧盟排放体系需进一步强化；在一些行业引入碳边界调整机制，以应对碳泄露的风险；在最终能源消耗层面，能源效率需要提高到36%
《欧洲气候法》	欧盟委员会	2020年9月	欧盟将2050年实现温室气体净零排放设定为一个具有法律约束力的目标，欧盟及其成员国将就此目标在欧盟层面以及国家层面采取必要措施，每5年审查一次进展情况；到2030年，欧盟温室气体排放相比1990年至少减少55%；采用2030—2050年欧盟范围内的温室气体减排轨迹，以衡量减排进展；2023年9月，以及此后每5年，欧盟委员会将评估欧盟和各国在气候中和方面的措施

（二）电力行业

电力端脱碳是欧洲实现气候中和的重点，政策目标具体且密集：2030年为欧洲气候目标重要节点，许多电力行业脱碳政策均基于此年制定。2018年12月，*Renewable Energy Directive* 中要求，到2030年，欧盟可再生能源比例需要在最终能源消耗中达到至少32%，并实现15%的电力和智能网络以及储能的互联互通。2020年9月，欧盟委员会在2030 *Climate Target Plan* 中提出，到2030年，欧洲可再生能源发电占比至少应提升至65%。2020年11月，*Offshore Renewable Energy Strategy* 发布，提出到2030年，欧洲海上风电装机容量至少达到60千兆瓦。同时，作为欧盟碳交易体系下的重点行业之一，电力部门与其他 ETS 行业需在 2030 年前实现相比 2005 年水平 43% 以上的减排。

在绿电目标推动下，欧洲电力能源结构进一步优化，电力脱碳进程不断加快。从电力供应角度来看，2015—2019 年，欧洲核电发电量占比稳步下降；2015—2020 年，可再生能源发电占比 6 年间提升了 8.29%，可再生能源发电占比由 15.14% 提升至 23.43%，未来可再生能源将逐渐成为欧洲电力系统的重要支撑，电力部门或将成为欧洲最早脱碳的行业。

（三）工业

能源密集型工业为重点关注对象，碳交易机制和能源政策共同助力脱碳。目前，欧洲工业排放以能源密集型产业为主，具体脱碳政策引导可分为欧盟碳交易体系以及能源政策。碳交易机制主要针对工业的终端减排目标，以缩减排放限额及提升排放成本来倒逼欧洲工业加速脱碳。能源政策方面，Renewable Energy Directive（2018 年）为欧洲设定了 2030 年能源效率至少达到 32.5% 的目标。Hydrogen Strategy（2020 年）及 EU Industrial Strategy（2020 年）提出大力提升氢在能源结构中的份额，建立清洁氢联盟，在工业部门数字化、现代化的同时加速脱碳，以提升欧洲工业的国际竞争力，欧盟碳排放的收紧对欧盟工业品的产量和价格并无显著影响。

钢铁：钢铁产量受碳中和政策影响较小，在金融危机前后以外的时期欧盟钢铁的产量基本保持稳定，而钢铁价格的波动和碳交易收紧时间不相符。

原油：自 20 世纪 90 年代起，随着欧洲经济和能源结构的调整，原油产量持续下行，但在 2013 年碳交易大幅收紧后，欧盟原油产量依然维持稳定。

化工：作为欧洲主要基础化工产品，过去 10 年丙烯及丁二烯产量保持稳定，但在 2003—2019 年价格波动较大，出现大幅上扬后下降的情况。

水泥、石灰及石膏：欧元区水泥产量在 2007 年之后大幅下滑，而对应的水泥价格在 2013 年碳交易所政策收紧时期的上行幅度远不及 2008 年之前的上行幅度。

(四)交通运输

欧盟交通政策多重支持,全面推动脱碳进程。根据2020年9月发布的 2030 Climate Target Plan,总体上,欧洲交通运输部门在2030年可再生能源份额需要达到24%。欧洲于2019年4月及同年6月分别出台 Regulation Setting New CO_2 Emission Standards for Cars and Vans 及 Regulation Setting CO_2 Emission Performance Standards for New Heavyduty Vehicles,设定减排及低排车辆渗透率目标。在政策支持方面,除资金支持外,"补贴+税收+积分"是欧洲交通运输部门脱碳的政策核心。其中,补贴既有针对个人的购车补贴,也有针对以出租车公司为代表的公司激励;税收方面,优惠力度大、范围广,既包括购置税、保有税,在一些国家还涉及进口关税;积分政策能有效推动车企加大低排车辆的生产与投放。

在政策引导下,欧洲新能源汽车发展迅猛,交通运输行业脱碳进程不断加快。在目标细化推动以及相关政策激励下,2013—2020年,欧洲新能源汽车销量持续上升且增速逐渐加快,在2020年超越了中国(见图1-1)。同时,欧洲新能源汽车渗透率也逐年加速递增,在2020年达到8.71%,超出中国1.5倍、近美国3.7倍,在国际上占绝对领先地位。在欧洲激进的交通政策背景下,交通运输行业的脱碳步伐预计将继续加快。

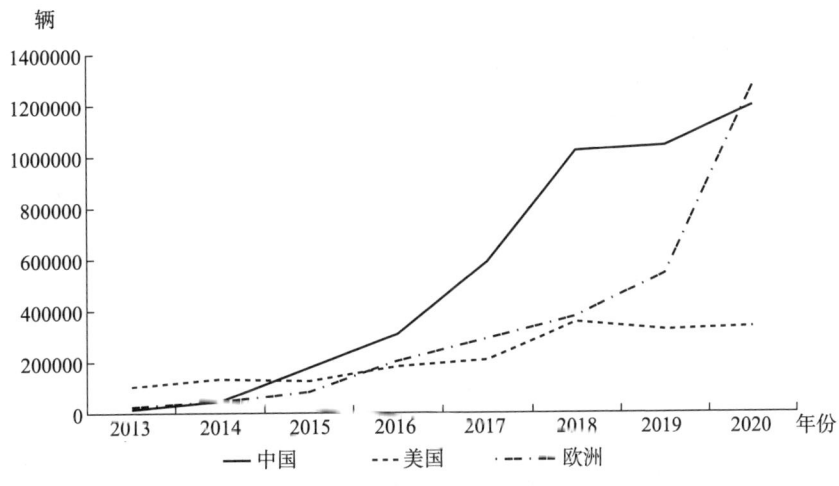

图1-1 欧洲新能源汽车销量变化及与中国、美国对比

（五）建筑

能效提升为欧洲建筑行业脱碳政策核心：根据欧盟委员会的数据，建筑约占欧洲总能源消耗的40%，能源碳排量的36%。基于建筑行业的能效提升对欧洲降低碳排放至关重要，无论是欧盟还是各国层面的建筑脱碳政策，均以能效提升为中心目标。欧盟于2018年出台的《建筑物能源性能指令》建议，旧建筑的翻新速率须达到3%，新建筑物在出售、出租、建造时应当配有能源性能证书；2019年发布的《欧洲绿色新政》则再次强调建筑物能效提升的重要性，并提出严格执行对建筑物能源性能的相关立法。在各国层面，英国重视建筑物能效提升，并设定建筑碳排的具体目标；德国更加细化地提出建筑物内供暖、制冷及电力供应需转向可再生能源；法国则计划对建筑物的能效改造投入大量资金。

在多层级能效政策下，欧洲建筑脱碳取得一定进展，预计未来将进一步加速。根据EU Buildings Observatory数据，自2012年起，欧盟近零能耗建筑（NZEB）占比不断上升，其中非住宅零能耗建筑占比在2012—2016年持续上升，而住宅零能耗建筑在2014年达到峰值之后小幅下降，但仍维持在0.23%的水平（见图1-2）。总体来看，NZEB的占比呈上升趋

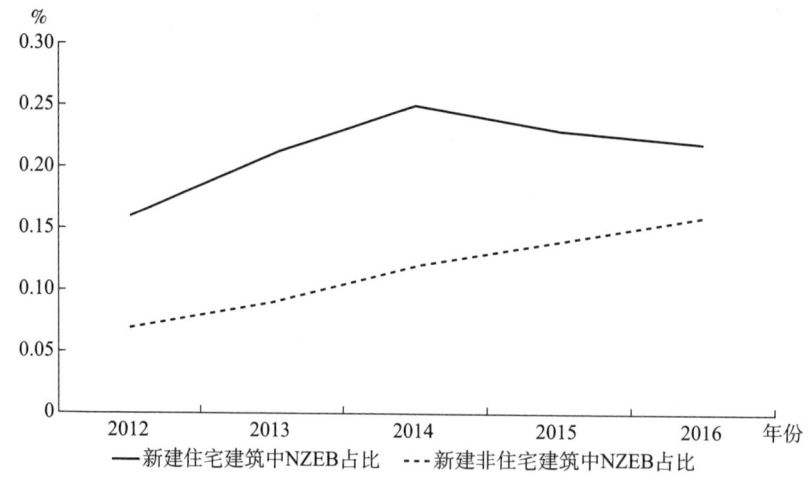

图1-2 欧盟NZEB在新建住宅建筑与新建非住宅建筑中的占比

势。英国具有 A 级能源性能的住宅占比同样总体维持爬升的态势。欧洲对建筑的具体政策在近年来开始密集出台并实施，预计未来随着建筑能效提升的进一步加速，建筑行业脱碳进程也将相应加快。

（六）农业碳汇

欧盟提出目标，到 2030 年将温室气体排放量至少减少 40%，森林约占碳捕获的 10%。为实现这一目标，欧盟早在 2018 年 5 月通过了《2030 年气候与能源政策框架》，将土地利用、土地利用变化和林业所产生的温室气体排放量和吸收量纳入核算框架。该法规首次规定，在 2021—2030 年，欧盟成员国有义务减少等量或以上的大气 CO_2，以抵消产生的温室气体排放量。欧盟委员会拟定了欧盟成员国在 2021—2025 年必须适用的"森林参考水平"。该法规指出了土地部门在实现缓解气候变化长期目标中的重要性。为更好地指导森林管理，欧盟在 2020 年公布的《2030 年生物多样性战略》基础上，宣布将制定一项涵盖整个森林生命周期的新森林战略，以有效的植树造林和森林保护与恢复为主要目标，要求到 2030 年，再种植至少 30 亿棵树，以提高森林固碳。

二、日本碳中和各行业进程

日本 GDP 增长和碳排放量变化可以分为三个阶段：①1990—1995 年，GDP 与碳排放量相关度强，呈现同步、低速上行趋势。在这一时期，虽然日本经历了房地产泡沫的破裂，但 GDP 与总碳排放量仍保持同步、低速增长态势。②1996—2012 年，碳排放量与 GDP 水平震荡，经济危机、福岛核事故显著改变碳排放趋势。GDP 处于横盘阶段，先后经历了亚洲金融危机、互联网泡沫破裂、全球经济危机。从 1996 年到全球金融危机前的 2007 年，GDP 增幅为 0.69%，碳排放量增幅为 0.32%，经济增长几乎停滞，导致总体碳排放量维持震荡水平。2011 年福岛核事故后，核电停运，化石燃料使用量增加，导致碳排量快速上行。③2013—2019 年，GDP 与碳排放量脱钩，核电重启、可再生能源快速发展显著改变能源结构。面对严峻的能源环境，日本不得不重启核电，同时推出可再生能源收购（FiT）制度，大力发展光伏、风电等可再生能源。节能节电行动在这一时期得到大力推广。在整个社会的共同努力下，新能源快速发展，碳排放量开始下行，实现了所谓的"经济增长与碳排放脱钩"。日本GDP与碳排放量变化趋势见图1-3。

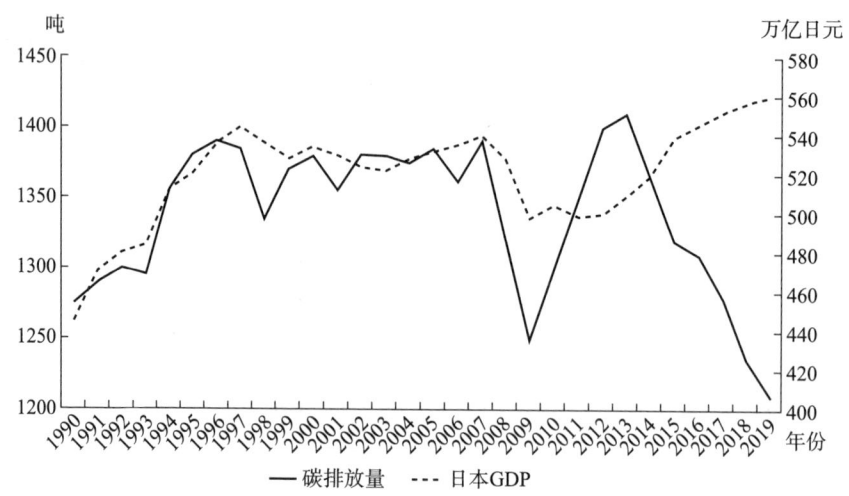

图1-3 日本GDP与碳排放量变化趋势

（一）海上风电

扩规模降本，发展国内供应链：日本将海上风电置于能源领域规划的第一位。日本的岛国地形，使其拥有丰富的海上风电潜能。根据国际能源署（IEA）数据，其海上风电潜能超过总用电需求的8倍，覆盖度仅次于欧盟，见图1-4。

主要目标包括装机规模和降低成本两个方面：

装机规模：2019年底仅有66兆瓦，以2020年14.8吉瓦特的目标进行环境评估，得出2030年装机容量为10吉瓦特，2040年达到30~45吉瓦特。

降低成本：2018年发电成本约为22日元/（千瓦·时），2019年FiT价格为36日元/（千瓦·时）；2030—2035年成本削减至8~9日元/（千瓦·时）。因此，未来10年将是日本海上风电快速扩大规模、快速降本的阶段。

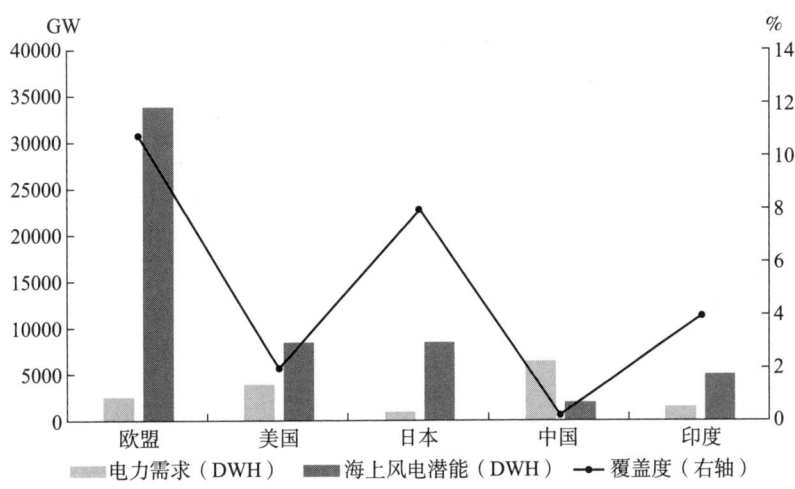

图 1-4　2018 年海上风电潜能覆盖电力需求倍数

（二）核能

后福岛时代的能源政策考验，中长期地位确立：对于日本来说，能源方面的资源约束比较明显。经历了第一次石油危机后，日本开始扩大液化天然气（LNG）的使用比例，同时提高核电比例，但是仍然严重依赖化石能源。1973 年化石燃料依存度为 94%，2010 年化石燃料依存度为 81.2%，2018 年化石燃料依存度为 85.6%，见图 1-5。

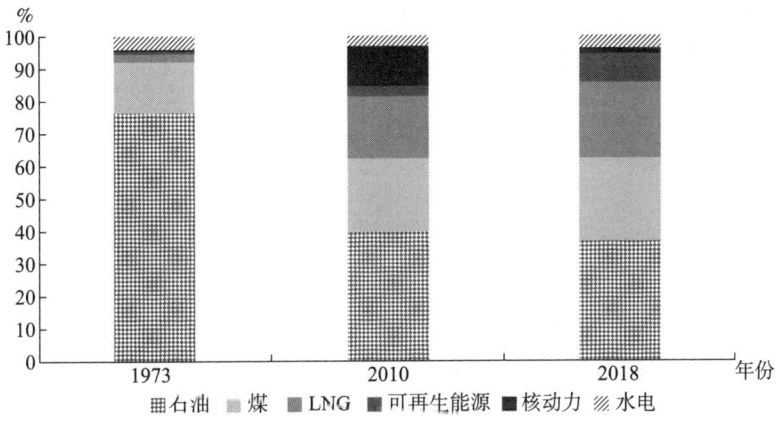

图 1-5　不同时期各类能源依存度

在化石燃料方面，日本绝大多数消费依赖进口。2019年，日本对进口石油、进口LNG、进口煤炭的依存度分别达到99.7%、97.7%、99.5%。

经济方面：由于需要额外进口化石燃料，导致日本贸易账户迅速转负，到2013年达到-145亿日元。日本原子工业论坛（JAIF）表示，增加的燃料进口每年花费约3.8万亿~4.0万亿日元（折合400亿美元）。此外，由于发电成本的提升，2014年日本工业和家庭电价分别较2010年提升41%和25%，见图1-6。

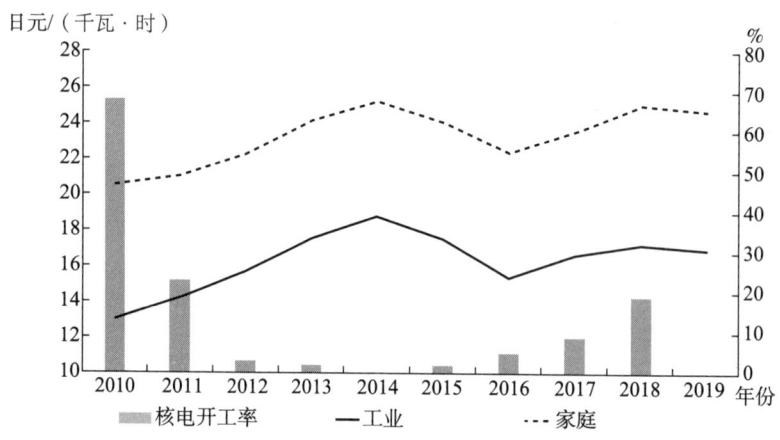

图1-6 不同部门电价变化

2015年底的全球气候大会通过《巴黎协定》后，日本政府开始着手制订国内的减排方案，要求排放量较大的电力行业进一步减排，并敦促普通家庭及办公场所通过节能努力减少约40%的排放量。其目标是到2030年将CO_2排放量比2013年降低21.9%，并将能源自给率由2012年的6.3%提高到24.3%。在2018年7月批准的《第5次能源基本计划》中，核电被定义为"有助于长期能源供应和需求结构稳定的重要基本负荷电源"。

（三）制造业与运输业

强化半导体与新能源车等领域技术、创新能力：石油危机之后，推动日本制造业在增加生产的同时抑制能源消耗的主要因素是节能方面的进展（能源单位因素）和从材料工业向加工及组装型工业的转移（构造因素）。

进入21世纪，日本的制造业能耗仍处于缓慢下降趋势。2000—2010年，受金融危机影响，生产指数回落占主导因素；2010—2018年，单位能耗下降占主导因素，表示日本产业节能进一步推进。

在《2050年碳中和绿色增长战略》中，制造业和运输相关产业涉及7个领域，横跨一二产业，尤其是诸如汽车、半导体、农林牧渔等在经济社会中占有重要地位的传统产业。提出实现7个领域的碳中和除了对整体碳中和作出突出贡献，还可以帮助日本实现新的产业经济增长点，占据世界市场主流。

根据日本汽车工业协会于2018年11月发布的《日本的电动化政策》，2030年其目标为"新一代汽车"占国内乘用车的50%~70%，其中30%~40%为混合动力车，20%~30%为纯电动/插电式，3%为燃料电池车。成本方面，2030年汽车电池成本减半，降至1万日元/（千瓦·时）或更低；太阳能家用蓄电池成本达7万日元/（千瓦·时）以下（含工程费）。2018年底，日本拥有约848.5万辆混合动力汽车、约10.8万辆电动汽车、约12.2万辆插电式混合动力汽车和约3000辆燃料电池汽车。

早在2019年，日本经济产业省"汽车产业新时代战略会议"就确定了2050年"xEV"战略，即实现全球销售的所有日系车均为EV电动车（xEV），电动车市场占有率由目前的约30%提升至100%，每台汽车的温室气体排量较2010年减少80%。表1-2为日本新一代汽车的普及目标与现状。

表1-2 日本新一代汽车的普及目标与现状

汽车名称		2017年	2030年
传统汽车		63.6%（279.1万辆）	30%~50%
新一代汽车	混合动力车	31.6%（138.5万辆）	30%~40%
	纯电动车	0.41%（1.8万辆）	20%~30%
	插电式混合动力车	0.82%（3.6万辆）	
	燃料电池车	0.02%（849万辆）	3%
	清洁柴油车	3.5%（15.5万辆）	5%~10%
	合计	36.4%（159.5万辆）	50%~70%

（四）建筑节能

光伏的重要发展方向：在《2050年碳中和绿色增长战略》中，光伏产业的规划被列入"家庭与办公"板块。这从侧面反映了日本光伏发电与建筑的紧密结合。由于地形限制，日本缺乏大型集中式光伏发电场地，因此分布式光伏是日本光伏发展的主要方向。截至2019年底，日本已安装的光伏装机中，59%以安装型光伏建筑的形式存在，31%为离网型，0.43%为构建型光伏建筑。可以预见的是，随着可利用空间越来越少，未来增量空间主要存在于分布式。

根据IEA数据，在全球光伏市场中，日本的市场份额在2004年曾占50%以上，但2018年降至1.2%。在日本国内，本土组件的市场占有率也呈现不断下滑的趋势。但在住宅、公共、发电企业等类型中，住宅是日本本土组件市场占有率最高的类型，且近年来有止跌回升态势。住宅光伏领域单项目规模较小，由于在成本方面的劣势，日本将下一阶段光伏生产重点放在更高功能和更高附加值的市场，如开发轻量级模块，使光伏安装拓展至以前无法安装的领域。

（五）资源循环与垃圾分类

日本垃圾分类要求：2000年6月，日本出台的《建立循环型社会基本法》正式提出建设循环型社会，提倡减少排放、重新使用、以循环利用为主的"3R"原则，目前已经初见成效。图1-7为日本资源循环示意图。

日本虽然对垃圾分类的要求十分严格，但各个地区存在一定差异，如大多数地区的垃圾分类在4~10种，特定地区的垃圾分类划分则有36种。对垃圾收运的时间也有严格要求，如日本静冈县长泉町要求可燃垃圾一周可以扔放两次，不可燃垃圾、有害垃圾或资源垃圾每月可以扔放两次，塑料垃圾每周三可以扔放，而家电回收需要消费者自行承担包括运费在内的金额。

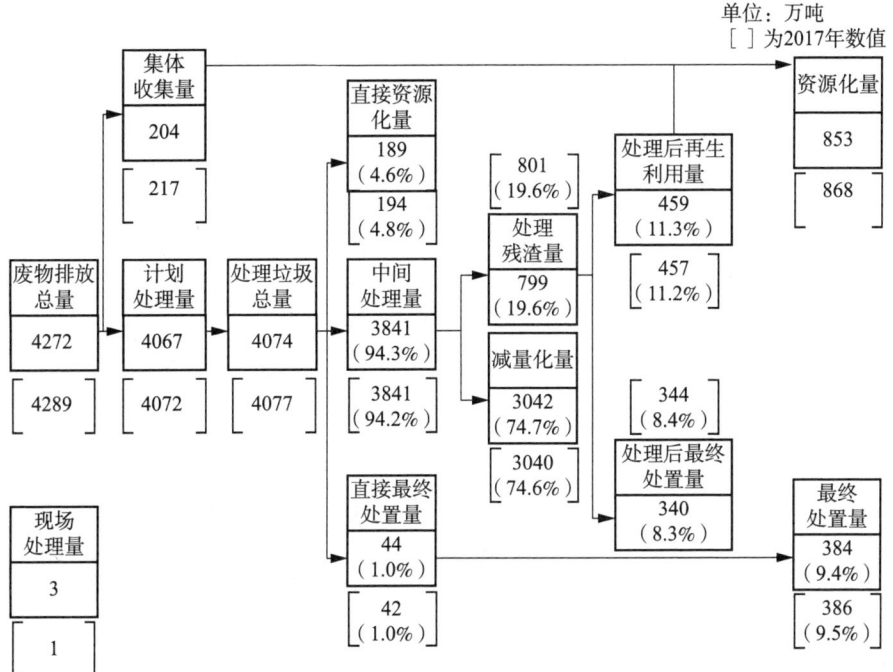

图 1-7 日本资源循环示意图

注：1. 由于误差等原因，"计划处理量"和"处理垃圾总量"（中间处理量+直接最终处置量+直接回收量）不一致。

2. 减量处理率（%）=（中间处理量+直接资源化量）/废物处理总量×100%。

3. "直接资源化"是指将废物直接作为原料进行利用或者对废物进行再生利用。这是一种将废物转化为资源的过程，旨在优化环境并实现资源的有效利用。

三、中国碳中和各行业进程

（一）中国碳达峰碳中和"1+N"政策

"双碳"目标提出以来，中国立足能源资源禀赋，构建起目标明确、分工合理、衔接有序的"双碳""1+N"政策体系。其中，"1"作为政策体系的顶层设计是指中央层面发布的《关于完整准确全面贯彻新发展理念做好碳达峰碳中和工作的意见》和《2030年前碳达峰行动方案》，"N"是指重点领域和重点行业碳达峰实施方案和一系列支撑保障措施

（见表1-3）。

表1-3 中国碳达峰碳中和"1+N"政策示意

"1"：顶层设计
《关于完整准确全面贯彻新发展理念做好碳达峰碳中和工作的意见》
《2030年前碳达峰行动方案》

"N"：重点领域、重点行业实施方案及支撑保障		
制订重点领域碳达峰方案	明确重点行业碳达峰路径	出台一系列支撑保障措施
能源领域、工业领域	煤炭、石油、天然气	法律法规、财政政策
交通运输、城乡建设	建材、电力、钢铁	绿色金融、市场机制
农业农村、生态碳汇	有色金属、石化化工	统计核算、考核监督
降碳减污、绿色消费	新型基础设施、其他行业	科技支撑、人才培养

重点领域：国家发展改革委、生态环境部、国家能源局、工业和信息化部、农业农村部、交通运输部等多个部委，针对能源、工业、交通运输、城乡建设、农业农村、生态碳汇、减污降碳、全民行动等重点领域，提出了碳达峰重点任务和措施（见表1-4）。同时，强化务实行动，有力有序有效推进各项重点工作。

表1-4 中国重点领域"双碳"任务和措施

序号	重点领域	重点任务和措施
1	能源	（1）非化石能源高效开发利用； （2）化石能源清洁高效利用； （3）构建新能源占比逐渐提高的新型电力系统； （4）氢能产业和储能技术； （5）能源绿色低碳转型体制机制； （6）标准化提升
2	工业	（1）产业结构优化调整； （2）节能和循环促进能效提升； （3）加强完善绿色制造体系

续表

序号	重点领域	重点任务和措施
3	交通运输	(1) 优化交通运输结构; (2) 推广节能低碳型交通工具; (3) 绿色交通基础设施建设
4	城乡建设	(1) 绿色低碳城市、县城和乡村; (2) 绿色低碳建筑; (3) 建筑节能; (4) 农村能源转型
5	农业农村	(1) 推广清洁能源; (2) 优化农业产业结构; (3) 低碳技术研发和应用
6	循环经济	(1) 废旧物资循环利用; (2) 农业废弃物循环利用和资源化利用; (3) 农业循环经济; (4) 塑料污染治理和过度包装等
7	生态碳汇	(1) 生态补偿制度改革; (2) 生态保护和修复; (3) 生态产品价值实现机制; (4) 碳汇核算; (5) 国土绿化
8	全民行动	(1) 公共机构节能降碳; (2) 引导企业做好"双碳"工作; (3) 倡导公众参与和绿色消费; (4) 加强人才培养
9	减污降碳	(1) 加强源头防控协同; (2) 突出重点领域协同; (3) 加强环境治理协同; (4) 创新管理模式协同

(二) 能源

1. 能源消费结构向清洁低碳转变

中国大力推进低碳能源替代高碳能源、可再生能源替代化石能源,严格控制新增煤电项目。2013—2022年,中国煤炭消费占比从67.4%降至56.2%,非化石能源消费占比从10.2%增长到17.5%(见图1-8)。

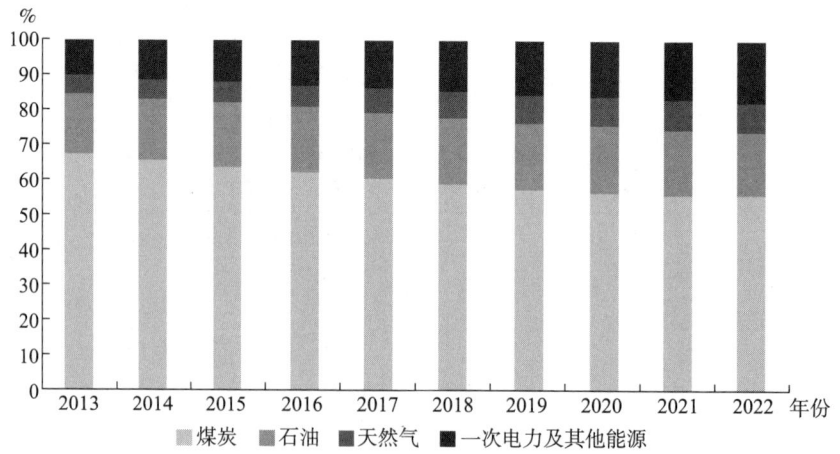

图1-8　2013—2022年中国能源消费结构

数据来源：国家统计局、国家发展改革委。

中国有序淘汰煤炭落后产能，全面实施煤电节能降碳、灵活性和供热"三联改造"。2022年全年完成改造2.9亿千瓦以上，截至2022年底，累计完成燃煤电力机组超低排放改造10.6亿千瓦，占煤电总装机容量比重约为94%，火电机组平均供电标准煤耗下降0.3%。中国开展油气勘探开发与新能源融合发展行动。2022年，原油产量连续4年企稳回升，天然气产量增量连续6年超过百亿立方米（见图1-9）。

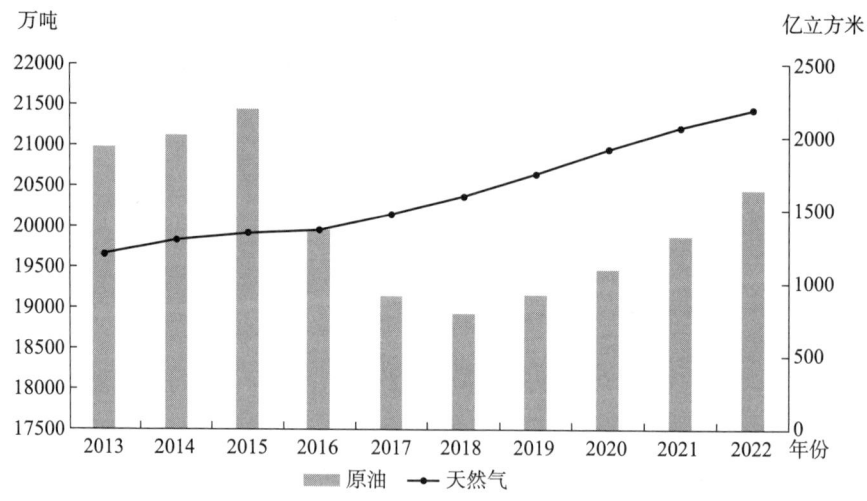

图1-9　2013—2022年中国石油和天然气产量变化情况

数据来源：国家统计局、国家发展改革委。

2. 可再生能源成为中国电力新增装机主体

中国在推动能源清洁低碳转型过程中的主要战略选择是把非化石能源放在能源发展优先位置。2022年，中国可再生能源新增装机1.52亿千瓦，占全国新增发电装机容量的76.2%。其中，风电新增3763万千瓦、太阳能发电新增8741万千瓦、生物质发电新增334万千瓦、常规水电新增1507万千瓦、抽水蓄能新增880万千瓦。同时，中国还是全球可再生能源发电新增装机容量的最大贡献者，2022年在全球新增装机容量中的占比达到51.7%。

3. 可再生能源装机容量和发电量保持高速增长且总量多年稳居全球第一位

截至2023年上半年，中国可再生能源装机达到13.22亿千瓦，同比增长18.2%，约占中国总装机的48.8%，历史性超过煤电，连续多年超过全球平均水平。2022年，中国可再生能源发电量达到2.7万亿千瓦·时，占全社会用电量的31.6%。

（三）工业

1. 三次产业结构升级，工业内部结构持续优化

中国三次产业比重由2013年的8.9∶44.2∶46.9调整至2022年的7.3∶39.9∶52.8（见图1-10）。推动工业内部结构和布局持续优化，"十三五"期间，中国累计退出钢铁过剩产能1.5亿吨以上、水泥过剩产能3亿吨，地条钢全部出清，电解铝、水泥等行业落后产能基本出清。2022年，中国高炉和转炉工序达到能效基准水平产量的占比分别为99.41%和84.92%，吨钢综合能耗为551.36千克标准煤/吨，较2015年下降4%。中国遏制高耗能、高排放项目盲目发展，2021年压减拟上马的"两高一低"项目，共减少新增用能需求约2.7亿吨标准煤。

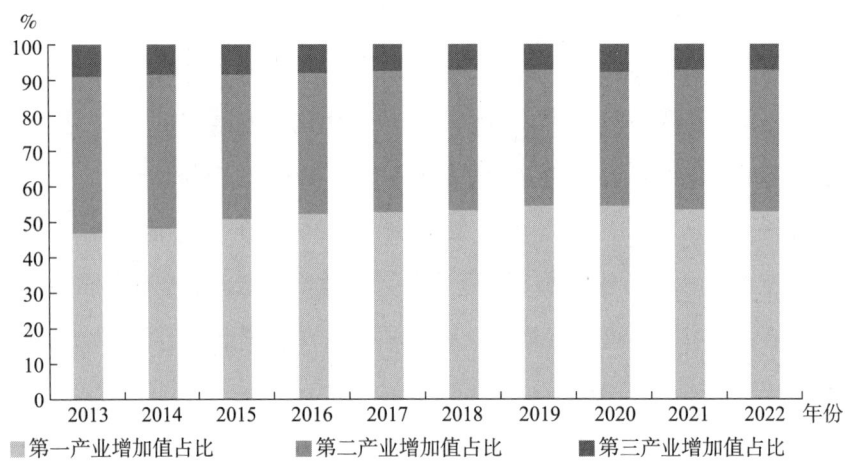

图1-10 2013—2022年中国三大产业增加值占国内生产总值比重

数据来源：国家统计局。

2. 钢铁、建材、石化化工和有色金属等重点行业能源资源利用效率大幅提升

中国遴选发布500余项工业和通信业先进节能技术、装备、产品，实施重点用电设备能效提升计划，加大重点领域绿色低碳产品供给，强化"节能监察+节能诊断"双轮驱动。在石化化工、钢铁等14个重点行业遴选43家"领跑者"企业，带动行业整体能效水平提升。2012—2022年，中国规模以上工业单位增加值能耗累计下降幅度超过36%。中国水泥熟料、平板玻璃、电解铝等单位产品综合能耗总体处于世界先进水平。

3. 钢铁、建材、石化化工和有色金属重点行业清洁生产水平持续提升

中国加快钢铁、建材、石化化工和有色金属重点行业绿色制造体系建设，截至2022年底，2783家绿色工厂、223个绿色工业园区和296家绿色供应链企业完成建设，并发布推广2万余种绿色设计产品；2019年以来引导企业持续提升绿色产品（服务）供给能力和市场影响力，累计培育5批工业产品绿色设计示范企业；有效带动中小企业提升绿色低碳创新能力，培育一批节能环保类专精特新"小巨人"企业。

4. 数字化、绿色化融合发展水平不断提升

中国推动工业互联网平台进园区、进企业，支持一批数字化、绿色化融合试点示范项目，培育一批工业互联网平台创新领航应用案例，为钢铁、石化化工、建材等重点行业提供绿色转型解决方案，数字技术对传统行业的绿色转型作用日益凸显。同时，中国亦大力支持新型基础设施绿色发展，目前 5G 基站单站址能耗比 2019 年商用初期降低了 20% 以上，全国规划在建的大型以上数据中心平均电能利用效率（PUE 值）已降至 1.3 以下。

5. 绿色低碳产业为经济发展增添新动能

中国可再生能源产业规模实现持续增长。2022 年，中国可再生能源产业取得多个全球首位：光伏组件产量连续 16 年居全球首位，多晶硅产量连续 12 年居全球首位，光伏产业链重要环节包括多晶硅料、硅片、电池片和光伏组件等的全球产量占比均超过 70%。新能源汽车产销量连续多年保持全球第一，技术创新水平加快提升。2022 年，中国新能源汽车产销量为 705.8 万辆，占全球销量的 60%。中国生态环保、节能环保产业规模不断壮大，节能环保产业产值年均增速达到 10% 以上。2022 年，中国生态环保产业营业收入达到 2.22 万亿元，相比 2020 年增长 12.8%。

（四）交通运输

1. 新能源、清洁能源动力的交通工具广泛应用

中国在城市公交、出租、环卫、物流配送、民航、机场以及党政机关大力推广新能源交通工具，并在全国范围内组织开展公共领域车辆全面电动化先行区试点工作。截至 2022 年底，中国新能源汽车保有量超过全球保有量的一半，达到 1310 万辆；新能源公交车占比 77.2%，达到 54.26 万辆；新能源出租汽车占比 22%，达到 30 万辆。一直以来，中国还着力推动新能源重卡车辆应用推广。2022 年，中国新能源重卡累计销售量同比增长 141%，其中电动重卡占新能源重卡的市场份额达 90.09%。

2. "公转铁" "公转水" 成效明显

中国大力推进港口集疏运铁路、物流园区及大型工矿企业铁路专用线

建设，综合立体交通运输网络逐渐完善。2022年，中国铁路和水路货运量分别为49.84亿吨和85.54亿吨，占全社会货运量比重分别由2018年的8.0%、13.9%提升至9.8%、16.9%（见图1-11）；中国完成集装箱铁水联运量874.7万标准箱，相比2018年增长94.2%。

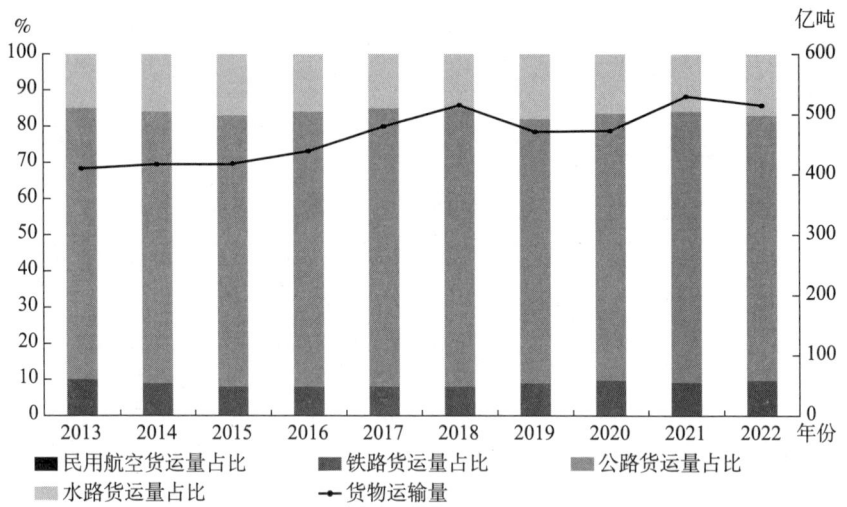

图1-11 2013—2022年中国货运量及构成

数据来源：国家统计局。

3. 绿色交通基础设施建设持续推进

中国推进铁路电气化改造，电气化率由2012年的52.3%上升至2021年的73.3%。为加快推进公路沿线充电基础设施建设，截至2022年，中国已累计建成充电桩521万个、换电站1973座。中国还持续开展新能源汽车换电模式应用试点，鼓励换电模式创新发展。2022年，中国纯电动中的换电重卡销量占新能源重卡年销量的49.43%，2020年只有8款换电重卡被列入工业和信息化部的产品目录，而到2021年已有156款。

（五）城乡建设

1. 城乡绿色低碳

中国以绿色低碳发展为引领，合理确定城镇开发边界，优化城市形态、密度、功能布局和建设方式。开展绿色低碳县城建设，构建集约节约、尺度宜人的县城格局，实现县城与自然环境融合协调。合理布局乡村建设，开展绿色低碳村庄建设，减少资源能源消耗，提升乡村生态和环境质量。在北方地区冬季清洁取暖项目中积极推进农房节能改造，实现整体能效提升30%以上。

2. 绿色建筑

绿色建造方式一直是中国大力推广的，一方面推进装配化装修方式在商品住房项目中的应用，另一方面构建装配式建筑标准化设计和生产体系，以节约施工工序、提高组件回收利用率、大幅降低建筑能源损耗。绿色建筑标准体系的不断完善也加快推动着绿色建筑发展。截至2022年底，中国累计建成绿色建筑面积超过100亿平方米，2022年当年新建建筑几乎全部为绿色建筑，城镇新建绿色建筑占新建建筑的比例达90%。

3. 建筑节能

在中国，建筑节能标准不断提高，超低能耗建筑加快发展，既有建筑节能改造积极推进。截至2022年底，累计完成既有建筑节能改造约303亿平方米。加强可再生能源在建筑领域的应用，推进建筑光伏一体化建设，2021年启动整县屋顶分布式光伏开发试点。因地制宜推广应用地热能、空气热能、生物质能。提升终端用能电气化水平，2022年中国建筑部门电气化率达44.9%。

（六）农业农村

中国农业循环经济发展迸发新动能，全面实施农作物秸秆综合利用行动，形成农业的"五化"（秸秆肥料化、饲料化、燃料化、原料化和基料化）利用模式。大力推广农光互补、"光伏+设施农业""海上风电+海洋牧场"等低碳农业模式，积极推行循环型农林业发展模式。与2012年相比，2021年中国农作物秸秆综合利用率提高14%，达到88.1%。整县推进畜禽粪污资源化利用，与2015年相比，2021年全国畜禽粪污综合利用率提高16%，超过76%。加强地膜科学使用与回收，完善废旧农膜回收利用体系，2021年全国废旧农膜回收率达80%以上。

（七）循环经济

1. 大宗固体废物综合利用水平持续提升

2021年中国大宗固体废物综合利用率约为57%，中国深入推进园区循环化改造，占全国比重75%的国家级园区开展了循环化改造，占全国比重50%的省级园区开展了循环化改造；创建了129家国家级园区循环化改造试点、109家国家级生态工业园区和223家国家级绿色园区。中国还推进90家大宗固体废物综合利用示范基地和60家骨干企业建设。

2. 废弃物循环利用体系建设初见成效

2021年，中国主要再生资源回收利用量是2012年的2倍以上。中国还积极推进动力电池回收利用试点建设，推行废弃电子产品"互联网+回收"模式，开展家电生产企业回收目标责任制行动，积极培育再生资源回收利用龙头企业。同年，中国9类再生资源回收利用量达到3.85亿吨，利用再生资源比使用原生材料减少约7.5亿吨碳排放。

3. 塑料污染和过度包装治理扎实推进

中国加快推进塑料污染全链条治理，健全生物降解塑料、快递绿色包装、限制商品过度包装等领域标准规范。2011—2020年，累计实现1.7亿吨各类废塑料的材料化回收利用；2021年，中国废塑料回收率达31%。中国还积极推动快递包装绿色转型，组织开展可循环快递包装规模化应用试点。截至2022年6月底，邮政快递业可循环中转袋全网使用比率超过96%。

（八）生态碳汇

1. 守住自然生态安全边界

构建绿色低碳导向的国土空间开发保护新格局，合理划定生态保护红线、加强自然保护地体系建设，建立以国家公园为主体的自然保护地体系，稳定现有森林、草原、湿地、海洋、土壤、冻土、岩溶等固碳作用。强化国土空间用途管制，全面提高自然资源利用效率，降低灾害对生态系统固碳能力的损害。2022年，中国划定生态保护红线面积约319万平方千米，其中陆域生态保护红线面积约 304 万平方千米，占陆域国土面积比例超过 30%。

2. 山水林田湖草沙系统治理

近 10 年来，中国深入推进大规模国土绿化，巩固退耕还林还草成果，实施森林质量精准提升工程，累计完成造林 9.6 亿亩①，为全球贡献了 1/4 的新增森林面积，成为全球森林资源增长最快最多的国家。2022 年，中国森林覆盖率为 24.02%，森林蓄积量为 194.93 亿立方米，连续 30 多年保持双增长，森林植被总碳储量净增 13.75 亿吨（达到 92 亿吨）。积极开展退牧还草、改良退化草原等草原生态修复治理工程，近 10 年累计完成种草改良面积 6 亿亩，2022 年草原综合植被覆盖度为 50.32%。推进退耕退渔还湿、湿地补水、湿地有害生物防治等湿地保护和修复工作。目前，中国林草生态系统呈现健康状况向好、质量逐步提升、功能稳步增强的发展态势，林草植被总碳储量达到 114.43 亿吨。

（九）全民行动

1. 绿色低碳社会行动示范创建等活动取得积极进展

中国将绿色生活理念推广到衣食住行游用等方方面面，推动节约型机关、绿色家庭、绿色学校、绿色社区、绿色出行、绿色商场、绿色建筑等创建行动取得积极进展。截至 2022 年底，中国 70% 的县级及以上党政机关已建成节约型机关，全国公共机构人均综合能耗比 2011 年下降 24%；城市绿色出行比例和绿色出行服务满意度大幅提升，109 个城市高质量参与绿色出行创建行动；全社会广泛认同共享骑行；地级以上城市广泛开展生活垃圾分类活动，297 个地级及以上城市居民小区垃圾分类平均覆盖率达 82.5%；公众对塑料污染治理政策的知晓度超过 84%；节约粮食成效显著。各地政府和企业推出碳普惠平台，量化公众日常生活和消费中的减碳行为，并对公众的减碳行为予以奖励。

2. 工业企业节能降碳的主动性和积极性大幅提升

中央企业主动开展绿色低碳规划，进行资本布局优化、产业结构和能

---

① 1 亩 ≈ 666.67 平方米，全书同。

源结构调整，积极开展低碳技术创新。近5年来，中央企业在新能源、新材料等战略性新兴领域的投资额年均增速超过20%，建设新能源汽车、北斗、电子商务、区块链等一批数字创新平台，创建物流大数据、海工装备等协同创新平台，发挥产业引领带动作用。截至2022年，中国约30%的民营工业企业编制"双碳"行动方案，高耗能行业中53.5%的民营企业专门设立节能降碳职能部门，积极应用减碳技术，京津冀及周边地区、汾渭平原等重点区域民营工业企业节能降碳的主动性更高。

（十）减污降碳

中国在推动"双碳"工作过程中，致力于将绿色发展理念融汇到经济建设的各方面和全过程，注重以生态环境高水平保护推动经济高质量发展，实现环境、气候、经济等效益多赢。与2013年相比，2022年中国单位GDP能耗由0.70吨煤/万元下降至0.45吨煤/万元，细颗粒物（$PM_{2.5}$）年均浓度由72微克/立方米降至29微克/立方米（见图1-12）。2013—2022年，中国以年均3%的能源消费增速支撑了6.2%的经济增长，相当于少用14亿吨标准煤，少排放二氧化碳近30亿吨。

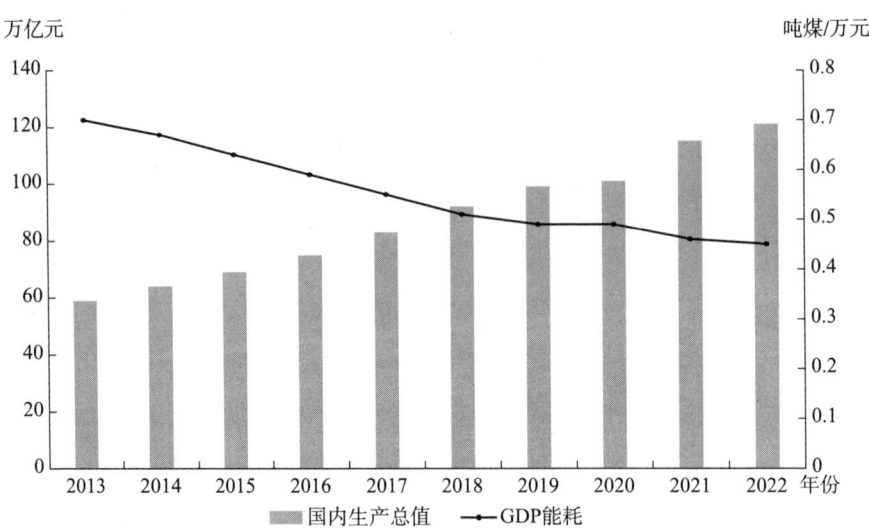

图1-12 2013—2022年中国国内生产总值及GDP能耗变化趋势

数据来源：国家统计局。

四、政策建议

（一）制造业减排措施

（1）由于制造业的行业和企业类型较多，因此迫切需要政府出台相应的政策规范，引导企业应用节能减排技术。包括过程能耗管控系统技术、高效电磁感应加热技术、动态谐波抑制及无功补偿综合节能技术、塑料动态成型加工节能技术、空压机余热回收技术、全功率匹配节能数控柔性联动技术、制冷剂替换技术等，节能减排技术产生的减排量约占制造业减排总量的一半，尤其应重点推广。

（2）部分技术的初始投资额较高，对其进行改造将占用企业较多的流动资金，可能会在一定程度上影响企业正常的生产经营。为保障上述技术的推广，需出台优惠的财政补助政策、融资优惠政策，鼓励银行业等金融机构单列节能减排信贷方案，以此促进企业通过多种渠道、多种形式筹措资金。此外，为激励制造业企业更积极广泛地应用节能减排技术，政府可对实施相应技术改造的企业提供适当的政策优惠，如减免部分税收等。

（二）交通部门减排措施

（1）加强对核心技术、高新技术的研发支持。水路运输、航空运输以及道路运输三个部门的碳排放在交通部门总碳排放中占有较大比重。因此，水路运输、航空运输以及道路运输部门降低碳排放，是交通部门进行碳减排的关键。建议加大在货车、航空和船舶等交通工具的高新节能技术研发方面的投入资金，通过技术节能手段降低这三个部门的单耗。此外，为降低交通部门柴油、汽油的消耗比例，提高天然气和电力的能耗占比，还应该大力发展和推广新能源交通工具，优化整个部门的能源结构，从而达到碳减排的目的。

（2）完善城市交通基础设施建设，推广电动车租赁政策。推广电动车分时租赁措施，通过投入一定数量的可租赁电动汽车，缓解居民的私家车购车需求。建议在公共交通网络中引入快速公交，以此鼓励居民选择公共交通方式出行。

（3）加强子部门联合，实现结构性减排的集约效应。要做到这一点，就要打破公路、铁路、水路和航空这些子部门之间的信息障碍，着重实现不同子部门之间的运力协调。在客运方面，大力发展高速铁路和城际间快轨，转移航空客运需求量的急剧上涨，从而实现交通部门的整体优化和节能。在货运方面，由高单耗的道路货运逐渐向低单耗的铁路运输和水路运输转移。

（三）建筑部门减排措施

（1）完善建筑节能技术标准，合理引导标准的执行。与既有居住建筑和公共建筑相比，新建建筑的减排潜力更大，采用技术手段的减排效果更为明显。标准化是新建建筑节能减排的关键，更高的建筑节能设计标准为节能举措与建筑有机结合提供了良好的技术基础和保障。更高标准的建筑节能设计的应用依赖于科学的引导和必要的监管。《公共建筑节能设计标准》（GB 50189—2015）已于2015年10月1日起实施，《夏热冬暖地区居住建筑节能设计标准》（JGJ 75—2012）已于2013年4月1日开始实施。结合前几部标准实施的经验，大城市执行标准快、中小城市慢，北方快、南方慢，由于缺乏明确验收和节能监测标准导致施工过程中基本处于无人监管状态，在监管环节仍然存在违反强制性标准成本低、疏漏面大等问题。对于新建公共建筑而言，应进一步完善建筑节能技术标准，规定科学合理的节能审查、监督等工作程序，定期对新建建筑进行建筑节能达标审查。

（2）制定补助优惠政策，明确各方积极配合。当前既有建筑的改造较为零散，要想形成一致的自发节能改造，还需依靠政府出台相关政策。从国外经验来看，比利时政府对太阳能相关工业实施财政援助同时减免税收，韩国为其给予批准的可再生能源企业提供专项拨款与低息贷款。我国中央财政将安排专项资金用于对夏热冬冷地区既有居住建筑节能改造进行补助，《夏热冬冷地区既有居住建筑节能改造补助资金管理暂行办法》对建筑外门窗节能改造支出、建筑外遮阳系统节能改造支出、建筑屋顶及外墙保温节能改造支出等给予补助资金，地区补助基准按东、中、西地区划分：东部地区 15 元/平方米，中部地区 20 元/平方米，西部地区 25 元/平方米。应鼓励既有居住建筑和既有公共建筑的节能改造，制定相关补助优惠政策，在相关建设法规中，明确要求建筑方、物业管理方、供热单位、办公单位等多个环节积极配合。

（3）加快既有建筑节能改造，科学制定配套政策。在推动新建绿色建筑的同时，不能忽视城市大规模的既有建筑。既有建筑节能改造是建筑部门节能减排的重点。由于原始设计的缺陷和技术困难，既有建筑的改造工作需要得到重视和推进。加快既有建筑节能改造，制定与之相配套的政策是决定性因素，这些政策需要解决是否进行节能改造、改造资金如何解决、何时开始实施改造、各利益团体的权利和义务等关键问题。以既有建筑节能改造为契机，推动建筑部门能源结构调整。

（4）加强建筑减排改造技术研究，完善持续评测机制。减排技术的进步有利于在更大程度上改善建筑部门的能源结构。政府应对减排潜力较大的技术给予政策支持，鼓励绿色建筑关键技术的研究，结合技术的风险与潜力给予经济支持，对于已经开发出的减排技术，应加快推广和应用进程。在重视前期研发和技术推广的同时，该技术的持续评测也不容忽视。现行的节能减排技术评价体系往往重视数量，忽视质量。科学合理的持续评测机制以实际的节能效果为评价依据，从而实现技术措施减排效果评价的客观性和真实性。

第二章 碳排放交易体系篇

随着全球变暖问题日益受到重视，气候变化问题已经演变为政治问题。欧洲屡次重提"碳边界"问题，各国碳排放密集型产品将来极有可能在国际贸易中被征收碳关税。2024年，国务院总理李强签署国务院令公布《碳排放权交易管理暂行条例》，这是落实党的二十大精神的具体举措，也是我国碳排放权交易市场建设发展的客观需要。中国建设碳交易体系将在全社会范围内形成给碳排放定价的信号，对于碳排放权的法律属性有更加清楚的界定，为全国碳排放权交易市场运行管理提供明确法律依据，推动我国碳排放权交易市场的扩容和我国碳排放交易未来绿色发展，助力实现中国对国际社会作出的"双碳"承诺。

一、我国碳市场发展情况

（一）概念解释

碳交易是指碳排放权利的内部转移，而碳权成了有价值的商品。碳排放权交易是通过市场机制控制和减少二氧化碳等温室气体排放、助力积极稳妥推进碳达峰碳中和的重要政策工具。也就是说，碳交易的核心是将环境"成本化"，借助市场力量将环境转化为一种有偿使用的生产要素，将碳排放权这种有价值的资产作为商品在市场上交易。

强制性的配额交易市场和中国核证自愿减排量（CCER）市场是我国主要的两大碳市场。强制性的配额交易市场是指监管部门向强制减排企业发放碳排放权配额，并按照一定规则逐年减少；中国核证自愿减排量市场是指为保证清洁能源、节能项目的可盈利性，碳交易市场构建了相应的补充项目。强制减排企业实际排放量超过配额的部分，需要向有剩余额度的企业购买，多余部分可以出售；自愿减排市场按照发电量给予这些项目一定的核准配额（中国核证自愿减排量）用于出售，获得额外收益。

经过多年发展，我国碳市场基本形成了"碳排放权登记体系和碳排放权交易体系"两大体系和"登记系统、碳排放权交易系统、全国碳市场管理平台"三大运行支撑系统的运行框架体系。碳排放权登记体系（企业的排放权登记、数据报送和监测）和碳排放权交易体系（碳排放权的买卖和结算）共同构建了全国碳市场的运行框架，实现了碳排放权的有效交易与管理。我国碳市场的运行机制目前采取两步走：

第一步，政府先行确定整体减排目标，采取配额制度，先在一级市场将初始碳排放权分配给纳入交易体系的企业，企业可以在二级市场自由交易这些碳排放权。

第二步，企业将边际减排成本与超额排放生产带来的收益进行比较。受到经济激励、减排成本相对较低的企业会率先进行减排，同时将多余的碳排放权卖给减排成本相对较高的企业并获取额外收益，减排成本较高的企业则通过购买碳排放权来降低碳排放达标成本。

碳排放交易相关政策梳理见表2-1。

表2-1 碳排放交易相关政策梳理

时间	政策	内容
2011年10月	国家发展改革委印发《关于开展碳排放权交易试点工作的通知》	北京、天津、上海、重庆、湖北、广东、深圳7个省市开展碳交易试点。2016年，福建省成为全国第8个碳排放权交易试点
2017年12月	国家发展改革委发布《全国碳排放权交易市场建设方案（发电行业）》	全国碳交易市场建设工作开始逐步推进
2020年9月	国家主席习近平在第七十五届联合国大会上提出"中国将提高国家自主贡献力度，采取更加有力的政策和措施，二氧化碳排放力争于2030年前达到峰值，努力争取2060年前实现碳中和"	我国对于世界各国如何利用碳税和碳排放权交易体系促进碳达峰碳中和的关注度也随之提升
2021年2月	《碳排放权交易管理办法（试行）》	标志着全国碳市场首个履约周期正式启动
2021年6月	《关于印发"十四五"公共机构节约能源资源工作规划的通知》	全国碳排放权交易系统通过技术验收，按照生态环境部等相关部门的工作部署，全国碳排放权交易市场将在6月底正式上线交易

（二）全国碳排放交易市场

2023年，全国碳市场进一步稳中有序发展，第二个履约周期的碳配额分配方式得到了优化，清缴工作有序展开，同时在市场扩容、数据管理和核查评估认证体系建设、碳排放权交易立法等工作中也取得了积极和显著的进展。相较于 2022 年，2023 年全国碳市场交易呈现量价齐升的态势，全年碳排放配额（CEA）成交量和成交额分别达 2.12 亿吨和 144.44 亿元，年末 CEA 的收盘达 79.42 元/吨，较上一年度大幅上涨。

1. 持续推动优化和扩大碳市场建设

2023 年，全国碳市场建设进一步有序推进，主要的政策动向围绕着 2021 年和 2022 年度碳排放权交易配额的分配、碳市场扩容并纳入更多行业、数据管理及核查评估认证体系的进一步完善等多个方面进行。

（1）第二个履约期配额分配进一步优化。

2023 年 3 月，生态环境部发布《关于做好 2021、2022 年度全国碳排放权交易配额分配相关工作的通知》，并公布了《2021、2022 年度全国碳排放权交易配额总量设定与分配实施方案（发电行业）》（以下简称《配额方案》）。

配额分配的总体思路、覆盖主体范围、相关流程等主要方面的制订保持了与第一个履约期分配方案的一致性。同时针对第一个履约期出现的主要问题进行了改进，在配额的计算与分配、企业履约机制的制订上进行优化，主要改进集中于以下三点：

一是在配额管理上进行了优化。与 2019—2020 年第一个履约期采用每年相同配额分配的基准值、两年合并履约的实施方式相比，《配额方案》在 2021—2022 年采用了按年度分别发放配额进行履约，并基于上年实际排放情况，对 2021 年度、2022 年度采用不同配额分配基准值的方式，实施按照自然年度更精细化的配额管理机制，与我国碳排放管理的年度目标衔接程度更好。

二是在配额计算上进行了优化。《配额方案》首次引入了各类机组供电与供热碳排放强度的平衡值，增强信息发布的透明度和易懂程度；优化调整了各类机组供电与供热的基准值，使 2021 年度和 2022 年度的基准值能够真实反映行业碳排放实际水平；扩大了整机组负荷（出力）系数修正系数的使用范围，对热电联产机组低负荷运行给予配额补偿，体现"保供热、保民生"的政策导向。

三是在配额发放上进行了优化。《配额方案》调整了针对燃气机组和配额缺口较大企业的履约豁免机制，新增了困难企业的灵活履约机制，允许配额缺口达10%及以上且因经营困难暂时无法履约的重点排放企业预支不超过配额缺口量50%的2023年度预分配配额，同时针对承担重大民生保障任务的重点排放单位进一步制订了定制化的履约纾困方案，减轻因履约压力对上述企业运营和社会产生负面影响。

此外，2023年7月，生态环境部发布了《关于全国碳排放权交易市场2021、2022年度碳排放配额清缴相关工作的通知》，进一步明确了针对排放设施关停或淘汰后仍存续的重点排放单位，以及因法律诉讼或债务问题存在履约风险的重点排放单位的配额分配和履约方式的调整措施。

（2）碳市场扩容工作持续推进。

2023年，生态环境部通过发布政策文件、举办工作会议等方式，持续研究并推进将我国除电力行业外的更多重点排放行业纳入全国碳市场范畴的工作，推动市场扩容和优化。

5月18日，生态环境部应对气候变化司主持召开了"扩大全国碳市场行业覆盖范围专项研究"的启动会，会中多位专家讨论了钢铁、石化、化工、有色、建材、民航、造纸七大行业的情况，认为当前碳市场的扩容条件已基本成熟，并对进一步围绕市场扩容中的关键要点和共性议题展开深度研究。

6—7月，生态环境部环境规划院分别组织召开了钢铁、石化行业纳入全国碳排放权交易市场的专项研究工作会议，并在会议中聚焦讨论了相关行业产品的配额分配、排放核算边界与范围、排放设备和装置的规范性界定、核查技术等多个方面问题，明确了进一步深入研究的工作方向，并提出尽快完成相关行业纳入全国碳市场的初步方案。

6月27日，中国建筑材料联合会组织召开了全国碳排放权交易市场专项研究第一次工作会议，围绕水泥行业配额分配方案、核算报告、核查技术要点等内容进行深入探讨。8月22日，工业和信息化部、生态环境部等八部门联合印发了《建材行业稳增长工作方案》，并在该方案的通知中指出研究推动水泥行业纳入全国碳排放权交易市场。

10月18日，生态环境部发布了《关于做好2023—2025年部分重点行业企业温室气体排放报告与核查工作的通知》，其中要求石化、化工、建材、钢铁、有色、造纸、民航7个重点行业部分企业开展温室气体排放报告与核查工作。同日，生态环境部还发布了针对钢铁生产、铝冶炼、水泥熟料生产企业的温室气体排放核算与报告填报说明，意味着相关行业重点企业纳入全国碳市场的准备工作进一步深入。

（3）数据管理及核查评估认证体系进一步完善。

2023年2月7日，生态环境部发布《关于做好2023—2025年发电行业企业温室气体排放报告管理有关工作的通知》，其中要求强化碳排放数据质量日常监管工作机制；要求自2023年起对纳入全国碳市场配额管理的重点排放单位实施月度存证上报制度；要求相关单位在每月结束的40个自然日内通过管理平台上传燃料消耗、产品产量等数据及支撑材料，并通过对核算、核查指南的修订，提高碳排放数据管理的精细化水平。

（4）碳排放权交易立法工作有序推进。

自2021年3月生态环境部发布《碳排放权交易管理暂行条例（草案修改稿）》并向社会公开征求意见以来，市场中对于该条例尽快出台的预期和呼声不断提高。2023年6月6日，国务院办公厅印发了《国务院2023年度立法工作计划》，并在推动绿色发展、促进人与自然和谐共生的同时，提出"预备制定碳排放权交易管理暂行条例"，再次点燃了市场对相关条例出台的预期。2024年1月5日召开的国务院常务会议正式审议通过了《碳排放权交易管理暂行条例（草案）》，标志着我国碳市场领域的第一部行政法规即将正式出台，有助于促进全国碳市场长期稳定发展。

2. CEA成交量和成交额大幅增加，履约清缴驱动效应明显

截至2023年底，全国碳市场CEA累计成交量达4.42亿吨，累计成交额达249.2亿元。市场运行整体平稳有序、交易持续活跃、容量不断扩大。市场成熟度逐步提升，经过逾两年的运行，市场已基本打

通了从配额分配到监督管理等交易流程中的各关键环节。市场的价格发现机制作用逐渐显现，企业的参与和活跃程度不断提升，诸如碳排放权质押贷款等与碳市场关联的衍生金融产品也逐步推出。市场促进温室气体减排及低碳转型的作用初步显现，根据中国电力企业联合会统计，2022 年全国单位发电量二氧化碳排放强度较上年下降 3.0%［约 541 克／（千瓦·时）］，全国单位火电发电量二氧化碳排放强度较上年下降 0.5%［约 824 克／（千瓦·时）］。

2023 年，CEA 成交量和成交额高达 2.12 亿吨和 144.44 亿元，年同比分别大涨约 316% 和 413%。多重因素驱动 CEA 成交量和成交价的大涨，其中最主要的是全国碳市场第二个履约期的清缴工作于 2023 年 12 月 31 日截止，且各行政区域 95% 的重点排放单位需在 11 月 15 日前完成履约，导致控排企业的履约配额需求大幅上升。此外，碳配额供应收紧、重点排放企业出于未来履约需求考虑、惜售持有的配额等因素也进一步推动市场价格上升。

表 2-2 为碳排放交易相关政策主要数据梳理。

表 2-2 碳排放交易相关政策主要数据梳理

年份	成交总量（万吨）	成交总额（亿元）	挂牌成交量（万吨）	挂牌成交额（亿元）	大宗协议成交量（万吨）	大宗协议成交额（亿元）	成交均价（元/吨）	收盘价（元/吨）
2021	17878.93	76.61	3077.46	14.51	14801.48	62.10	42.85	54.22
2022	5088.95	28.41	621.90	3.58	4467.05	24.56	55.30	55.00
2023	21194.28	144.44	3499.66	25.69	17694.72	118.75	68.15	79.42

数据来源：上海环境能源交易所。

2023 年，CEA 的交易方式仍以大宗协议为主，延续了 2021 年 7 月市场交易开始以来"大宗协议交易为主，挂牌协议交易为辅"的特点。2023 年大宗协议与挂牌协议的成交量分别为 1.77 亿吨（占比 83.49%）和 3499.7 万吨（占比 16.51%），成交额分别为 118.75 亿元（占比 82.21%）和 25.69 亿元（占比 17.79%）。但是，挂牌协议交易在市场中的重要性不断上升，其交易量和交易额占比分别较 2022 年上升 4.3% 和

5.1%。2023年，CEA挂牌协议交易的成交均价达73.42元/吨，同比上涨32.8%；最低与最高成交价分别为50.5元/吨和82.79元/吨，年终收盘价为79.42元/吨，较2022年最后一个交易日上涨44.40%。全国碳市场2023年月度交易量如图2-1所示。

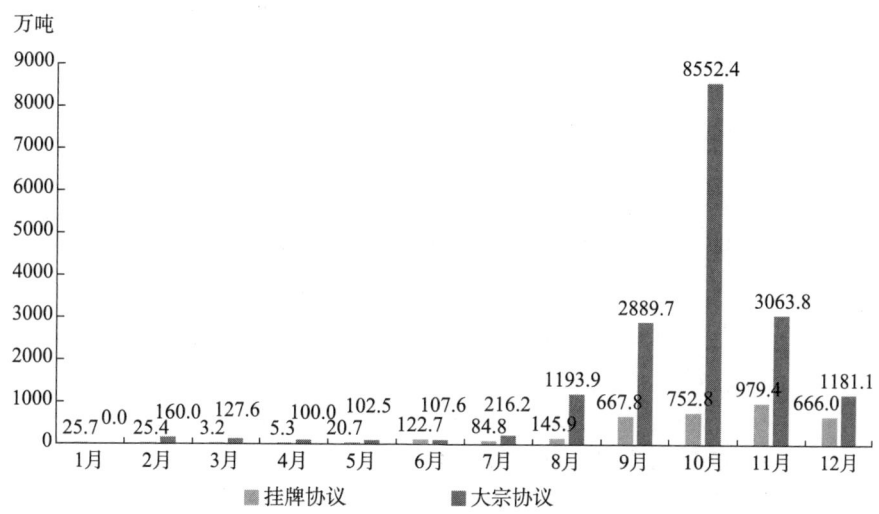

图2-1　全国碳市场2023年月度交易量

数据来源：上海环境能源交易所。

3. 碳排放配额价格持续走高，年末震荡

2023年，CEA价格呈现较明显波动上升的走势，日收盘价格在50.52~81.67元/吨区间波动。同时，上、下半年的CEA价格差异化显著：上半年价格总体平稳，日收盘价在50.52~60元/吨之间波动；下半年价格则明显上涨，日收盘价从7月3日的60元/吨攀升至10月20日的81.7元/吨的年内最高价，随后在高位区间内震荡整理，年末收盘于79.42元/吨。2023年，CEA成交均价为68.15元/吨，年同比上涨23.24%。

全国碳市场2023年月度成交情况如图2-2所示。

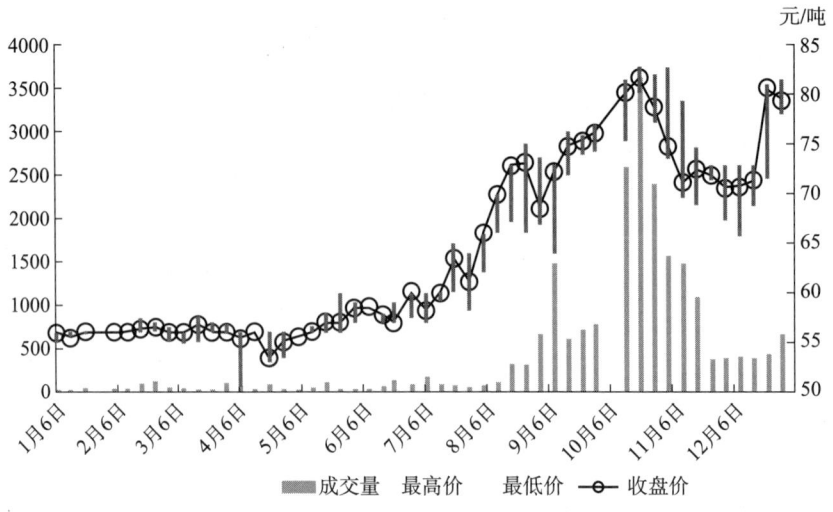

图 2-2　全国碳市场 2023 年月度成交情况

数据来源：上海环境能源交易所。

（三）中国核证自愿减排量市场

2023 年，CCER 备案和减排量签发重启工作的推进取得重大突破。10 月，生态环境部联合国家市场监督管理总局正式印发并施行了《温室气体自愿减排交易管理办法（试行）》（以下简称《管理办法》），标志着我国温室气体自愿减排的项目备案和交易重启迈出了关键一步。11—12 月，各相关主管部门陆续发布了多项针对 CCER 项目设计与实施、注册登记、审定与减排量核查、交易结算等相关详细规则，完善了 CCER 重启的规则体系。2024 年 1 月 22 日，CCER 正式在北京重启，全国统一的 CCER 注册登记和交易系统正式开始运行。

成交量方面，2023 年是全国碳市场第二个履约清缴年，第四季度 CCER 交易的活跃度大幅上升，年内 CCER 成交量达 1530 万吨，同比上涨 92.2%。下半年 CCER 的价格也显著上升，根据复旦碳价指数，提前一个月的全国 CCER 预期价格自 2023 年 8 月起由 55 元/吨涨至年末的逾 65 元/吨，涨幅近 20%。

1. CCER 备案重启的基本体系已完善，推动交易重启

随着 2023 年 10 月起《管理办法》等一系列政策文件的颁发，CCER 备案重启的基本体系已构建完成，推动全国统一的 CCER 交易市场在 2024 年 1 月正式启动。CCER 重启也将激励更多企业和其他主体参与碳交易，有助于促进全国碳市场交易的完善。具体来看：

2023 年 10 月 19 日，生态环境部联合国家市场监督管理总局印发并施行了《管理办法》，正式推出了我国温室气体自愿减排交易的总体规划，推动 CCER 交易重启迈出了关键的第一步。11—12 月，国际气候战略中心、北京绿色交易所、国家应对气候变化战略研究和国际合作中心、国家市场监督管理总局等部门分别发布了关于温室气体自愿减排的《项目设计与实施指南》《交易和结算规则》《注册登记规则》《项目审定与减排量核查实施规则》等政策文件，分别对项目设计与实施的流程及相关要求、减排量的注册登记和交易的方式、时间、流程以及交易行为的监督、减排量的审定与核查流程进行了进一步规范和明确，建立并完善了 CCER 备案重启的基本体系。

在交易的基础设施搭建方面，国家气候战略中心和北京绿色交易所分别负责全国统一 CCER 的注册登记系统与交易系统的运行和管理。2023 年 6 月 27 日，全国温室气体自愿减排注册登记系统和交易系统的建设项目在北京完成了初步验收，标志着 CCER 交易的基本基础设施已建立完成。在项目方法学的推出方面，10 月 24 日，生态环境部印发了《温室气体自愿减排项目方法学造林碳汇（CCER-14-001-V01）》等包含造林碳汇、并网光热发电、并网海上风电和红树林营造领域项目的 4 项方法学，明确了项目开发的具体要求和相关流程。截至 2023 年 10 月，生态环境部共征集 300 余项方法学，随着 CCER 的正式重启，预期未来会有更多方法学发布，市场交易的活跃度也将进一步提升。

2. 履约清缴需求带动 CCER 交易量上涨

在经历了 2022 年整体成交量显著萎缩后，2023 年全国 CCER 交易量达到1530万吨，同比上涨约92%。但由于2017年后CCER项目备案和减排量签发暂停，且此后全国和地方试点配额碳市场的履约清缴对存量CCER的消耗，市场中可供交易的CCER总量大幅减少，导致2023年的成交量仍显著低于2018—2021年的平均水平（见图2-3）。

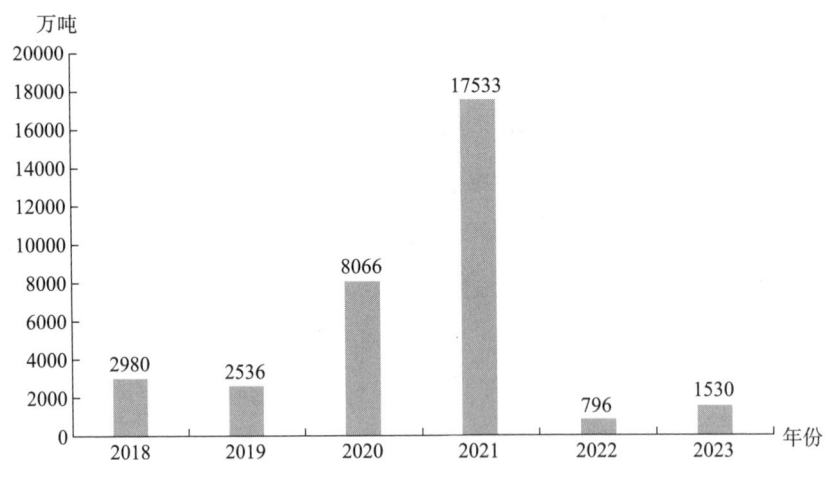

图2-3 CCER总成交量的年度变化

数据来源：各地方试点碳市场交易所官网。

从CCER成交量的地域结构上看，2023年市场的成交主要集中于上海环境能源交易所、天津排放权交易所、四川联合环境交易所和北京绿色交易所，4家交易所年内成交量分别达786.1万吨、280.6万吨、214.3万吨和124万吨，合计占CCER成交总量的91.8%（见图2-4）。

从月度成交情况上看，2023年CCER成交主要集中于第四季度，该季度合计成交量达1036.1万吨，占全年总成交量的67.7%。尤其是11月和12月的成交量分别达546.2万吨和366.7万吨，显示出重点控排企业在履约清缴截止到期前对CCER的旺盛需求。

3. 后期预期价格显著上升

CCER交易普遍采用线下协商的方式，市场价格透明度较低，交易发生的区域和时间等因素均会对成交价格造成影响，导致CCER年内价格波动幅度较大，获取市场实际成交价格的难度较大。在每个月发布的复旦碳

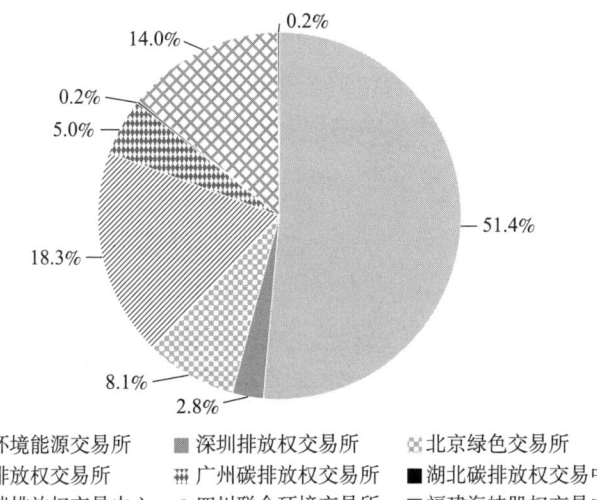

图 2-4　各地方市场的 2023 年 CCER 成交量占比

数据来源：各地方试点碳交易所官网。

价指数中，复旦大学可持续发展研究中心会结合碳价模型和基于碳市场参与主体真实交易意愿的价格信息进行加权计算，并对 CCER 的价格走势进行提前一个月的预判，所预测价格的标的是全国或区域碳配额市场中用于履约使用的 CCER，覆盖的市场包括全国碳市场、北京和上海试点碳市场、广州试点碳市场、其余试点碳市场（见图 2-5）。

2023 年，CCER 的预期价格走势呈现以下主要特征：首先，各市场的预期价格均较 2022 年有显著上升，全国碳市场、北京和上海试点碳市场、广州试点碳市场、其余试点碳市场的平均预期价格分别较 2022 年上涨 5.6%、15.4%、8.1% 和 12.6%。其次，不同区域市场间的年内价格呈现分化趋势，北京、上海、广州区域碳市场的预期价格在年内平稳下降，而其他区域碳市场的预期价格则在下半年大幅上升，也带动了全国碳市场的预期价格上升。

（四）地方试点碳市场

2023 年，中国地方试点碳市场整体成交量达 7012 万吨，同比增长

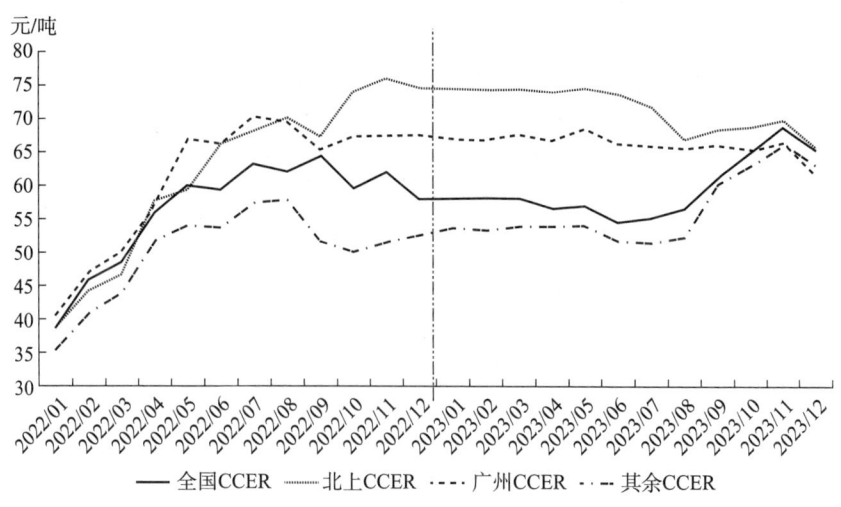

图 2-5 复旦 CCER 碳价指数

数据来源：复旦大学可持续发展研究中心。

34.2%。整体成交量出现反弹，但各试点市场的成交量、成交价均出现了分化走势。在这种态势下，地方碳市场的整体成交额虽较 2022 年有所上涨，但涨幅逊于成交量。

1. 多试点推进交易创新和市场扩容，积极探索未来发展

地方试点碳市场在 2023 年进一步先行先试，在交易制度、市场准入和扩容、多类型市场间的连接以及配额分配等多个方面推行创新实践。

（1）市场交易制度不断推陈出新。

福建、湖北、北京、上海等试点碳市场积极推进交易制度创新，以增强市场活跃度、促进市场进一步发展壮大。其中：

福建省发展改革委发布了《关于核定碳排放交易和用能权交易服务收费的函》，采用协议转让、单向竞价和定价转让等方式使交易的手续费由成交额的 4% 下调至 1.5%，显著降低了企业的交易成本，提升了福建碳市场交易的活跃度。湖北碳排放权交易中心也发布公告，对投资机构会员的手续费进行减免，并对在会员资格有效期内的机构以协商议价方式参与湖北碳交易所交易的手续费减免 50%，以促进市场活跃度。

另外，北京市生态环境局发布了《关于做好 2023 年本市碳排放单位

管理和碳排放权交易试点工作的通知》，提出重点碳排放单位通过市场化手段购买使用的绿电碳排放量核算为零，旨在促进绿电市场和试点碳市场的协同发展。

（2）积极推进市场扩容。

重庆、广东和湖北碳市场积极探索通过降低市场准入门槛、扩大纳入行业范围等方式推动市场扩容，上海和深圳碳市场则探索通过增加市场交易品种推动市场发展。

在扩大市场交易主体范围方面：湖北省生态环境厅发布《关于〈湖北省碳排放权管理和交易暂行办法（征求意见稿）〉意见的结果反馈》，表示将探索降低湖北试点碳市场的准入门槛；2024年1月12日，湖北省政府正式发布《湖北省碳排放权交易管理暂行办法》，将纳入湖北碳配额管理的省级重点排放单位准入门槛由年温室气体排放量2.6万吨二氧化碳当量下调至1.3万吨二氧化碳当量。重庆市生态环境局发布《调整重庆碳市场纳入标准》的公告，自2021年起，将重庆市碳市场的纳入标准由年排放2万吨及以上二氧化碳当量的工业企业调整为年排放1.3万吨二氧化碳当量及以上的企业。广东省生态环境厅发布《广东省碳交易支持碳达峰碳中和实施方案（2023—2030年）》，提出将开展纺织、陶瓷、数据中心、交通、建筑等行业企业碳排放核算，表示会逐步将这些行业以及欧盟碳关税覆盖行业纳入广东碳市场，扩大市场覆盖范围；新发布的《广东省2023年度碳排放配额分配方案》正式将陶瓷、交通（港口）和数据中心三大行业纳入碳排放管理。

在扩大市场交易品种范围方面：上海环境能源交易所发布《上海碳市场回购交易业务规则》，拟在已有的碳远期等金融工具基础上，推出碳回购交易业务，扩大市场产品类型、推动市场成熟发展；广东省发展改革委印发《广东省"十四五"现代流通体系建设实施方案》，提出支持广州期货交易所研究推出碳排放权期货等创新产品，并支持深圳排放权交易所开展海洋碳汇交易试点，促进两地试点碳市场发展。

（3）推动围绕碳市场的地方碳交易生态体系建设。

广州、上海、深圳均持续探索，并推动围绕地方碳市场的碳交易生态体系建设。其中,广州在 2023 年 3 月正式实施《广州市碳普惠自愿减排实施办法》,鼓励各类型主体购买广州市碳普惠自愿减排量抵消其碳排放,并积极推动碳普惠交易与碳排放权交易、CCER 等机制对接。上海在 2023 年 9 月实施《上海市碳普惠管理办法(试行)》,正式明确了可用于上海碳市场配额履约抵消的碳普惠减排量类型。深圳市生态环境局也在 2023 年 11 月提出将完善当地碳普惠和碳市场统一管理平台等服务平台的搭建。

2. 成交量和成交额均出现显著分化走势

2023 年,地方试点碳市场的总成交量显著反弹,由 2022 年的 5224 万吨上涨至 7012 万吨,涨幅达 34.2%。但各试点碳市场的交易活跃度分化态势明显:福建、湖北和重庆碳市场的活跃度大幅提升,成交量较 2022 年分别增长 1854 万吨、355 万吨和 244 万吨,天津和北京碳市场成交量也较 2022 年取得小幅上涨。广东、深圳和上海碳市场的成交量则较 2022 年分别下跌 473 万吨、145 万吨和 96 万吨(见图 2-6)。

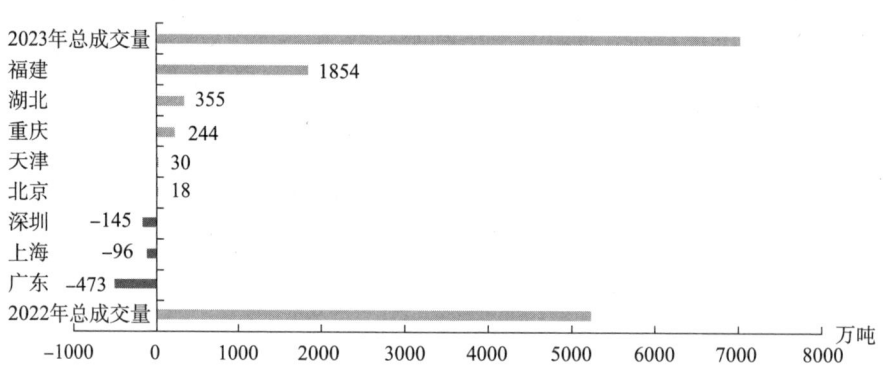

图 2-6 地方试点碳市场 2023 年相比 2022 年成交量变化情况

数据来源:各地方试点碳市场交易所官网。

地方碳市场 2023 年的总成交额达 29.3 亿元,同比上涨约 11.05%,上涨幅度小于总成交量涨幅。各试点碳市场间的成交额也呈现明显的分化走势:福建和湖北市场的成交额分别增长约 4.20 亿元和 1.24 亿元,重庆与北京市场的成交额也分别小幅增长约 4700 万元和 2900 万元,天津和深圳市场的成交额基本不变,广东和上海市场的成交额则分别下降约 3 亿元和

2000万元（见图2-7）。

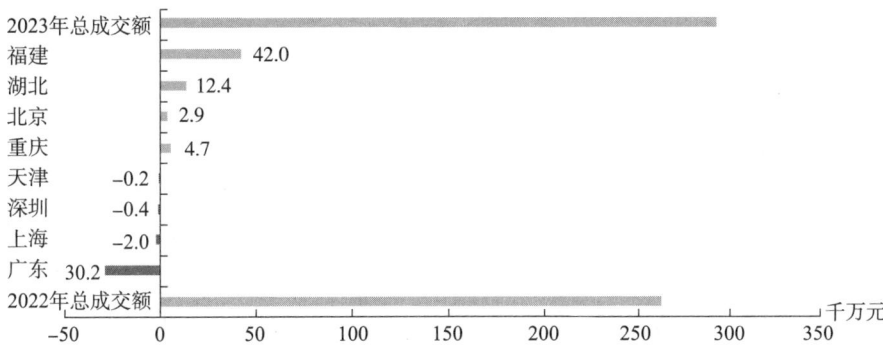

图2-7 地方试点碳市场2023年相比2022年成交额变化情况

数据来源：各地方试点碳市场交易所官网。

从各试点碳市场的横向对比上看，2023年福建、湖北、广东碳市场的成交量居前三名，福建市场成交量涨幅、广东市场成交量跌幅分别最大（见图2-8）；广东、福建、湖北碳市场的成交额居前三名，其中福建市场成交额的增量最大，而成交均价的小幅上涨抵消了部分广东碳市场成交量显著下跌对该市场成交额的冲击（见图2-9）。

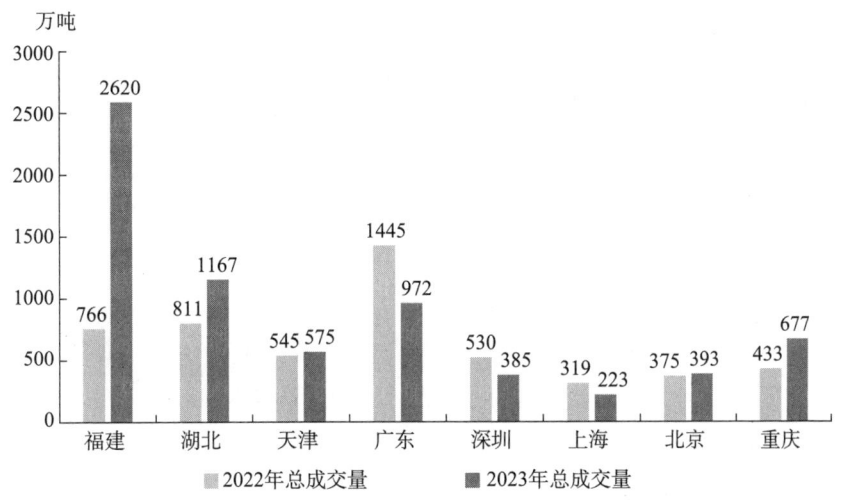

图2-8 地方试点碳市场2022年和2023年总成交量

数据来源：各地方试点碳市场交易所官网。

047

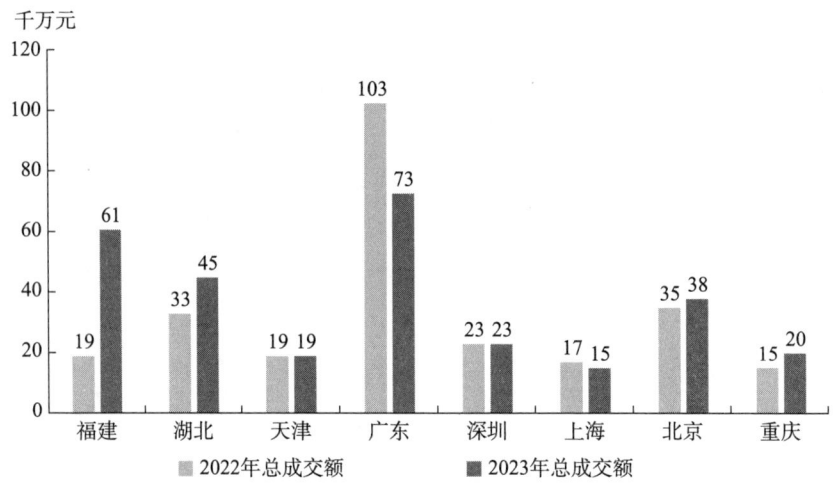

图 2-9 地方试点碳市场 2022 年和 2023 年总成交额

数据来源：各地方试点碳市场交易所官网。

从各试点碳市场的交易规模占比上看，福建碳市场因 2023 年成交量大涨，其交易量占全国总量的 37.4%，成为规模最大的地方碳市场；湖北碳市场占比 16.6%，位居第二；广东碳市场的占比则由 2022 年的 27.7% 下跌至 13.9%，位居第三；重庆碳市场的成交量占比则从 8.3% 小幅升至 9.7%。天津、北京、深圳、上海的成交量占比则分别下滑至 8.2%、5.6%、5.5% 和 3.2%（见图 2-10）。从成交额占比上看，广东、福建、湖北碳市场位居前三，分别占总成交额的 24.9%、20.8% 和 15.4%。重庆碳市场成交额占比则小幅升至 6.8%，深圳、天津、上海碳市场的成交额占比则分别下跌至 7.7%、6.3% 和 5.1%（见图 2-11）。

3. 各试点碳市场成交价变化的差异程度加大

2023 年各试点碳市场的成交均价走势分化较明显，深圳、上海、广东和北京市场的碳价分别较 2022 年上涨 35.2%、25.9%、5.1% 和 3.2%，北京市场的成交均价最高，达 96.32 元/吨。重庆、天津、福建和湖北市场的碳价则分别较 2022 年下跌 16.5%、6.3%、6.0% 和 4.1%，其中福建市场的成交均价最低，为 23.25 元/吨（见图 2-12）。

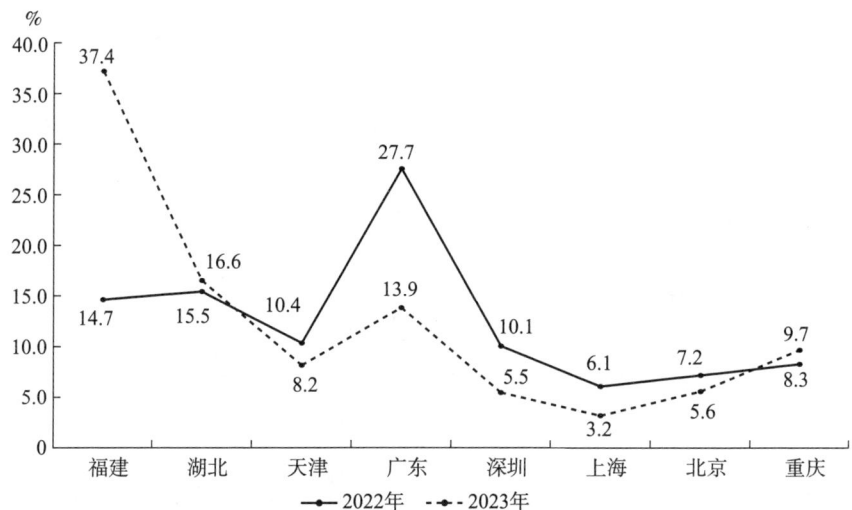

图 2-10　地方试点碳市场 2022—2023 年成交量占比变化

数据来源：各地方试点碳市场交易所官网。

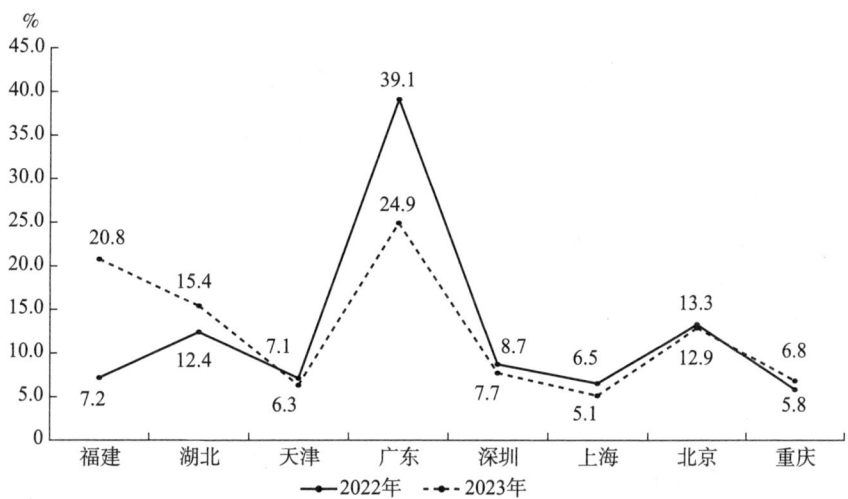

图 2-11　地方试点碳市场 2022—2023 年成交额占比变化

数据来源：各地方试点碳市场交易所官网。

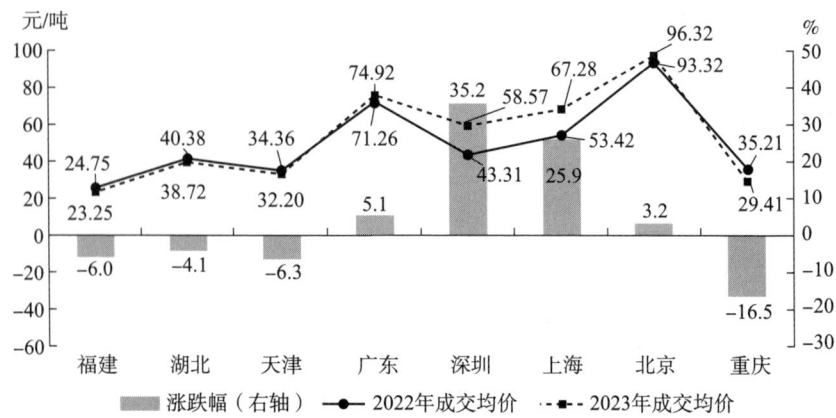

图 2-12　地方试点碳市场 2022 年、2023 年碳配额成交均价对比

数据来源：各地方试点碳市场交易所官网。

从交易的波动性与活跃度上看，北京碳市场的日成交均价波动幅度最大，其线上交易也相对集中，248 个交易日中有 155 个交易日有线上交易。重庆碳市场的交易以线下为主，线上交易主要集中于年底两个月，线上成交均价波动幅度也较大。天津碳市场的线上交易则集中于上半年和 12 月，日成交均价波动幅度相对较小。

与上述 3 个市场相比，广东、深圳、上海、湖北、福建碳市场 2023 年的线上交易相对分散，其中广东碳市场年内价格呈现先升后降走势，并在 12 月反弹，最终以 72.8 元/吨的均价收官。上海和深圳碳市场碳价在年内基本呈波动上升走势，但深圳碳市场的价格波动幅度显著大于上海碳市场；而湖北和福建碳市场的碳价则呈现波动下行走势。

二、全球碳排放市场

（一）碳排放市场运行现状

在碳中和的目标要求下，面对气候变化给全球市场带来的压力，世界经济体的碳市场在不断摸索发展。根据国际碳行动伙伴组织发布的《2023 年度全球碳市场进展报告》，24 个国家和地区已建成碳交易系统，22 个国家和地区正在积极开发碳交易系统。

ICAP 统计报告显示，当前全球范围内已有 38 个国家级司法管辖区和 24 个州、地区或城市正在运行碳交易市场。而这些正在运行的碳交易市场，无疑代表了全球各国更具雄心的气候目标和净零排放承诺，提升了政策稳定性和市场信心。38 个正在运行的碳交易市场所在国家级司法管辖区占全球 GDP 的 54%；24 个正在运行的碳交易体系已经覆盖了全球 16% 的温室气体排放。从全球碳市场配额总量的角度来看，据 ICAP 统计，2020 年全球所有正在运行的碳市场配额总量约 47.82 亿吨，其中欧盟碳市场配额量最大，达到 18.16 亿吨，约占全球市场的 38%；中国碳交易市场成为仅次于欧盟的全球第二大碳交易市场，8 个试点市场合计 14.25 亿吨，约占全球市场的 29.8%。

全球碳市场建立概况见表 2-3。

表 2-3 全球碳市场建立概况

年份	碳市场主要进程推动情况
1997	《京都议定书》签订 减排市场体系建立（芝加哥） 新南威尔士交易系统启动
2002	英国和东京交易系统启动
2003	芝加哥气候交易系统启动 新南威尔士温室气体减排计划（CGAS）成立
2005	《京都议定书》生效 欧盟碳排放市场正式成立
2007	挪威、冰岛等加入欧盟碳排放市场
2008	瑞士、新西兰碳排放市场建立 日本进行碳市场试点
2009	区域温室气体倡议（RGGI）
2010	日本东京都政府建立碳市场
2011	日本埼玉县进行碳交易
2012	澳大利亚建立碳交易市场
2013	美国、加拿大魁北克等多地建立碳市场 中国开始试点碳交易
2015	《巴黎协定》签订 韩国碳市场建立
2021	中国全国性碳市场正式交易

从全球主要碳交易体系所覆盖的温室气体排放行业来看,电力、工业、建筑和交通是主要覆盖领域;新斯科舍省碳交易体系、魁北克碳交易体系和加利福尼亚州碳交易体系覆盖当地温室气体排放比例较高,但实际交易的体量较小;中国碳市场、欧盟碳市场和韩国碳市场覆盖的温室气体排放量相对更大。

从碳市场配额分配方式来看,在全球碳市场交易中,碳市场的配额分配主要有两种方式:免费分配和有偿分配(主要通过拍卖形式)。在碳市场发展的初期,免费分配是最主要的形式,随着碳排放市场的逐步成熟完善和需求提升,拍卖分配等有偿分配也不断发展。目前碳市场上主要采取的是免费分配和拍卖分配混合的模式。

从碳配额交易价格来看,由于全球范围内各地的碳市场需求、市场发展成熟度以及监管机制存在较大的差异,因此,各碳市场的价格绝对水平以及波动程度都呈现较大的差异。根据ICAP统计的数据,2020年,碳排放市场中仍然是欧盟和韩国的均价领跑全球市场,欧盟碳市场最高成交价已经接近40USD/tCO_2;同年,中国的8个碳交易试点市场均价在1.5~12USD/tCO_2,价格水平较海外市场低,主要可能与试点阶段成交比较薄弱有关。

(二)以欧盟为代表的海外碳市场的发展

欧盟碳排放交易体系的发展大致经历了四个阶段:

1. 第一个阶段:2005年1月1日—2007年12月31日

碳交易系统建立初期,通过拍卖和免费发放分配配额。在这一阶段参与排放权交易的仅有二氧化碳,2005年的配额上限为20.96亿吨二氧化碳当量,且超过95%的配额免费提供给各个成员国。这一阶段的目的是积累经验,完善相关测试系统及统计数据,为后续体系建设奠定基础。但由于总量设定和排放权跨期的问题导致市场失灵,EUA的价格大幅下跌至接近0。

2. 第二个阶段:2008年1月1日—2012年12月31日

受全球经济负面影响,配额需求骤降。欧盟在这一阶段将甲烷等6种温室气体纳入交易体系，初始上限为 20.49 亿吨二氧化碳当量，调整了配额的分配方式和比例，90%的配额基于基准免费分配，另约有 3%的配额在 8 个成员国之中进行拍卖；同时体系包含的行业和企业进一步增加，航空业也被纳入了交易体系。

在这一阶段，多数类别的 CDM/JI 信用被允许进入市场，但不允许来自林业部门和核电部门的信用，且运用 CER 完成配额清缴工作不能超过总配额的一定比例。但这一阶段也面临由于引入如 CDM 等外部减排成果而使碳价长期低价运行的问题，导致最终实质减排效果不佳。

3. 第三个阶段：2013 年 1 月 1 日—2020 年 12 月 31 日

实行欧盟内统一的排放总量控制，以拍卖代替免费发放。主要目标是保证欧盟所有成员国每年的碳排放总量下降率为 1.74%以上，以确保在 2020 年实现《京都议定书》约定的减排 20%的承诺（以 1990 年为基准）。随后在 2014 年的欧盟高峰会上，《2030 年气候与能源政策框架》设立到 2030 年减排 40%的目标（以 1990 年为基准）。经过十几年的发展，欧盟碳排放交易体系已经覆盖 31 个国家、超过 1 万家温室气体排放实体，这些企业的温室气体排放量占整个欧洲地区排放量的 50%以上，二氧化碳则占到 80%以上。此外，信用抵消机制进一步趋严，2012 年后新产生的信用配额必须来自最不发达国家的项目，而来自其他国家 CDM 和 JI 项目的信用只有在 2012 年 12 月 31 日之前注册和实施才有资格进入二级市场流通。

这一阶段改变了前两个阶段国家分配方案（NAP），建立了国家履行措施（NIM），将排放限额确定的权利从各国收归欧洲委员会，避免各国从自身利益出发高估发展速度以获得超出需要的排放限额。

4. 第四个阶段：2021 年 1 月 1 日—2030 年 12 月 31 日

欧盟碳市场建立 MSR 机制平衡市场供需。2021 年配额上限为 15.72 亿吨二氧化碳当量，且按 2.2%的线性上限减少系数每年递减，这意味着每年上限减少 4300 万个配额，且上限将在 2030 年以后继续下降。同时，这一阶段引入现代化基金和创新基金两个低碳基金机制，现代化基金被用作提升能源效率的投资以及支持低收入成员国能源部门现代化,而创新基金为能源密集型行业使用再生能源、碳捕捉和存储等创新技术提供财政支持。此外,配额拍卖比例将提升至57%。考虑到碳泄露对区域内企业的不同影响,设定了受碳泄露影响的企业名单,并对名单内与名单外企业设定不同的免费排放额度以保持欧盟企业的国际竞争力,免费额度的标准会参考技术进步水平定期更新。

从目前欧盟碳市场交易情况来看,欧盟碳排放市场整体结构虽然由一、二级市场共同构成,但二级市场主导欧盟的碳市场交易,尤其是二级市场中碳排放相关的衍生品交易活跃度远高于现货的成交情况。统计数据显示,2021年截至10月28日的10个月内,碳现货主要交易所显示欧洲能源交易所(EEX)累计成交1.01亿吨EUA,碳期货主要交易所——伦敦洲际交易所(ICE)累计成交77.43亿吨EUA期货。在碳排放的衍生品市场上,ICE的活跃度比EEX更高,在ICE挂牌的EUA期货主力连续合约成交量几乎为EEX成交量的10倍。此外,ICE还在EUA期货合约的基础上进一步开发了EUA期权品种,进一步丰富碳排放衍生产品体系。

(三)经验借鉴

依据国情动态推进。欧盟碳市场的发展经历了试验期、履约阶段、碳减排阶段、市场供需平衡阶段四个阶段,每个阶段都根据实际国情综合考量总量目标设计,并根据实际情况动态调整信用抵消机制等,使市场发展轨迹更加平稳。我国碳排放在产业和区域发展不均衡的复杂国情下,面对潜在的市场需求更应做好碳减排目标和实际经济发展需求之间的平衡,根据国情分阶段设立目标,并及时进行动态调整。

提高市场多元化程度。欧盟碳市场的参与者交易主体多元化,包括控排企业和诸多金融机构、各类投资者。反观我国,碳排放市场的多元化程度较低,自启动全国性碳排放市场以来,仅发电行业被纳入碳排放市场的重点排放单位。需要进一步扩大全国碳市场纳入行业范围,逐步将石化、化工、建材、钢铁、有色金属、造纸、航空等高耗能行业纳入其中,以提升碳市场的碳排放覆盖量，同时吸引更多的投资者和交易参与者。这将有利于推动碳交易市场的规模和活跃度不断提高，提升市场的透明度和效率，提高碳排放价格，促进碳市场的发展和成熟。

完善市场监管体系。欧盟在发展第三阶段就建立了国家履行措施，将排放限额确定的权利从各国收归欧洲委员会，避免各国从自身利益出发高估发展速度以获得超出需要的排放限额。目前，我国碳现货与期货市场分属不同的主管部门，现货由生态环境部负责，期货由证监会负责。在碳市场功能定位方面，生态环境部主要考虑气候变化、国际谈判等内容，而证监会则侧重于价格发现、套期保值等内容。由于两个主管部门的不同考量，导致在碳期货市场管理方面可能会产生一定的差异。因此，建立更有效的监管市场，以及多部门协同监管的多元化长效监管机制，才能够切实推动我国碳市场发展。

三、加强碳交易市场建设的政策建议

（一）健全碳市场相关制度体系建设

为了解决供过于求的问题，减少碳价的波动及各地碳价差异，增强碳交易市场流动性，必须保障碳配额的价值和稀缺性。如对于一些可获得免费配额的企业，欧盟碳排放交易机制（ETS）2013年逐步转变为拍卖获得，并于2020年实现完全通过拍卖获得配额的方式；美国的区域温室气体倡议（RGGI）采取了直接缩紧配额总量的方法。

碳市场作为一个由政策引导的强制减排市场，在未来的发展中需要建立一个完善的框架性法律，以确保其顶层设计明确清晰。为此，应完善国家层面的立法，确保碳市场规则的公开性、透明性和权威性。同时，建立全国统一的碳交易标准规范与碳市场交易监管机制，从严制定碳排放交易法律责任的同时，鼓励减排成本低的企业超额减排。为了建立全国统一的碳市场，保证碳市场的活力和创造力，需要适度缩减碳配额，以此来保证碳配额的稀缺性。我国建立全国统一的碳市场在碳配额分配的未来方向是与国际趋同的,逐步缩减免费配额比例,最终实现完全的碳配额有偿分配,保证碳配额的稀缺性,形成市场供需主导的碳价格机制。

(二)完善碳市场运行机制

碳市场存在交易中断和冷清现象,市场的诸多不确定性因素,使得现有和潜在的参与者顾虑重重。完善碳配额分配机制,逐步转向碳排放总量和强度双控制度。"十四五"规划中提出,实施以碳强度控制为主、碳排放总量控制为辅的制度,支持有条件的地方和重点行业、重点企业率先达到碳排放峰值。在中央全面深化改革委员会第二次会议上,习近平总书记强调,要立足我国生态文明建设已进入以降碳为重点战略方向的关键时期,完善能源消耗总量和强度调控,逐步转向碳排放总量和强度双控制度。因此,应建立国家碳排放总量控制制度,制定合理的碳排放总量控制目标并完善考核制度,同时根据各地区和行业的特色制定差异化的总量目标,助力"双碳"目标实现。

碳价的变化会受到国际市场的影响,但更多地会受到我国相关政策的影响。降低碳市场的不确定性,完善碳市场运行机制,必须在政策层面设定明确的目标和立场,做好政策设计,从根本上改变市场有价无市的清淡局面。

(三)建立处罚与激励相结合的政策体系

目前,各个试点针对不履约、不按规定报送报告等行为,出台了一系列惩罚措施。单纯依靠惩罚措施,并不能杜绝各类不履约、推迟履约和其他违规现象。在现有碳交易机制下,如果控排单位按时履约致使其经营成本增加和经济效益下滑,那么必然会导致履约动力不足。在信息不完全对称的情况下,主管部门无法保证处罚金额大于履约成本。当履约成本大于罚金时,经济人自然选择违约,处罚机制会失去威慑力。即便是将履约情况与信用等级、项目审批和政府资助相挂钩,也不能从根本上解决交易动力不足的问题。

为更好地推动价格发现,稳定碳价持续上涨趋势,增加企业碳排放成本，并提高企业降碳的积极性，建议参考国际先进经验和地方试点碳市场在有偿拍卖方面的实践经验，同时考虑市场接受度和执行有效性，适时引入和推广拍卖等有偿分配机制，并逐步提高有偿分配的比例，促进企业绿色转型发展，推动中国绿色创新迅速发展，引导企业朝着低碳发展的方向迈进。

（四）完善碳市场的 MRV 机制

MRV 机制是碳交易实施中的核心要素，一般包括监测、报告与核查环环相扣的三部分内容，涉及监管方、控排单位和第三方核查机构三个方面的当事人。其中，控排单位有责任向监管方提交经核查的排放绩效数据。可以借鉴发达国家如美国的做法，建立碳排放联网直报系统，采用电子核查与现场核查相结合的方式，开展碳排放数据从采集到报告的全过程管理，创建碳信息公开渠道，充分发挥社会公众的监督作用。有效的 MRV 机制是产生可靠的碳排放数据和进行碳交易的前提，需根据我国国情构建健全有效的 MRV 体系，并完善 MRV 体系的政策法规以增强其法律效力，规范工作流程和技术标准，全面提升碳市场数据的质量管理。在监测方面，应制定统一规范的监测计划模板，并加强对监测执行的监管以确保企业严格按照计划进行监测工作。在报告方面，应优化并明确碳排放报告的要求，建立统一的信息披露平台以加强信息的公开与共享。在核查方面，需进一步完善核查制度规则，并加强核查机构及人员的培训，以提高碳市场数据的质量和可信度。

第三章 绿色科技基础研究建设篇

当前，我国生态文明建设进入了以降碳为重点战略方向、推动减污降碳协同增效、促进经济社会发展全面绿色转型、实现生态环境质量改善由量变到质变的关键时期。这是中国基于推动构建人类命运共同体的责任担当和实现可持续发展的内在要求所作出的重大战略决策。

实现碳达峰碳中和是一场广泛而深刻的经济社会系统性变革。这一变革的最根本动力来自科技创新支撑经济社会全面绿色化和低碳化，包括各类低碳技术、零碳技术和负碳技术的广泛使用，能源技术与数字技术的深度融合。碳中和时代的生产生活方式，与以化石能源为基础的生产生活方式最本质的区别在于全面绿色化和低碳化，需要经济技术体系的系统性、整体性跃迁。由于绿色低碳技术涉及范围非常广，本部分重点讨论绿色低碳技术在工业、建筑和交通方面的应用。

一、全球绿色低碳科技创新的趋势

在实现经济社会发展的同时实现碳中和，人类只能依靠科技创新。碳中和目标引导人类开发低碳、零碳和负碳技术，这种使命导向的技术创新范式将成为绿色低碳技术创新的主导范式，并催生了相关科学技术革命乃至社会变革。欧盟委员会明确指出，技术和创新是向气候中和转型的关键推动因素。我国在碳达峰碳中和顶层设计《中共中央 国务院关于完整准确全面贯彻新发展理念做好碳达峰碳中和工作的意见》和《2030年前碳达峰行动方案》中都强调绿色低碳科技创新的根本性作用。科技创新需求将引导公共部门和社会加大投资，并由此带来新技术变革，催生新产业，推动发展新能源系统、新建筑系统、新交通系统，形成新的增长动能和新的发展方式。

（一）绿色低碳技术的范畴

绿色低碳技术覆盖面广，不但包括低碳、零碳、负碳（碳吸收）技术，通常还包括节约资源、提高资源利用效率的技术。绿色低碳技术的重要特征是具备高度集成性，涉及从材料到数字化等多个领域。UNFCCC下的技术相关机制提出气候减缓和气候适应的技术清单框架，包括能源效率、林业、工业、可再生能源、交通、废物管理等领域。

IEA在其《能源技术展望2020》（*Energy Technology Perspectives* 2020）中提出，各国政府和大型企业提出的净零排放承诺与绿色低碳技术发展和投资的现状脱节，即使存在更强有力的政策支持，现有技术也不足以确保全球净零排放目标的实现，需加速绿色低碳技术的创新。随报告发布的《清洁能源技术路径指南》(*Clean Energy Technology Guide*)列举了近400项减碳技术，按照生产侧、需求侧和二氧化碳处理的基础设施进行分类，并对各项技术的成熟度按照原型期、示范期、早期应用期和成熟期四个阶段进行了区分，指出目前尚处于早期阶段的技术将在减碳路径中发挥巨大作用。《能源技术展望2020》还根据能源开发和利用形式，提出重要的能源技术类型，中短期可实现的技术类型包括工业过程、建筑供热供冷、车辆用能等能效提升，以及可再生能源的利用。

在我国绿色低碳政策体系中，《中共中央 国务院关于完整准确全面贯彻新发展理念做好碳达峰碳中和工作的意见》和《2030年前碳达峰行动方案》中并未明确定义绿色低碳技术的范畴，但在这些文件与行业、领域的低碳工作实施方案和保障措施中，列举了从新材料、新技术、新装备到技术集成和产业化规模化应用的技术范畴，其中包括节能和能效、零碳能源、碳汇和碳吸收、储能、氢能等各个技术领域的重点技术。科学技术部于2014年和2016年发布的两批《节能减排与低碳技术成果转化推广清单》说明中明确了覆盖范围，主要包括能效提升技术、废物和副产品回收再利用技术、清洁能源技术、温室气体削减和利用技术。国家发展改革委2014—2022年发布的《国家重点推广的低碳技术目录》中将低碳技术划分为5类，分别是非化石能源，燃料及原料替代，工艺工程等非二氧化碳减排，碳捕集、利用与封存，碳汇。2022年科学技术部等九部门发布的《科技支撑碳达峰碳中和实施方案（2022—2030年）》主要按产业领域部署绿色低碳科技开发工作和相关支撑行动。

学术研究也对绿色低碳技术的覆盖范围进行了探讨。何建坤（2013）提出低碳技术主要包括节能和能效技术、新能源技术，以及碳捕集与封存技术（CCS）等。王文军等（2011）将能够减少温室气体排放的技术和无碳技术界定为低碳技术。王灿等（2021）基于UNFCCC中英国、美国和我国的技术清单以及众多国际组织和研究机构的技术展望，构建了应对气候变化技术清单，包括现有技术推广清单、技术需求清单和未来技术清单三大类，依据技术领域、行业和减碳类别对低碳技术进行了分类。黄晶等（2021）根据我国碳排放现状和技术需求趋势确定了我国碳中和技术体系，主要包括节能提效低碳技术，零碳电力能源技术，零碳非电能源技术，燃料原料替代技术，非二气体削减技术，碳捕集、利用与封存（CCUS）技术，负碳技术，集成耦合与优化技术8类。Fang Wang等（2021）对涉及碳中和的新技术的优势和挑战进行了分析，将低碳技术划分为生态系统（包括农业食品系统、陆地生态系统、海洋生态系统和生物碳）技术以及风能、太阳能、核能、海洋能、氢能、储能等技术，碳捕集、利用与封存（碳捕集、碳运输、碳利用、碳存储）技术，节能技术，卫星监测与数字地球技术。

结合以上绿色低碳技术的不同范畴和多种分类方法，从减碳领域和技术集成两个维度对绿色低碳技术进行分类，并讨论其发展前景。

1. 减碳领域的维度

绿色低碳技术可划分为4类。一是低碳能源和材料的生产和供应技术，包括可再生能源发电、绿氢和绿氨的生产、生物燃料制备，以及相关燃料和材料的存储和运输技术、配套基础设施的建造等技术。二是低碳能源和材料的应用技术，包括交通领域的新能源汽车、高速电气化铁路、电动船舶和航空器等技术，工业领域的氢冶炼、高效电热转换和热传导技术、再生材料和高效碳纤维复合材料技术等，建筑和建造领域的装配式建筑、被动式建筑设计和建造、热泵、LED高效照明、高效热控制技术等，以及农业领域的再生农业、人造肉技术等。三是工业过程二氧化碳和非二气体排放的管控技术，包括通过工艺流程的更新、材料的替代和循环利用、化学和生物工程等。四是碳吸收技术，包括CCS和CCUS、空气直接碳捕集、人工光合作用、高效林业管理等自然解决方案、高效农业和可持续养殖等增强的自然过程、基因和生物技术等。

2. 技术集成的维度

绿色低碳技术可划分为3类。一是涉及减碳或减少含碳资源利用的直接相关技术，包括以低碳取代高碳的技术（如天然气替代煤炭、电动汽车替代燃油车、短流程炼钢替代长流程炼钢、高效节能技术等）、零碳技术（可再生能源、核能、氢能利用的技术）、负碳技术（CCS、CCUS、直接空气捕集、NBS 等）3 类。二是通过高效集成直接相关技术或技术整合实现减碳或减少含碳资源利用的技术，包括智能电网、源网荷储一体化应用、综合能源网等基础设施适应性改造技术，高效电解制氢、氢能储运加注、高效燃料电池等以氢为主的基础设施建设和运行技术，支撑多种能源网络协调互动的高效集成技术，以及水泥、钢铁等工艺流程的协同处置和资源综合利用技术等。三是其他支撑性和基础性技术，包括气候变化科学基础理论和方法、数字化和互联网技术、人工智能等高效控制策略、生物和材料科技、高度专业化的工业软件等。

（二）绿色低碳技术创新重点领域

许多国家将绿色低碳技术作为其实现国家气候目标的重要支撑，同时将绿色低碳技术相关的产业发展和就业增加作为参与全球竞争和经济可持续增长的主要抓手。

欧盟在 2018 年发布的《全人类的清洁星球：建立繁荣、现代、有竞争力且气候中和的欧盟经济体的长期战略愿景》中，提出建设清洁互联的交通、智能网络基础设施、零排放建筑及完全脱碳的能源供应；欧盟委员会 2019 年发布的《欧洲绿色新政》和 2021 年发布的"Fit for 55"一揽子计划草案，就能源、工业、建筑、交通、农业、基础设施等各个领域的技术和产业发展进行部署，并提出新的或更新的保障措施和机制设置。

2009 年，美国在能源部下设先进能源研究署（ARPA-E），致力于先进能源技术，特别是低碳能源技术的研究、开发和商业化。2021 年 11 月美国通过《基础设施投资和就业法案》（*Infrastructure Investment and Jobs Act*），将在交通领域重点支持电动汽车和充电基础设施、零排放和低排放的交通运输解决方案；美国能源部出台的"能源攻关计划"（Energy Earthshots Initiative）旨在推动重大能源创新突破，以提供更丰富、可靠和可负担的清洁能源解决方案应对气候危机，计划每年提出 6~8 个攻关目标，目前已提出氢能攻关、长周期储能攻关和负碳技术攻关 3 个目标。

英国的"绿色工业革命十点计划"（The Ten Point Plan for a Green Industrial Revolution）拟投入 120 亿英镑支持海上风电、低碳氢能、下一代核电技术、零碳车辆、绿色公共交通、绿色航空航运以及碳捕集、利用和储存等 10 个领域的研究。

日本经济产业省依据其国家自主贡献目标提出的《2050 碳中和绿色增长战略》（Green Growth Strategy through Achieving Carbon Neutrality in 2050）拟动员超过 240 万亿日元的投资促进海上风电、光伏、地热、氢能/燃料氨、核能、零碳交通工具等 14 个技术领域的发展。除此之外，各国在其提交的温室气体减排长期战略（LTS）文件中，对其减排路径下的主要绿色低碳技术也进行了描述。

IEA《2021 年世界能源展望》（World Energy Outlook 2021）全球零碳情景（Carbon Neutral Scenario，CNS），从工业、建筑、交通、电力与供热、低碳氢和碳捕集几个主要技术领域刻画了未来全球能源转型的路径，提出 2050 年全球可再生能源比重将由 2020 年的 12% 提高到 67%，核能比重由 5% 提高到 11%，油、气、煤合计占比由 79% 降至 23%，终端能源电气化率由 20% 升至 49%，氢占比从 0 升至 6%。

国际可再生能源署（IRENA）的《世界能源转型展望：1.5℃路径》（World Energy Transitions Outlook—1.5℃ Pathway）中将可再生能源（电力和直接利用）、绿氢产输储用技术、可持续生物质能、碳捕集和去除技术作为全球实现净零排放的主要技术路径，并需要持续的投资和强有力的政策环境作为保障，预计到 2050 年，需要总计超过 131 万亿美元的投资，其中 80% 需要投向以上的技术领域和支持技术实现的解决方案，如能效提升和电力系统灵活性等。

能源转型委员会（ETC）在 2020 年发布的《践行使命——打造全球零碳经济》（Making Mission Possible 2020）报告中提到，净零排放必须满足技术和经济可行性，实现零碳经济需要分三步走：第一步是通过节能、提高资源利用效率和改变用能方式以使用更少能源；第二步是提升清洁能源供应；第三步是使各个领域都能使用清洁能源。该报告对未来重要低碳技术及其成熟的时间点进行了展望，并从循环利用、效率提升、清洁能源供应和清洁能源应用 3 个领域进行了分类。其发布的《务实行动：实现本世纪 20 年代内升温低于 1.5℃ 的目标》（*Keeping 1.5℃ Alive：Closing the Gap in the 2020s*）报告则进一步强调了其对于自然的解决方案、退煤、内燃车辆禁售、建筑和生产能效标准的提升，以及钢铁、水泥、航空和航运领域零碳技术的研发和投资。

发展中国家的绿色低碳技术则主要来自发达国家，绿色低碳领域的技术援助和技术转移，也是全球气候治理的重要安排。UNFCCC 和联合国气候技术中心网络（CTCN）根据 UNFCCC 对部分发展中国家应对气候变化的技术需求清单进行了整理，目前已有 106 个国家提出 321 项技术需求。技术需求清单可用于联合国气候技术机制为发展中国家提供更精准的援助，也可成为发展中国家科学制定国家自主贡献（NDC）的重要参考。根据对 2015—2018 年碳排放减缓技术需求清单的分析，超过 86% 的国家认为能源领域的绿色低碳技术最重要，其次是交通领域（32%）。能源领域中的大部分需求与电源技术相关，包括太阳能、水电和生物质能等，还有一部分与节能相关，交通部门则更关注电动汽车、交通管理和公共交通等。

金融投资机构将绿色低碳技术作为未来投资布局的重要领域。麦肯锡在《创新至净零：气候技术摘要指南》报告中提出 5 个重要的绿色低碳技术领域，并认为这些技术未来 5 年将吸引约 2 万亿美元的投资，且在未来 30 年将减少约 40% 的温室气体排放。中金公司在《碳中和经济学》中提出的技术路径则将各个时期的技术和投资重点进行了刻画，主要分为节能技术、减排技术、电力能源碳中和技术、零碳技术和负碳技术。

企业是低碳技术创新环境塑造的重要参与者和重要主体。2021 年欧盟委员会和 OECD 联合发布的全球龙头研发投资企业的《为气候中和铺平道路》（*Paving the Way for Climate Neutrality*）报告，对各国的企业投资、企业所在领域、各个行业研发投入强度等指标进行了测算和分析，全球 70%

的气候领域技术专利和 10% 以上的气候领域产品商标由这些龙头企业申请，一些国家的企业更专注于技术和商业模式的创新（如丹麦），而另一些国家则更专注于技术应用和产品生产规模化（如中国）。电力、燃气和供热行业企业的专利总量位居世界第一，但此行业中的龙头企业申请的气候相关技术的专利数量并不多，未进入相关专利数量排名前五。这既体现了这些行业自然垄断的属性，也体现了这些行业内的企业在气候相关技术领域的研发投入相对不足。约有 20% 的气候相关的专利和超过 60% 的气候相关的产品商标涉及数字技术，表明数字化对支撑绿色低碳产业发展的重要作用。但气候相关的专利数量在所有数字技术和通信行业专利总量中的占比不足 5%，说明数字领域的技术发展与低碳结合度相对较低，企业对低碳创新的投资相对不足，需加强数字行业自身的低碳化。

（三）各国支持低碳技术创新和产业发展的主要策略

实现经济社会的绿色低碳转型依赖低碳技术的创新突破和规模化应用。因此，各国政府的低碳发展战略和发展路径都将低碳技术创新和产业发展作为其实现绿色低碳转型目标的重要抓手，并为低碳技术创新和产业发展提供各类政策支撑。

1. 为低碳技术规模化应用提供经济激励

发达国家为推动低碳技术创新和市场投资，提供多样的经济激励政策。在能源低碳发展方面通过固定上网电价、溢价补贴、差价合约、招标电价等形式，为可再生能源提供电价补贴，促进可再生能源尤其是风电和光伏发电的规模化发展。除此之外，可再生能源配额制、中长期电力合同绿色证书等机制分别通过扩大消费侧需求、降低市场价格波动风险、环境效益外部化等方式，为可再生能源的发展提供良好的市场环境。

类似政策机制推动了美国新能源汽车产业和技术的发展。美国加利福尼亚州空气资源委员会（CARB）于 2012 年牵头实施先进清洁车辆计划（Advanced Clean Cars Program，ACC Ⅰ），包括低排放车辆标准和法规的修订。2012 年修订后的法规要求汽车生产商其产品组合中必须有零排放汽车

（如电动汽车、氢燃料电池车等）以及低碳汽车（如插电混合汽车等）。为实现2025年清洁能源汽车销售渗透率达到15%的目标，加利福尼亚州为汽车生产商设置了正负积分机制，以激励生产和销售更多的零排放汽车。2021年，零排放车辆占加利福尼亚州所有轻型车销量的11.5%，远高于美国全国的平均水平。零排放汽车法规目前已被其他16个州采纳，且CARB也于2019年将类似机制引入卡车行业，并正在对轻型车开展先进清洁车辆计划第二阶段（ACCⅡ）规则的制定。

2. 持续推动技术创新投资和创新环境建设

创新政策支持以及政府与公共部门投资对规模化部署前低碳技术发展十分重要。根据IEA统计，2020年，IEA成员国的低碳能源技术公共投资较2019年大幅增长，达到222亿美元，占全部能源技术投资的96%。所有成员国中，美国和加拿大的投资增幅最高，分别增长6.8亿美元（同比增长9%）和2.4亿美元（同比增长31%）。美国先进能源研究署（ARPA-E）2009—2022年投入近35亿美元，支持1500多个先进能源技术开发和商业化项目。2022年通过的《通胀削减法案》（*Inflation Reduction Act*，IRA）被认为是集中体现美国气候政策目标的重大产业政策，计划10年内提供3690亿美元支持美国新能源和电动车的产业化。非OECD成员国中，中国的低碳能源技术公共投资额度最高并保持相对稳定，约为40亿美元/年。

除了持续投资外，各国或地区主要使用的政策工具还包括设立重点技术产业创新基金和计划、统筹相关产业领域技术创新管理和研发平台、整合研究资源投入以及其他有利于改善创新和创业环境的政策。支持低碳技术开发还需要加大基础教育和研发投入，如培养各类科学家、工程科研人员和技术工人，以及支持基础性材料、工业设计和仿真软件、精密装备设计制造、基础控制理论等基础领域研究。各国均通过提升对科学—技术—工程—数学（STEM）领域教育的支持力度，加强基础科研领域的国际合作，以及改善新技术初创企业投资环境等方式促进绿色低碳科技创新。

3. 打造国际技术和产业创新联盟

国际合作对于提升低碳技术创新的效率、最大化低碳技术创新的效益具有重要作用。国际合作有利于各国获得合适或优质的科研人才和设备，实现便捷以及与需求更匹配的低碳技术转让，使技术标准更好地匹配研发需求和方向，以及促进新技术的转化应用和产业化。以低碳能源领域为例，IEA 的技术合作项目（Technology Collaboration Programmes，TCPs）是全球范围内影响最广泛的能源技术国际合作平台之一，共有超过 55 个国家 300 多个公共或民营领域科研机构约 6000 名技术专家参与了 IEA-TCPs。虽然 IEA 并不向 TCPs 提供资金支持，但通过平台分享科研进展、凝聚共识、与政府部门交流观点，更好地推动了低碳技术知识共享和激励创新。除此之外，在哥本哈根联合国气候大会（COP15，2009 年）和巴黎联合国气候大会（COP21，2015 年）之后，分别建立了清洁能源部长级会议（Clean Energy Ministerial，CEM）和使命创新（Mission Innovation，MI）两个多边的部长级机制，旨在通过低碳能源技术创新与更广泛的产业和政策合作促进全球低碳能源产业发展和能源绿色低碳转型。除此之外，区域多边组织和平台也发挥了积极作用，如 APEC 的能源工作组和"一带一路"的绿色能源合作倡议。

中国先后与欧盟、澳大利亚、丹麦、法国、芬兰、奥地利、美国、日本、韩国等国家和地区共同支持了清洁能源和低碳技术发展的科技合作项目，由科学技术部等项目管理单位统一管理。根据科学技术部统计，中国已同 161 个国家和地区建立科技合作关系，签署 114 份科技合作协议，还有约 200 份中外部门间合作协定涉及科技合作，参与 200 多个政府间科技型国际组织、多边机制和国际大科学工程计划等。其中，根据《中华人民共和国政府和美利坚合众国政府科学技术合作协定》（1979 年）、《中美清洁能源联合研究中心合作议定书》（2009 年）和《中美清洁能源联合研究中心合作议定书修正案》（2015 年），2009—2016 年，中美双方政府各投入了超 7000 万美元支持清洁煤、清洁汽车和建筑节能等领域的技术研究，并共同制订了知识产权分享和利用的技术管理规划。然而随着特朗普政府上台和中美贸易摩擦，中美低碳技术领域合作出现停滞。中国与欧盟的低碳技术合作则相对稳定，在 1998 年签订《中欧科技合作协定》后，一直保持较为活跃的科技合作，尤其是《中欧科技伙伴计划》（2009年）和《中欧创新合作对话联合声明》（2012年）的签署，促成了中国的科研机构广泛参与自欧盟"第五框架项目"至今的欧盟所有研发计划，近5年中欧的官方资金投入近7亿欧元。随着低碳技术科研和产业实力的提升，中国的合作对象也由与发达国家合作为主向与发展中国家及"一带一路"共建国家和地区合作倾斜。

二、我国绿色低碳科技创新

中国是全球绿色低碳技术创新的重要贡献者。绿色低碳技术创新是实现"双碳"目标的基础和关键，中国高度重视促进绿色低碳技术创新。2016—2022年，中国绿色低碳专利授权量达到17.8万件（占全球绿色低碳专利授权量的31.9%），年均增速达到12.5%，明显高于全球2.5%的整体水平。从创新主体看，中国共有13家企业或单位进入全球绿色低碳技术发明专利授权量排名前五十，仅次于日本的15家。从近年来创新活跃的储能技术来看，中国在电化学储能领域的发明专利授权量由2016年的0.43万件增长到2022年的1.3万件，年均增速达到19.9%，占全球总量的比重由35.5%增长到44.9%。

氢能、大规模储能等新能源技术研发应用取得新进展。中国已初步形成比较完备的新能源技术研发和装备制造产业链，光伏电池转换效率多次刷新世界纪录，低风速、抗台风、超高塔架、超高海拔风电技术居世界前列；初步掌握氢能制备、储运、加氢、燃料电池和系统集成等主要技术和生产工艺，采用现有天然气管道长距离输送氢气技术取得突破，产量连年上升；锂离子电池、压缩空气储能等技术达到世界领先水平，超级电容储能、固态电池储能、钛酸锂电池储能等新技术投入应用示范工程，"新能源+储能"、常规火电配置储能、智能微电网等应用场景不断涌现。截至2022年底，中国已投运电力储能项目累计装机规模5980万千瓦，占全球市场总规模的25%，年均增长率为38%。其中已投运新型储能项目装机规模870万千瓦，比上年增长110%以上。2022年新增装机中，压缩空气储能、液流电池储能技术占比分别达 3.4%、2.3%。此外，飞轮、重力、钠离子等多种储能技术也已进入工程化示范阶段。中国 2012—2021 年氢能产量情况如图 3-1 所示。

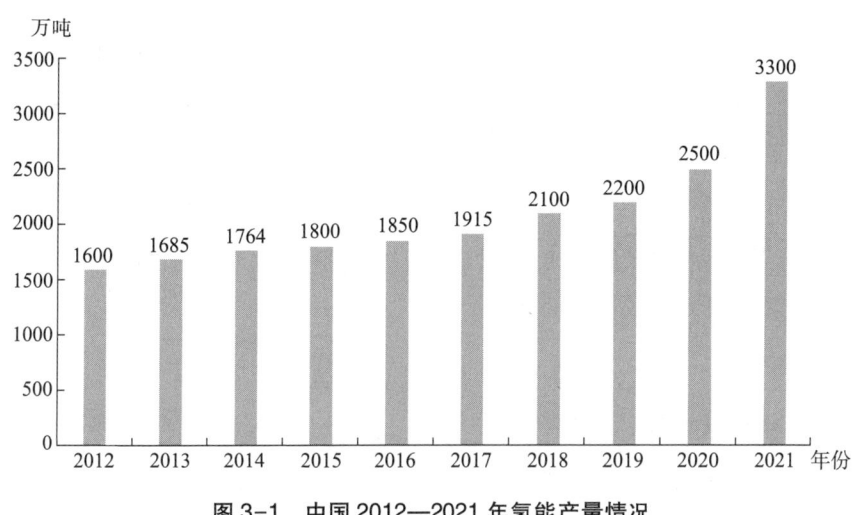

图 3-1 中国 2012—2021 年氢能产量情况

重点行业和领域绿色低碳关键核心技术取得重大突破。各地区加速推动绿色低碳科技成果转化应用。如广东省启动碳达峰碳中和关键技术研究与示范重大专项，开展千万吨级 CCUS 集群全产业链示范项目前瞻性研究。天津、广东、陕西、新疆等省（区、市）开工建设百万吨级 CCUS 示范项目。重点工业企业也在积极探索绿色低碳技术创新，如鞍钢集团启动了全球首套绿氢零碳流化床高效炼铁新技术示范项目，具有完全自主知识产权，可实现低碳冶金新技术路线的突破。

（一）工业高质量可持续发展

工业文明开创了现代化的人类社会，也带来了全球性的生态危机，造成了人与自然关系的高度紧张，集中表现为全球性的环境污染、生态系统破坏和资源短缺等综合性、复合性问题。生态文明是人类文明发展进步的新形态，是人类社会进步的重大成果。实现由工业文明向生态文明范式的转型，形成环境保护与发展之间相互促进的关系，这既有人类社会的主观要求和良好愿景，也是大势所趋。保护生态环境就是保护生产力，改善生态环境就是发展生产力。

目前，我国对工业低碳转型不断加强政策引导：制定出台了《关于加快推动制造业绿色化发展指导意见》等一系列文件，明确了制造业绿色化转型的战略方向和工作重点；印发《绿色工厂梯度培育及管理暂行办法》《工业领域碳达峰碳中和标准体系建设指南》《机电产品再制造行业规范条件》等文件，以办法、标准、规范等引领行业高质量发展；发布一批绿色制造名单、领跑者企业名单、符合行业规范条件企业名单等，以标杆示范带动行业绿色发展。绿色是高质量发展的底色，在"双碳"框架下，逐步、有序推动工业绿色发展，从以下三个方面引领我国生产生活方式全面绿色低碳转型。

1. 传统产业绿色低碳转型升级

（1）传统产业绿色低碳优化重构。

加快传统产业产品结构、用能结构、原料结构优化调整和工艺流程再造，提升在全球分工中的地位和竞争力。实施"增品种、提品质、创品牌"行动，推动产品向高端、智能、绿色、融合方向升级换代，推动形成品种更加丰富、品质更加稳定、品牌更具影响力的供给体系。构建清洁高效低碳的工业能源消费结构，实施煤炭分质分级清洁高效利用行动，有序推进重点用能行业煤炭减量替代；鼓励具备条件的企业、园区建设工业绿色微电网，推进多能高效互补利用，就近大规模高比例利用可再生能源；加快推进终端用能电气化，拓宽电能替代领域，提升绿色电力消纳比例。推进绿氢、低（无）挥发性有机物、再生资源、工业固体废物等原料替代，增强天然气、乙烷、丙烷等原料供应能力，提高绿色低碳原料比重。推广钢铁、石化化工、有色金属、纺织、机械等行业短流程工艺技术。健全市场化法治化化解过剩产能的长效机制，依法依规推动落后产能退出。

（2）传统产业绿色低碳技术改造。

定期更新发布制造业绿色低碳技术导向目录，遴选推广成熟度高、经济性好、绿色成效显著的关键共性技术，推动企业、园区、重点行业全面实施新一轮绿色低碳技术改造升级。支持大型企业围绕产品设计、制造、物流、使用、回收利用等全生命周期绿色低碳转型需求，实施全流程系统化改造升级。充分发挥链主企业带动作用，帮助产业链上下游中小企业找准绿色低碳转型短板，有计划、分步骤地组织实施技术改造。鼓励工业园区、产业集聚区对标绿色工业园区建设要求，开展布局集聚化、结构绿色化、链接生态化整体改造升级，组织园区内企业持续实施绿色低碳技术改造。支持行业协会制订重点行业改造升级计划，鼓励地方开展环保绩效创A行动，提升行业环保治理水平。

2. 推进重点区域、行业的污染防治工程

引导区域绿色低碳优化布局。整体来看，我国工业领域的绿色转型政策遵循自上而下的构建思路，鼓励地方政府结合自身的产业结构开展"一地一策"的实施模式，重点聚焦京津冀、长三角、珠三角、东北等重工业地区。发挥地区特色和优势，综合平衡生产力、能源、资源、市场需求等要素，支持中西部和东北地区有序承接产业转移，避免低水平重复建设。严格落实生态环境分区管控要求，在符合环保、能耗、水耗、安全生产等标准要求的前提下，稳妥有序推动高载能行业向西部清洁能源优势地区转移。严格项目准入，坚决遏制高耗能、高排放、低水平项目盲目上马。推动区域产业绿色协同提升，重点发展钢化联产、炼化一体化、林浆纸一体化、以化固碳等产业耦合模式，以及冶金和建材等行业协同处置生活垃圾、向城镇居民供热等产城融合模式，鼓励有条件的地区加强资源耦合和循环利用，加快建设"无废企业""无废城市"。

3. 前瞻布局绿色低碳领域未来产业

聚焦"双碳"目标下能源革命和产业变革需求，谋划布局氢能、储能、生物制造、CCUS等未来能源和未来制造产业发展。围绕石化化工、钢铁、交通、储能、发电等领域用氢需求，构建氢能制、储、输、用等全产业链技术装备体系，提高氢能技术经济性和产业链完备性。聚焦储能在电源侧、电网侧、用户侧等电力系统各类场景应用，开发新型储能多元技术，打造新型电力系统所需的储能技术产品矩阵，实现多时间尺度储能规模化应用。发挥生物制造选择性强、生产效率高、废弃物少等环境友好优势，聚焦轻工发酵、医药、化工、农业与食品等领域，建立生物制造核心菌种与关键酶创制技术体系。聚焦 CCUS 技术全生命周期能效提升和成本降低，开展 CCUS 与工业流程耦合、二氧化碳生物转化利用等技术研发及示范。

提高绿色环保、新能源装备、新能源汽车等绿色低碳产业占比。鼓励产业基础好、集聚特征突出的地区，优化产业链布局，集聚各类资源要素，提升集群治理能力，推动产业由集聚发展向集群发展跃升，在绿色低碳领域培育形成若干具有国际竞争力的先进制造业集群。加强绿色低碳产业链分工协作，支持龙头企业争创制造业领航企业，加快产业延链强链，在产业链关键环节打造一批制造业单项冠军企业，培育一批专精特新"小巨人"企业，努力提升全产业链竞争力。推动工业互联网、大数据、人工智能、5G 等新兴技术与绿色低碳产业深度融合，探索形成技术先进、商业可行的应用模式，形成产业增长新动能。

（二）建筑高质量可持续发展

我国绿色建筑发展经历了 2003—2012 年的探索阶段、2013—2015 年的深化阶段，以及 2016 年至今的推广阶段。中央经济工作会议强调，"深入推进生态文明建设和绿色低碳发展""积极稳妥推进碳达峰、碳中和"。2024 年政府工作报告提出，"推进城乡建设发展绿色转型"。住房和城乡建设部深入贯彻落实党中央、国务院决策部署，扎实推进住房城乡建设领域节能降碳工作，取得了积极成效，形成了以《节约能源法》为统领、《民用建筑节能条例》和《民用建筑节能管理规定》等规章为支撑的建筑节能降碳法规体系，稳步提高建筑节能降碳标准要求，大幅提升居住建筑、公共建筑节能水平。初步建立了绿色建筑标准体系，将绿色建筑基本要求纳入全文强制性国家标准；绿色建筑标识认定制度逐步形成，建立了国家、省、市三级认定体系；持续推进可再生能源利用，城镇建筑可再生能源替代率和电气化比例持续提高；深入推进既有建筑节能改造，建筑居住环境品质持续改善。

1. 2003—2012 年：探索阶段

2003 年，《节约能源法》首次将绿色建筑列入法律，为绿色建筑提供了法律依据。《节约能源法》要求房地产开发企业应该将所售房屋的节能措施等信息予以明示。绿色建筑的评价标准是绿色建筑发展的重要依据，其中 2006 年第一版《绿色建筑评价标准》明确了绿色建筑的定义，执行了住宅建筑和公共建筑的标准，标志着我国绿色建筑正式起航。《绿色建筑评价标准》对绿色建筑的定义进行了明确，是指在建筑的全寿命周期内，最大限度地节约资源（节能、节地、节水、节材）、保护环境和减少污染，为人们提供健康、适用和高效的使用空间，与自然和谐共生的建筑。具体内容上，《绿色建筑评价标准》将建筑分为住宅建筑和公共建筑两大类，分别从室外环境、节能与能源利用、节水与水资源利用、节材与材料资源利用、室内环境质量和运营管理六大方面进行评估。2007 年，住房城乡建设部根据《绿色建筑评价标准》以及地方标准发布了《绿色建筑评价标识管理办法》，对公共与民用建筑进行一星级、二星级和三星级的标识认定和申报，以方便后续管理。

2. 2013—2015 年：深化阶段

2013 年，国家首次出台了强制节能标准，对未来提出了量化目标，标志着我国绿色建筑发展进入深化阶段。同年，国家发展改革委与住房城乡建设部联合发布《绿色建筑创建行动方案》，对"十二五"期间的建筑发展提出了目标：城市及乡镇的所有新建建筑都要强制执行绿色建筑能源节约标准，并完成新建绿色建筑 10 亿平方米；到 2015 年末，20% 的城镇新建建筑达到绿色建筑标准要求；对现有的建筑要进行节能改造，完成北方采暖地区既有居住建筑供热计量和节能改造 4 亿平方米以上，夏热冬冷地区既有居住建筑节能改造 5000 万平方米，公共建筑和公共机构办公建筑节能改造 1.2 亿平方米；推进可再生能源建筑规模化应用，到 2015 年末，新增可再生能源建筑应用面积25亿平方米，示范地区建筑可再生能源消费量占建筑能耗总量的比例达到10%以上；提出加大政策激励，对达到国家绿色建筑评价标准二星级及以上的建筑给予财政资金奖励。

3. 2016年至今：推广阶段

2017年，住房城乡建设部发布《建筑节能与绿色建筑发展"十三五"规划》，制定了绿色建筑2020年的量化标准，意味着绿色建筑进入推广阶段。该文件强调实施全领域、全产业链的绿色建筑发展，在逐步实现东部地区省级行政区域城镇新建建筑全面执行绿色建筑标准的基础上，要求中部地区省会城市及重点城市、西部地区省会城市新建建筑强制执行绿色建筑标准，实现绿色建筑集中连片推广。住房城乡建设部印发《"十四五"建筑节能与绿色建筑发展规划》并明确，到2025年，城镇新建建筑全面建成绿色建筑，建筑能源利用效率稳步提升，建筑用能结构逐步优化，建筑能耗和碳排放增长趋势得到有效控制，基本形成绿色、低碳、循环的建设发展方式，为城乡建设领域2030年前实现碳达峰奠定坚实基础。

《"十四五"建筑节能与绿色建筑发展规划》提出，到2025年，完成既有建筑节能改造面积3.5亿平方米以上，建设超低能耗、近零能耗建筑0.5亿平方米以上，装配式建筑占当年城镇新建建筑的比例达到30%，全国新增建筑太阳能光伏装机容量0.5亿千瓦以上，地热能建筑应用面积1亿平方米以上，城镇建筑可再生能源替代率达到8%，建筑能耗中电力消费比例超过55%。

该规划同时明确了"十四五"时期建筑节能与绿色建筑发展9项重点任务——提升绿色建筑发展质量、提高新建建筑节能水平、加强既有建筑节能绿色改造、推动可再生能源应用、实施建筑电气化工程、推广新型绿色建造方式、促进绿色建材推广应用、推进区域建筑能源协同、推动绿色城市建设，绿色建筑未来的发展方向进一步明确。

从发展方向来看，绿色建筑可分为绿色施工、绿色建材和生物技术的融合三大部分，具体来看：

(1) 绿色施工（装配式建筑）。

装配式建筑是一种由工厂生产构件、在施工现场组装而成的建筑。装配式建筑是将建筑的部分或全部构件在构件预制工厂生产完成，然后运输至施工现场，并借助安装机械将构件组装完成的建筑物。装配式建筑建造过程具有"五化一体"的特点，即标准化设计、工厂化生产、装配化施工、一体化装修和信息化管理。

根据材料形态的不同，装配式建筑可分为三大类：①装配式混凝土结构（Precast Concrete，PC），以预制 PC 构件为主要受力构件，经现场装配组装而成的混凝土结构；②装配式钢结构，将型钢和钢板等制成的构件采用焊接、螺栓或铆钉等连接方式组装而成的钢结构；③装配式木结构，将木材作为主要受力构件，经现场装配而成的木结构。其中，装配式混凝土结构建筑具有成本低、适用范围广等优势，是国内装配式建筑的主要形式。2020 年我国新开工装配式混凝土结构建筑 4.3 亿平方米，占新开工装配式建筑的 68.3%；装配式钢结构建筑 1.9 亿平方米，占比为 30.2%。

相比传统工程建造模式，装配式建筑能有效缩短建筑工期，且更加绿色环保。一方面，装配式建筑能有效缩短建筑工期，提高施工效率。相比传统工程建造模式，装配式建筑通过前期深化设计与标准化设计，将建筑物拆分为标准化部品部件后在工厂提前批量生产，再运输至工程现场进行组装，从而缩短现场建造周期（装配式建造方法较传统建造方式缩短 1/3 以上工期）。此外，通过前期深化设计来提高建筑物设计精度，减少由于图纸错误以及施工误差导致的返工与误工，减少材料浪费并提高施工效率。以预制率为 35% 左右的 30 层装配式混凝土住宅项目为例，PC 建筑工期为 160~210 天，较传统的现场浇筑建筑 250~300 天工期大幅缩短。

另一方面，装配式建筑更加节能环保、低碳排放。国内建筑生产过程与方式较为粗放，大部分施工现场管理无序，一是造成钢材、水泥以及水资源严重浪费；二是工地脏乱差，生产过程中产生的扬尘也往往成为城市里可吸入颗粒物的重要污染源。装配式建筑能减少返工、误工带来的材料浪费，其规模化、集约化生产方式亦能够有效节约耗材、降低能耗并减少建筑废弃物。此外，建筑施工过程中机械化的安装方式亦能减少噪声、废物、废水排放，实现整个建筑周期节能环保、低碳排放。

表3-1为中国PC建筑方法与现场浇筑建筑方法的比较。

表3-1 中国PC建筑方法与现场浇筑建筑方法的比较

项目	PC建筑	现场浇筑建筑	节约改善
工期	160~210天	250~300天	20%~45%
所需现场施工人数	40~50人	150~160人	60%~75%
水资源消耗	0.051~0.067立方米/平方米	0.085~0.090立方米/平方米	35%~40%
能源消耗	7.0~7.1千瓦·时/平方米	8.9~9.0千瓦·时/平方米	20%~25%
建筑废物处置量	7.34~7.35千克/平方米	23.75~23.80千克/平方米	65%~70%
粉尘（PM_{10}）	60~75微克/立方米	85~100微克/立方米	20%~30%

绿色环保理念下国家持续出台政策，大力推广装配式建筑。2013年国家发展改革委、住房城乡建设部发布《绿色建筑行动方案》，提出推广适合工业化生产的预制装配式混凝土、钢结构等建筑体系，加快发展建设工程的预制和装配技术，提高建筑工业化技术集成水平；2016年以后，中央层面关于装配式建筑的政策文件密集出台，对装配式建筑发展规划、标准体系、工程质量、产业链管理等方面要求予以明确，2017年3月，住房城乡建设部在《"十三五"装配式建筑行动方案》中提出，到2020年全国装配式建筑占新建建筑面积比例要达15%以上。

在政策持续推动下，近年来国内装配式建筑迎来高速发展。2016—2020年，全国新开工装配式建筑由1.14亿平方米升至6.3亿平方米，CAGR达53%；2020年新开工装配式建筑占新建建筑面积比例达20.5%，较2019年的13.4%大幅提升，完成《"十三五"装配式建筑行动方案》确定的占比15%以上的工作目标。

（2）绿色建材（防水材料、石膏板）。

水泥是一种重要的建筑材料，应用领域包括地产、基建、农村建设。

水泥是一种粉状水硬性无机胶凝材料，加水搅拌后成为浆体，能在空气中硬化或者在水中硬化，并能把砂、石等材料牢固地胶结在一起。从能耗规模看，水泥是传统能耗大户，能耗成本占比过半。水泥生产需要消耗大量能源，主要包括煤炭和电力，以海螺水泥为例，2020年，海螺水泥熟料综合成本中煤炭及动力占比达51%。从全国角度看，2020年水泥行业用电占全社会用电量的2%，高于玻璃、陶瓷制品等其他建材行业。因此，水泥亦是2030年前碳达峰、2060年前碳中和目标的重点碳减排行业。

建筑防水材料作为建筑物的维护结构，用于防止雨水、雪水、地下水渗透及空气中的湿气、蒸汽和其他有害气体与液体侵蚀建筑物的材料。国内建筑防水材料主要分为防水卷材、防水涂料两大类，其中，防水卷材包括聚合物改性沥青卷材和合成高分子卷材两个主要类别；防水涂料依照主要成分的不同，可分为溶剂型涂料和水性涂料两大类别。从产业链看，下游应用领域主要为住宅与民用建筑，上游与石油化工相关。防水材料下游应用以住宅和民用建筑为主，其次是基础设施。防水材料在房屋建筑中主要用于屋面、地下室、厨卫、外墙等部位，其中屋面及地下室占比最高；在基础设施中主要用于铁路、轨道交通、桥梁、隧道、地下管廊、机场、水库水利等领域。防水材料上游原材料主要是沥青、膜类、聚酯胎基、SBS改性剂、聚醚等石化产品，与石油化工产业息息相关。

石膏板是一种绿色环保、性能优越的建筑材料。石膏板是以建筑石膏为主要原料制成的一种材料，具有生产能耗低、生产效率高、设备投资少、可施工性好、轻质隔热、防火性能好、装饰功能好、居住体验好等优点，能够替代有限的木材和黏土砖资源；同时在生产过程、使用过程中具备节能、节水、节地、节材和环保等特点，属于节能环保的绿色产品。

（3）生物技术的融合。

随着全球对可持续实践迫切需求的认识日益加深，生物技术被视为建筑行业创新和转型的催化剂。生物技术利用生物体、生物过程和仿生原理的力量来改变建筑实践。从可持续材料和适应性立面到生物结构和生物发光特性，生物技术用于创造可持续建筑。在不断发展的建筑领域中，生物技术成为一种变革力量，有望彻底改变设计、建造和居住建筑的方式。

①可持续材料生物技术。

可持续材料生物技术已成为建筑行业材料革命化，尤其是追求可持续性的一个有前途的途径。

在生物衍生材料方面，生物技术促进了来源于生物体或生物过程的材料的开发和利用。例如，由细菌将沙子黏合而成的生物砖或由真菌生长而成的菌丝体复合材料。这些材料不仅减少了对传统能源密集型建筑材料（如混凝土和钢铁）的依赖，而且有可能在其生长过程中封存二氧化碳。

在环境效益方面，在建筑中使用生物衍生材料具有显著的环境效益。与传统替代品相比，这些材料通常具有可再生性、可生物降解性，并且碳足迹更低。例如，由玉米或甘蔗等植物性来源制成的生物塑料可以替代石油基塑料，以减少对化石燃料的依赖并减轻塑料污染。

在提高耐久性和性能方面，与人们普遍认为可持续材料可能牺牲耐久性的误解相反，生物技术衍生的材料往往表现出令人印象深刻的性能特征。例如，生物砖已显示出与传统砌筑材料相媲美的出色抗压强度，而菌丝体复合材料则具有固有的阻燃和隔热性能。此外，这些材料还可以被设计成可以自我修复，从而进一步提高其使用寿命。

在定制化和适应性方面，建筑中的生物技术能够定制和调整材料，以满足特定的建筑需求。通过基因工程和仿生设计原理，我们可以调整材料以增强其属性，如强度、柔韧性和颜色。这种定制化的程度使建筑师能够创新和突破传统建筑材料的界限，为创意表达和功能设计开辟新的可能性。

在促进建筑业的循环经济方面，通过利用生物衍生材料，建筑师为建筑业循环经济的发展作出了贡献。这些材料可以可持续采购，在其生命周期结束时进行回收或回归自然环境，从而最大限度地减少浪费和资源消耗。此外，这些材料的生物可降解性降低了建筑和拆除活动对环境的影响。

②自适应立面。

自适应立面也称为动态立面或响应式立面,是建筑设计领域的一项重大进步,它使建筑物能够智能地响应环境条件。生物技术在建筑领域发挥了关键作用,推动了这些创新型建筑围护结构的发展,将传统的静态立面转变为能够适应各种外部刺激的动态系统。

在仿生设计方面,建筑中的生物技术从自然界的适应机制中汲取灵感,促使建筑师和工程师开发出模仿生物过程的立面系统。通过研究自然系统,如人类皮肤或植物结构,设计师可以模仿生物体根据外部因素调节温度、湿度和光照水平的能力。

在响应式材料和系统方面,生物技术的进步促成了能够实时改变属性的响应式材料的出现。例如,嵌入微生物或响应式聚合物的智能材料可以根据环境线索(如阳光强度或温度变化)改变其透明度、热导率或保温性能。这些材料构成了能够动态适应变化条件的自适应立面系统的基础。

在建筑能效和舒适度方面,自适应立面通过实时优化建筑性能来提高能源效率和居住者舒适度。通过调节自然光穿透、太阳热增益和自然通风,这些立面减少了对机械供暖、制冷和照明系统的依赖,从而降低了能源消耗和运营成本。此外,居住者还能享受到改善的热舒适度和自然采光,从而提升幸福感和工作效率。

在传感器和控制系统的集成方面,建筑中的生物技术促进了传感器和控制系统在自适应立面设计中的集成,从而实现了对环境参数的精确监测和调节。嵌入在立面中的传感器可以检测温度、湿度、空气质量和自然光水平的变化,而控制算法则会相应地调整立面的配置。传感器、执行器和建筑管理系统之间的这种无缝交互确保了最佳性能和适应性。

③可持续建筑。

在可持续建筑实践方面,将生物技术融入自适应立面符合可持续建筑的原则,通过减少能源消耗、最小化环境影响和提高建筑韧性来实现。通过利用自然过程和材料,这些立面有助于创造更生态友好的建筑环境,减小气候变化的影响，并促进资源效率。将生物技术融入生命建筑代表着一种以生态可持续性、人类福祉和城市韧性为优先的建筑设计的变革性方法。通过利用生物体的力量，可以创造出积极促进环境健康、培养亲生物联系并适应不断变化的环境条件的建筑物。随着生物技术的不断进步，生命建筑的创新潜力是巨大的，为城市化和气候变化等复杂挑战提供了有希望的解决方案。

在生物体的整合方面，建筑中的生物技术允许建筑师将各种生物体（如藻类、苔藓、植物和微生物）融入建筑系统。这些生物体可以被整合到立面板、屋顶花园、内墙和其他建筑元素中，从而创造出动态且生物活跃的环境。例如，充满藻类的生物反应器可以被整合到建筑立面中，以捕获二氧化碳并通过光合作用产生可再生能源。

在环境可持续性方面，生命建筑通过加强建筑环境中的生态系统服务，促进环境可持续性。生物体在空气净化、碳封存、水过滤和生物多样性保护方面发挥着至关重要的作用。通过利用这些生物体的自然过程，生命建筑可以减轻空气和水污染，减少城市热岛效应，并支持当地生态系统，从而为城市的整体韧性和可持续性作出贡献。

在亲生物设计原则方面，建筑中的生物技术使建筑师能够采纳亲生物设计原则，该原则强调人类与自然的固有联系。生命建筑将自然元素、图案和材料融入建筑设计中，培养居住者的联系感和幸福感。亲生物特征（如绿色墙壁、屋顶花园和室内种植）不仅增强了美学吸引力，还促进了心理健康，减轻了压力，并提高了生产力。

在适应性和响应性环境方面，生命建筑创造出具有适应性和响应性的环境，这些环境能够动态地与不断变化的环境条件进行交互。生物体（如响应性植物和藻类）可以根据光、温度、湿度和空气质量的变化调整其生长模式、颜色和代谢活动。这种适应能力使建筑物能够调节内部气候，优化能源使用，并为居住者创造舒适、健康的室内环境。

在城市生物多样性和连通性方面，建筑中的生物技术有助于创造增强城市生物多样性和连通性的生命建筑。融入建筑物的绿色屋顶、垂直花园和城市湿地为各种植物和动物提供了栖息地和走廊，促进了人口稠密城市地区的生态韧性和物种生存。这些绿色空间还提供了教育、娱乐和社区参与的机会，培养了城市居民对自然的更深层次欣赏。

（三）交通高质量可持续发展

城市交通领域是中国碳排放的重要领域之一，实现城市交通的低碳化发展是落实中国"双碳"战略决策部署的重要环节。城市交通低碳化发展路径主要包括三个方面：交通模式低碳化、交通工具低碳化和交通环境低碳化。

1. 交通模式低碳化

交通模式低碳化的核心是鼓励公共交通+非机动交通的出行模式。一是创造能够满足人的多样化活动需求的非机动交通出行环境，吸引更多人采用非机动交通方式出行。以步行为例，在欧洲、北美的很多城市，如果出行距离在1千米范围内，步行是居民最主要的出行方式，有些城市的步行适宜出行距离甚至可达到1.2千米，但中国的城市如深圳，由于步行环境欠佳，当出行距离超过500米时步行出行比例就会急剧降低。二是提供更加贴合出行需求的公共交通服务，从可靠性、时间、成本等维度综合发力，提高公共交通的吸引力。三是通过设置高乘载车道、高占用收费车道等措施，鼓励合乘，为高承载小汽车提供更好的出行条件。

2013年，《国家新型城镇化规划（2014—2020年）》对交通基础设施作出了绿色低碳和信息化的发展要求，具体从四个方面进行部署：一是加快节能环保交通运输装备应用；二是加快集约高效交通运输组织体系建设；三是加快交通运输科技创新与信息化发展；四是加快绿色循环低碳交通运输管理能力建设。2016年12月，交通运输部颁布《绿色交通标准体系（2016年）》，对绿色交通的节能减碳、污染防治、资源循环利用等制定了相应的统一标准和监测评定规定，建立了全国统一的绿色交通标准体系。

图3-2为2021年中国新能源汽车月度渗透率。

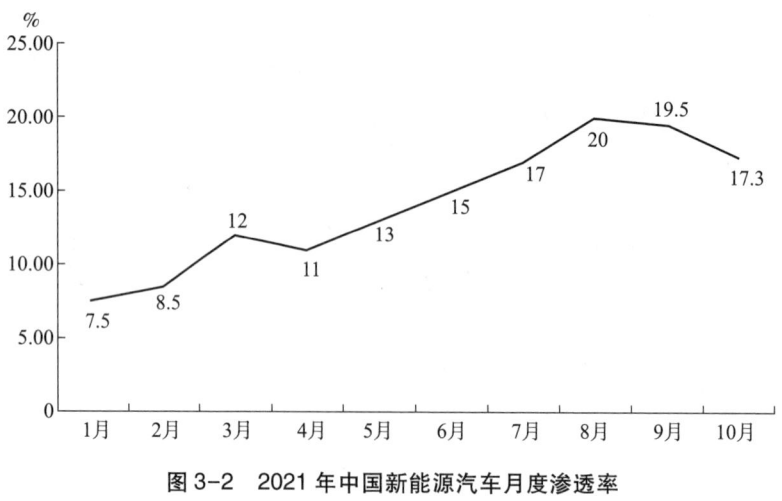

图 3-2　2021 年中国新能源汽车月度渗透率

近年来,国家先后颁布了《绿色出行行动计划(2019—2022 年)》(以下简称《行动计划》)和《绿色出行创建行动方案》,对绿色出行进行具体部署。《行动计划》提出构建完善综合运输服务网络,构建以铁路、高速公路为骨干,普通公路为基础,水路运输为补充,民航有效衔接的多层次、高效便捷的城际客运网络;提升公共交通服务品质,改善公共交通的供给质量;实施差别化交通需求管理,降低小汽车的使用强度,加强信息化管理;提升绿色出行装备水平,包括绿色车辆规模化应用,加快充电基础设施建设等;培育绿色出行文化,加大绿色出行宣传力度,完善公众参与机制。《绿色出行创建行动方案》在《行动计划》的基础上制定了多个量化指标,例如,绿色出行比例达到 70% 以上,绿色出行服务满意率不低于 80%,重点区域新能源和清洁能源公交车占所有公交车比例不低于 60%,超大、特大城市公共交通机动化出行分担率不低于 50%,大城市不低于 40%,中小城市不低于 30% 等。

2. 交通工具低碳化

交通工具低碳化是指鼓励采用新能源的载运工具完成出行。虽然从全生命周期的角度来看,新能源载运工具的低碳属性尚存在争议,但是从城市空间尺度来看,新能源载运工具的使用仍然是交通低碳化的重要环节。

过去 10 年，我国迅速成长为全球最大的电动汽车市场，政策支持是最大的驱动力。其中，纲领性的发展规划明确了新能源汽车的发展路径和目标。2012 年，国务院出台《节能与新能源汽车产业发展规划（2012—2020 年）》，明确新能源汽车发展的技术路线和目标，要求以纯电驱动为新能源汽车发展和汽车工业转型的主要战略取向，重点推进纯电动汽车和插电式混合动力汽车产业化。2020 年，国务院再度下发《新能源汽车产业发展规划（2021—2035 年）》，明确到 2025 年，新能源汽车新车销售量要达到汽车新车销售总量的 20% 左右，到 2035 年，纯电动汽车将成为新销售车辆的主流，公共领域用车将全面电动化。

图 3-3 为 2020—2021 年中国新能源汽车月度销量及增长率。

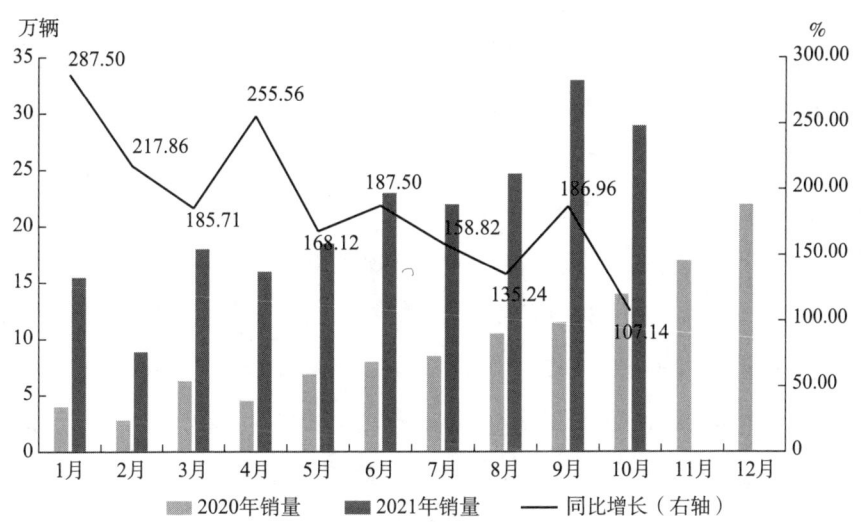

图 3-3 2020—2021 年中国新能源汽车月度销量及增长率

从具体措施来看，我国新能源汽车行业发展的政策框架由以下几个方面构成：第一，最主要的驱动力来自财政补贴。2009 年发布的《十城千辆节能与新能源汽车示范推广应用工程》计划通过财政补贴，用 3 年左右的时间，每年发展 10 个城市，每个城市推出 1000 辆新能源汽车开展示范运行，力争使全国新能源汽车的运营规模在 2012 年占到汽车市场份额的 10%。

2010年发布的《关于开展私人购买新能源汽车补贴试点的通知》明确表示，对满足支持条件的新能源汽车，按3000元/（千瓦·时）给予补助。插电式混合动力乘用车最高补助5万元/辆；纯电动乘用车最高补助6万元/辆，正式开启我国新能源汽车补贴的大幕。

第二，税收调节起到重要辅助作用。2014年发布的《关于免征新能源汽车车辆购置税的公告》规定，对购置的新能源汽车免征车辆购置税，由工业和信息化部、国家税务总局通过发布《免征车辆购置税的新能源汽车车型目录》实施管理。

第三，各地占比指标在一定程度上确保了产业的平衡同步发展。政策会针对各地情况，制定新能源汽车占比的指标。2015年发布的《新能源公交车推广应用考核办法（试行）》规定了每年新增及更换的公交车中新能源公交车比重：（1）北京、上海、天津、河北、山西、江苏、浙江、山东、广东、海南2015—2019年5个年度中，新增及更换的公交车中新能源公交车比重应分别达到40%、50%、60%、70%和80%；（2）安徽、江西、河南、湖北、湖南、福建2015—2019年5个年度中，新增及更换的公交车中新能源公交车比重应分别达到25%、35%、45%、55%和65%；（3）其他省（区、市）2015—2019年5个年度中，新增及更换的公交车中新能源公交车比重应分别达到10%、15%、20%、25%和30%。总体而言，新能源汽车补贴退坡后，基础设施建设是未来的发展方向。2015年国家发布的《关于2016—2020年新能源汽车推广应用财政支持政策的通知》，对纯电动汽车、插电式混合动力汽车和燃料电池汽车实行补贴政策，并逐年降低补贴标准，2017—2020年，除燃料电池汽车外，其他新能源车型补贴标准都实行退坡，2017—2018年补贴标准在2016年基础上下降20%，2019—2020年补贴标准在2016年基础上下降40%，2020年以后补贴政策将完全退出。我国补贴政策延期至了2022年，随着行业内生动力不断加强，对政策的依赖度也显著降低，行业进入了快速发展阶段。展望未来政策方向，新能源汽车渗透率的提升取决于充电桩、充电停车场等基础设施的推进，政策可能更多地引导资金向充电/换电基础设施布局。

3. 交通环境低碳化

交通环境低碳化是指维持交通载运工具在低碳排放的工况下运行。例如，燃油车辆在不同工况下碳排放量差异巨大，特别是运行速度低于 20 千米/时时，碳排放量会快速增长。通过有效的交通综合治理、智能化的交通管理等措施将交通运行维持在比较好的状况，减少车辆低速、怠速行驶，对城市交通碳减排同样至关重要。推动大数据、互联网、人工智能、区块链等新技术与交通行业深度融合，积极推进智慧铁路、智慧公路、智慧港口、智慧航道、智慧民航、智慧邮政、智慧枢纽等建设，推动交通运输产业数字化。打造开放、公平、公正、非歧视的科技发展环境，消除数字鸿沟，加快技术转移和知识分享，共享全球智慧交通发展成果。

新基建是智慧交通的建设基础，但在此基础上需要数字政府作为推手去推动项目实施。智慧交通建设需要结合物联网、大数据、人工智能等技术进行运作，数据处理尤为重要。以城市交通为例，在数据采集方面，需要在城市道路范围布局的所有传感设备采集的大数据都可被利用，结合卫星定位、智慧灯杆，将城市道路情况、车辆行驶情况等繁杂的大数据进行精细采集，同时，对道路上行驶车辆产生的各类移动数据流要做到实时采集上传。

三、以碳为约束条件的产业国际竞争力提升路径

影响产业竞争力的主要因素包括产业的要素条件、技术创新、产业组织及其效率、产业的需求条件及产业环境等。以碳为约束条件下提升产业国际竞争力归根结底就是要通过"双碳"目标的自我加压，建立与其他国家在碳排放方面的平等对话权和制定国际规则的参与权。根据产业竞争力的影响因素，加入"双碳"目标的考量，重点将促进绿色低碳技术应用、构建绿色低碳产业体系、完善绿色低碳产业政策、发挥在新的全球气候治理格局中的引领作用等方面作为重要提升路径。

（一）双轮驱动、内外畅通

坚持双轮驱动，坚持政府和市场两手发力，是实现"双碳"目标的重

要保障。坚持内外畅通，内外畅通是指立足国情实际，利用好国内国际两方面的资源，大力推广先进绿色低碳经验，不断增强国际影响力和话语权，维护我国发展权益。深化跨技术、跨能源、跨领域的顶层设计。建立科学技术部牵头的跨部门协调机制，共同推动支撑碳中和目标下各领域科技创新及技术成果推广应用，发挥政策合力，以更大力度推进减排与经济发展、环境治理协同增效（碳中和愿景的科技需求与技术路径）；结合短期经济复苏、中期结构调整、长期发展转型需要，研究制定碳中和科技创新顶层设计，做好二氧化碳达峰增量控制、碳中和减排技术储备"两步走"路径规划，推动相关规划编制，提升未来低碳/零碳产业竞争力。通过科技创新顶层设计，强化统筹布局，加强变革性技术研发和战略性技术储备。

促进多边机制与双边合作框架下碳中和科技创新，积极推动将碳中和技术创新纳入与主要国家双边科技合作框架的优先领域。通过企业出海、产品出海、技术出海扩大辐射范围，推动中国在碳达峰碳中和领域构建符合国际合作与发展趋势的话语权；维持和加强与欧美等发达国家科技合作的"利益交集"，加强技术创新、产业升级、能源转型、气候政策方面的合作；加强与发展中国家的技术转移交流合作。

（二）绿色低碳技术

加快科技创新，是实现碳达峰碳中和的催化剂和加速器。完成"双碳"目标的艰巨任务，离不开更大力度的科技创新。完善科技创新人才体系和学科体系建设，以战略需求为导向，以学科建设为抓手，加快培养一批"双碳"基础研究、技术开发、成果转移转化、应用推广专业化人才队伍。同时充分利用国际资源，加强低碳科技创新国际人才引进和使用力度。推动以头部企业为主体、大学和科研院所多方参与的创新联合体建设。以市场需求为导向，加强基础研究与应用研究的有效衔接和有机联系，促进基础研究与工程应用研究相结合，促进科研—产品—工程—产业形成良性循环，构建科技供给与需求高效协同的创新生态，提高"双碳"

科技创新整体效能。

绿色低碳技术优先在高碳产业领域应用，推动重点行业与领域的低碳化发展。在钢铁、建材、有色、炼油石化、煤化工等行业及能源、建筑、交通等领域，尽快形成相对成熟的技术推广应用，包括关键工艺流程的低碳化改造、企业和园区的循环经济改造、系统节能改造等。对于已建成的存量产业项目，工艺革新应该是减少二氧化碳排放的最根本手段，也是"双碳"目标下最有效的碳减排途径。特别是要针对规模化储能、氢能炼钢、燃料电池、二氧化碳捕集与封存、二氧化碳化工等深度减碳基础理论和关键技术，实现重大专项突破。此外还需加快研发和储备重大战略技术，比如部分行业的零碳排放生产技术、储能技术、氢能等替代能源技术等。我国已在二氧化碳 CCUS、膜法碳捕集等绿色低碳前沿技术方面取得显著进展。二氧化碳 CCUS 是一种大规模的温室气体减排技术，CCUS 相关政策逐步完善，科研技术能力和水平日益提升，试点示范项目规模不断壮大，整体竞争力进一步增强，已呈现出良好的发展势头。

（三）循环发展体系

从产业组织视角看，实现碳达峰碳中和目标，建立健全绿色低碳循环发展经济体系是根本出路。推动实现碳达峰碳中和，本质上是推动经济社会发展与碳排放逐渐"脱钩"，因此，要依靠经济社会发展全面绿色转型，推动经济走上绿色低碳循环发展的道路。推动经济体系全面绿色升级，涉及生产体系、流通体系、消费体系的绿色转型，要求以节能环保、清洁生产、清洁能源等为重点率先突破，做好与农业、制造业、服务业和信息技术的融合发展，全面带动一二三产业和基础设施绿色升级。

实现"双碳"目标是一项复杂的系统工程，需要各个地方、不同行业、各类企业和社会公众的共同参与和努力。有的地方没有充分考虑资源禀赋、发展水平和控排潜力，搞"碳冲锋"、"一刀切"、运动式"减碳"，这些都不符合党中央要求，不符合科学降碳和降碳科技的规律和节奏，需要及时纠正；有的企业对"碳创新"投入力度不足，对"生命周期碳管理"认识不到位；能源、钢铁、有色金属、石化、建材、交通、建筑等高耗能行业和重点领域，特别需要通过数字化转型升级、流程再造提升资源能源利用效率，但短期内转型成本较大，一些企业转型动力不足；部分干部群众对我国"双碳"工作的重要性和艰巨性认识不够，科技创新带来的"减碳"模式还未真正渗透到大众消费和民生领域等各个方面，需要通过各种渠道加强宣传、引导和激励。

第二产业是构建绿色低碳循环发展经济体系的关键。发展绿色低碳的工业制造业体系，不仅关乎工业可持续发展和转型升级，也是应对气候变化、实现"双碳"目标的重要抓手。"双碳"目标背景下制造业产业链的转型升级，将是以减少碳排放为目的引发的技术革新、就业增长、产业壮大等驱动下的转型升级，我国产业链供应链体系将经历新一轮以低碳技术引领的产业链重构。从国际贸易上看，要推动国际贸易高端化发展，建立绿色贸易体系，大力发展高质量、高附加值的绿色产品贸易，从严控制高污染、高耗能产品出口，逐步改善高耗能、高碳排放企业"产品出口国外、碳排放算在国内"的状况，通过价格、税收等经济手段和必要的行政手段引导调节高耗能、高碳排放等企业的产品出口，实现国内国际双循环相互促进。

（四）完善载体建设

创新载体既是技术成果孕育、孵化、转化和产业化的重要平台，也是促进产业链与创新链深度融合的关键抓手。需要不断加大"双碳"领域创新载体建设力度，提高资源集聚能力，为实现"双碳"目标提供有力支撑。强化创新载体布局，聚焦能源绿色低碳、工业减污降碳、建筑交通节能减碳等重点领域，打造一批低碳技术创新中心、低碳重点实验室、能源创新研究中心。以市场为导向，推动科技"小巨人"企业共同布局建设企业研究院、新型研发机构等重大科创平台。大力引进国内外知名科研机构，着力打造推动"双碳"发展的平台载体集群，提升对高端资源要素的吸引能力。

搭建创新服务平台。构建"双碳"科技创新服务中心，促进"双碳"领域科技创新资源统筹配置水平的提升。围绕能源智慧管理、碳排放核算与监测等领域，布局建设跨学科交叉、跨领域融合、多主体协同的科技公共服务平台，为各行业、各园区、各企业提供高水平的碳排放核算、能源管理、数据检测等服务。提升载体能级水平，推动"双碳"相关部门之间的密切配合，在全省范围内共同遴选一批平台，通过政策引导，加大资金、数据、技术、人才等关键要素配置，建设完善"基础研究+技术攻关+成果产业化+科技金融+人才支撑"全过程生态链，不断提升科创载体能级水平。

第四章 数据信息融合创新及技术应用篇

随着科学技术发展，人工智能技术越来越发达，实现了多领域的深度融合，生产、生活已逐步进入智能化发展。智慧城市是多媒体技术、物联网技术融合发展的城市建设综合体，是以人工智能技术为核心的城市生活系统、服务系统。构建智慧城市的关键在于将智能技术应用于社区娱乐、教育、医疗、商务、政务等活动中，是智能技术在城市生活中的具体应用，能够有效提高城市政务办公效率，改善人们的生活水平，提高家庭生活智能化程度，提升城市服务整体质量。智慧城市是一种新型的城市管理理念和技术应用理念，但并非单纯地将智能技术应用于城市生活，还需要具备便民、高效、安全、稳定、精准等特征。大数据技术是实现智慧城市智慧化的关键支撑技术，大数据在政治决策与服务、生活及城市运作和管理等方面发挥着关键作用，具有重要的应用价值。

智慧城市应用与管理系统十分复杂，涉及的内容、数据、技术繁多，需要顺应时代发展及经济发展水平并及时更新，优化智能识别、技术感知应用，积极引进综合集成技术，保证数据储存、整理、计算和分析处理的准确性，促进海量数据及时保存和全面整合，提高大数据城市应用能力和管理能力。

一、大数据、物联网在智慧城市中的技术融合

（一）大数据在智慧城市中的应用

在多因素驱动下，大数据基础软件市场前景广阔。随着数字经济发展热潮兴起、数字中国建设走向深入、数字化转型需求大量释放，我国大数据软件产业迎来新的发展机遇期。研究表明，截至2023年，中国大数据软件产品市场规模达2792.3亿元。大数据基础软件产品作为支撑大数据软件产品的基础软件，市场规模占比逐年提升。2023年，中国大数据基础软件产品市场规模达260.3亿元，年均增速为27%。

中国IT产业经过多年长期积累，操作系统、数据库等基础软件企业的竞争力不断提升，特别是近年来数字经济的发展重塑了新的IT基础架构。在新IT架构下，国内外基础软件企业相比，两者研究起步基本相同，技术积累差距相对较小。特别是中国互联网的发展为数字经济下成长起来的基础软件企业提供了其他国家少有的政策环境，一大批在大数据环境下成长起来的大数据操作系统、数据库企业，已经逐渐成长为行业内具有较强竞争力的企业。同时，随着物联网和云计算等技术的不断成熟，数字转型带来的操作系统和数据库市场需求呈现不断释放态势。

1. 新基建促进5G+大数据高速发展

当前，全球科技创新进入空前活跃的时期，大数据、云计算、人工智能、量子信息、移动通信、物联网、区块链等新一代信息技术加速突破，深刻改变了人们的生产生活方式，数字技术已经成为全球研发投入最集

中、创新最活跃、应用最广泛、辐射带动作用最大的技术创新领域，对经济发展、产业变革、国家治理、人民生活都产生了重大影响。

大数据技术和应用逐步成为国家基础性战略支撑。加快大数据部署，深化大数据应用，已成为稳增长、促改革、调结构、惠民生和推动政府治理能力现代化的内在需要和必然选择。

在2012—2020年政府关于大数据的重要论述中，"数据""数字中国""人工智能"和"创新"成为高频词汇。2020年以来，与激活数据要素潜能相关的词汇增多，"数据安全""数据治理""数据交易"等逐渐成为中国推进经济社会高质量发展的重要力量。

（1）数据中心的建设。

数据中心建设主要以数据中心规模为评定标准，其中北京地区多达11个，贵阳和上海的数量紧随其后，各有8个，其余城市均有不同程度的建设（见图4-1）。

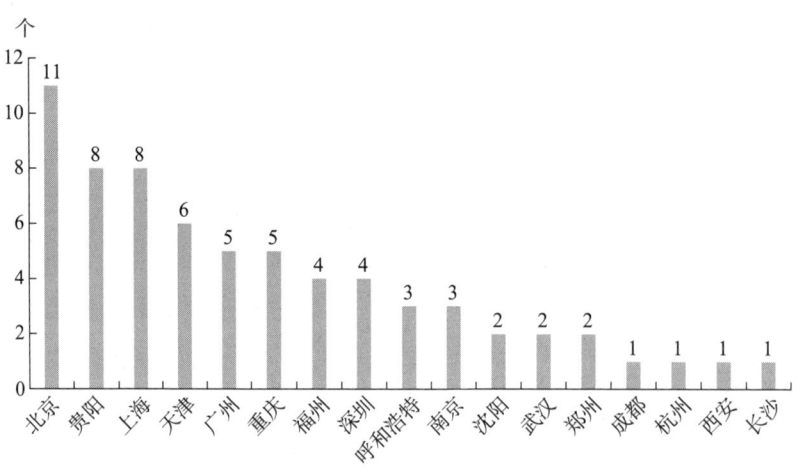

图4-1 各城市数据中心数量

（2）网络基础设施。

我国已经形成了全球最大的5G独立组网网络，排名前五的城市分别是杭州、长沙、广州、深圳、北京，其中杭州表现最为突出，5G基站比例高达每百万人52.45个（见图4-2）。

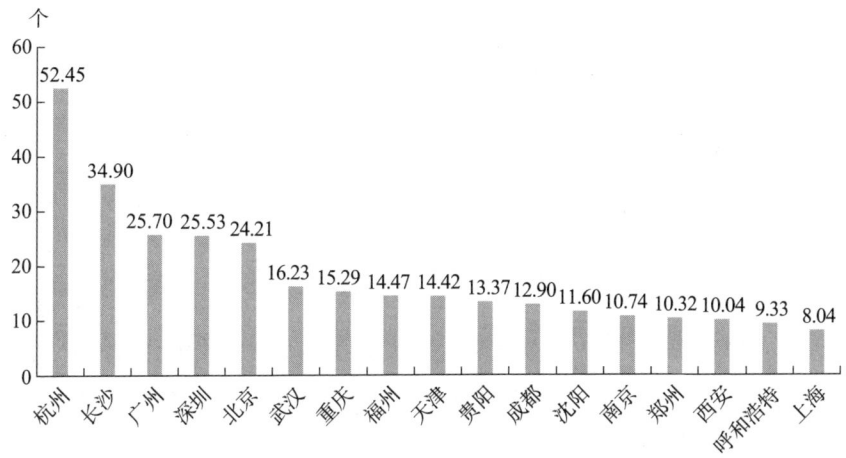

图 4-2　各城市每百万人 5G 基站个数

就带宽平均速率来看，数据较为平稳，均在 53 左右，排名前五的城市依次是北京、上海、天津、沈阳、成都（见图 4-3）。

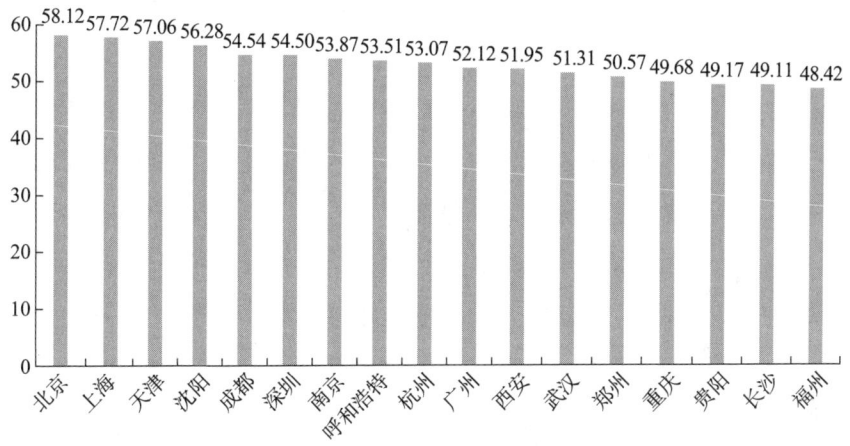

图 4-3　各城市宽带速率

2. 大数据市场主体高速发展

以大数据为核心的新一代信息技术革命，加速推动了我国各领域的数字化转型升级。大数据技术的广泛应用，加速了数据资源的汇集整合与开放共享，形成了以数据流为牵引的社会分工协作新体系，促进了传统产业的转型升级，催生了一批新业态和新模式，助力"数字中国"战略落地。

以大数据在电子商务服务、智慧养老服务、智慧家居三个方面的应用为例，电子商务服务是基于居民衣食住行生存需求的智能化服务，大数据的运用使居民在家中就可通过该系统进行生活用品选购，再以现代物流形式送货上门，如"快递""美团外卖""跑腿外卖"等服务均属于此范畴。智慧养老服务是基于我国人口结构特征推出的一种智慧社区管理系统，现代家居中以老年人居多，甚至很多老年人为了减轻子女生活压力选择居住在距离子女较远的地方，基于大数据应用的智慧养老服务是专门针对此类居民构建的智慧社区管理系统。智慧养老服务不仅便于子女获取老人动态，当老人发生意外时可第一时间收到消息并赶到身边，还有助于政府统一管理，提高社会养老效率和质量。智慧家居是以单个住户为基础构建的社区管理与服务系统，通过应用大数据结合建筑、网络通信、信息家电、自动化设备功能及特点，集系统、结构、服务、管理于一体，实现高效、舒适、安全、便利、环保的家居管理与服务。

"数字中国"内涵包含数字经济、数字社会、数字政府、数字生态，这是大数据产业发展的新动能。其中，数字经济建设以经济结构优化为目标，将大数据与数字技术融合以实现数字产业化、产业数字化；数字社会建设强调以大数据赋能公共服务，进行社会治理，提供便民服务，助力完善城市公共服务能力，提升城市的发展能级；数字政府建设涵盖公共数据开放、政府数据资源的信息化，以及数字政务服务，着重提升政府的执政效率；数字生态建设强调建立健全数据要素市场秩序、规范数据规则等，主要包括对数据安全、数据交易和跨境传输等的管理，营造良好的数字生态。

3. 数据开放共享的落地实施进展加快

大数据产业政策体系日益完善，相关政策内容已经从宏观的总体规划方案逐渐向微观细分领域深入。工业和信息化部、交通运输部、公安部、农业农村部等均推出了关于大数据的发展意见、实施方案、计划等，积极推动各行业应用大数据。另外，大数据技术攻关政策、安全保障政策、产业关联政策等日益完善，为大数据产业发展提供了保障。

贵州省、湖南省以及成都市等省市均发布了大数据产业发展的专项政策，其中湖南省2019年印发《湖南省大数据产业发展三年行动计划（2019—2021年）》，提出打造数据、技术、应用与安全协同发展的产业生态体系，加快建设数据强省；贵州省2020年印发《贵州省大数据融合创新发展工程专项行动方案》，提出加快推动大数据融合创新发展；成都市2021年印发《成都市促进大数据产业发展专项政策》，制定了9条措施，围绕深化数字化赋能行动，支持大数据企业发展壮大，涵养产业生态。

大数据各个细分领域政策密集出台，政策内容越来越微观化，预示着下游相关领域处于爆发的前夜，大数据产业将迎来新一轮发展。

4. 大数据创新成果显著

创新在我国现代化建设全局中仍处于核心地位，未来将采用新型举国体制聚焦硬科技创新，构建以国家大数据实验室为引领的战略科技力量。目前，全国与大数据相关的国家级和省级实验室已有数百家，这些实验室围绕国家大数据战略，汇集高端人才和创新要素，面向世界科技前沿、面向经济主战场、面向国家重大需求、面向人民生命健康，积极探索大数据的前沿领域并在大数据关键核心技术创新方面不断突破，引领大数据产业创新发展。

分布式成为大数据基础软件重要技术方向。数字经济时代，随着数据量指数级增加，基于传统关系型数据库开展的IT架构已经难以应对数据存储处理的工作量与复杂度。而云计算通过存算分离、资源弹性动态分配、边缘节点计算打破了传统计算场景的"瓶颈"，实现了当前数据处理的需求。同时随着云计算技术的不断成熟，中国各城市、各行业都在加速布局云计算产品的应用，为分布式发展提供了基础条件，特别是在金融、互联网等行业，分布式数据库、分布式操作系统已经成为用户最重要的解决方案之一。

标准化产品下的"定制化"业务成为发展趋势，数字化转型是一个漫长且循序渐进的过程。整体来看，国内企业数字化建设水平参差不齐，不同行业间以及不同类型企业间，甚至相同行业相同企业所处阶段不同，数字化转型重点和路径也都会有所差异，因此，"定制化"的解决方案成为未来趋势。对于大数据基础软件企业来说，厂商同时具备两种能力将具有较大优势：能够根据客户需求进行个性化部署，以及产品具有行业普适性。行业标准化，普适性产品标准化水平、复用率较高，能够在满足客户需求的同时提高部署效率，这些都可以节省厂商成本。同时，开展"定制化"业务的能力又可以满足客户的特殊要求。

从分类来看，国家级和省级大数据实验室主要包括大数据技术攻关、大数据关联技术攻关、大数据融合应用技术攻关、大数据底层技术攻关四大类。大数据技术方面，数据分析和数据认知分析技术受重视程度高；大数据关联技术方面，大数据不再作为独立的技术，与虚拟现实、云计算、物联网、人工智能、工业互联网等技术交叉融合态势日趋增强，通过紧密相关的信息技术发展体现其价值；大数据融合应用方面，健康医疗、工业、交通等领域的大数据融合应用技术加快突破和创新，大数据融合应用重点从虚拟经济转变为实体经济，各细分实体产业应用场景的拓展和深入挖掘将成为这类国家级实验室关注的焦点；大数据底层技术方面，信息安全、模式识别、语言工程、计算机辅助设计、高性能计算等加快突破，大数据技术领域逐渐补齐短板，并进一步强化长板，增强大数据产业质量和安全。

多地举办数据创新应用活动，推进政务数据开发利用，激发数据活力。数据开放共享涉及疫情防控、环境保护、社会治理、医疗健康等多个领域，产生了一系列成果。

以专利数量为例，在专利申请数量方面，申请专利总数由2012年的48067件增加至2020年的162372件，专利申请数量翻了近4倍（见图4-4）。其中北京、上海、深圳、南京、广州、杭州等重点城市2020年专利申请数量超万件，展现了强劲的科研创新能力。

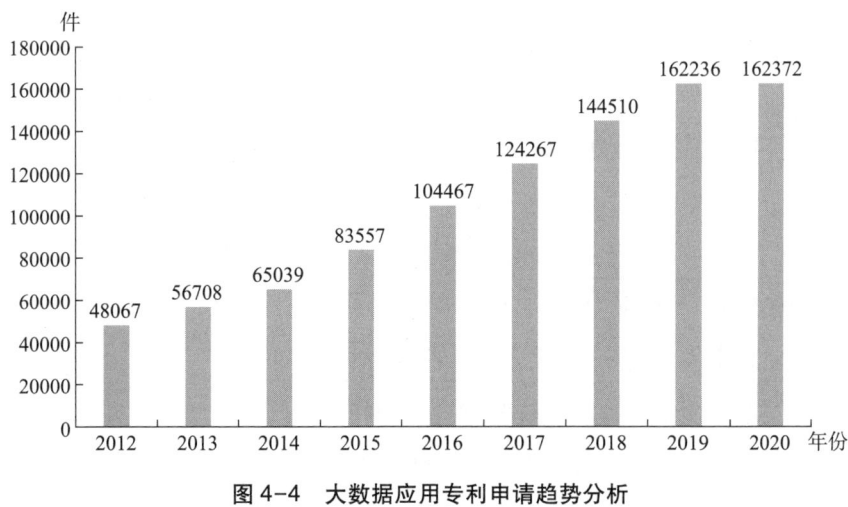

图 4-4 大数据应用专利申请趋势分析

在专利授权方面，数量也由 2012 年的 23412 件增至 2020 年的 90831 件，北京、深圳两市 2020 年专利授权数量超万件（见图 4-5）。这说明各重点城市的创新能力逐年提升，知识产权数量逐年增加。

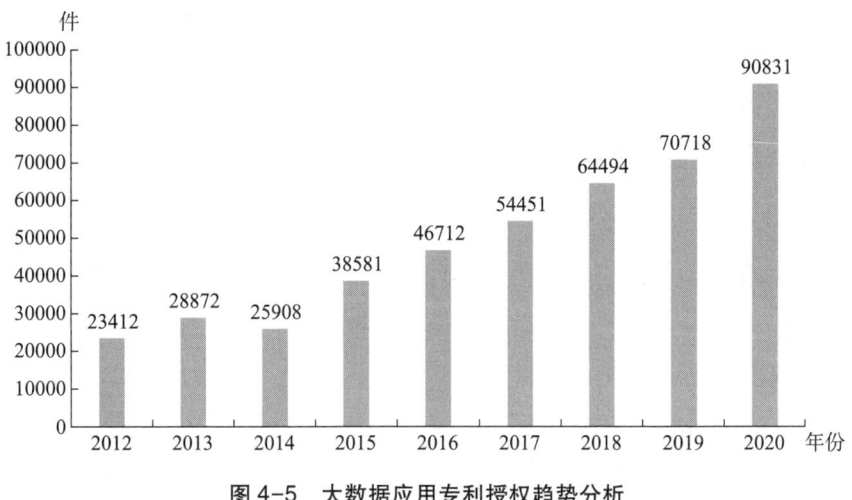

图 4-5 大数据应用专利授权趋势分析

（二）物联网技术在智慧城市中的应用

物联网技术的应用促进了事物与人类之间的全方位联系，物联网已成为城市运行中的神经网络，解决了城市管理工作在时间和空间上的局限，实现了互通性发展，在很大程度上提高了智慧城市智能化发展水平，完善了信息提取、分析、反馈及城市管理能力，极大地便利了人们的衣食住行，使城市更加智能化。物联网是指通过信息传感设备，按照约定的协议，把任何物品与互联网连接起来，进行信息交换和通信，以实现智能化识别、定位、跟踪、监控和管理的一种网络。物联网就是"物物相连的互联网"，其包含两层含义：第一，物联网是互联网的延伸和扩展，其核心和基础仍然是互联网；第二，物联网的用户端不仅包括人，还包括物品，物联网实现了人与物品及物品之间信息的交换和通信。

在交通方面，将物联网技术应用于公共交通领域，解决了我国公共交通问题。无人驾驶汽车就是将无线网络技术与物联网技术相结合，利用无线网络技术传输速率快的优势。通过物联网技术来控制车辆运行，将会为我国交通领域带来更大益处，不仅可以减少交通事故发生，保证生命财产安全，还能提高车辆通行效率。在生活方面，智能家居、智能设备的出现，极大地方便了人们的生活。人们利用物联网技术可以用手机开门、控制灯的开关、控制窗帘，甚至可以做饭，或者直接用手机在商场买衣服。物联网技术在建设智慧城市过程中给人们带来了便利与智能，发挥了不容小觑的作用。

1. 物联网云平台应用场景：生活领域

物联网云平台基于 PaaS 发展，遵循云服务的部署模式。从应用角度上看，目前生活与生产相关场景中，大部分物联网云平台以公有云的部署方式为主，而在涉及定制化开发需求高、网络安全私有化属性高的政务、医疗、交通安防等场景中，物联网云平台更多作为云能力的一部分整合至解决方案中销向最终客户。

物联网设备连接量的持续增长为物联网云平台的发展输送养分，推动平台从设备、数据持续积聚的"量变"走向从应用使能到业务分析的"质变"。因用户规模庞大，需求相对简单且标准化程度高，消费物联网占据了连接量当中的主流。随着数字化转型的持续推进，餐饮零售、建筑工业等行业对物联网的需求越发高涨。图 4-6 为 2016—2020 年中国物联网设备连接量及其增速情况。

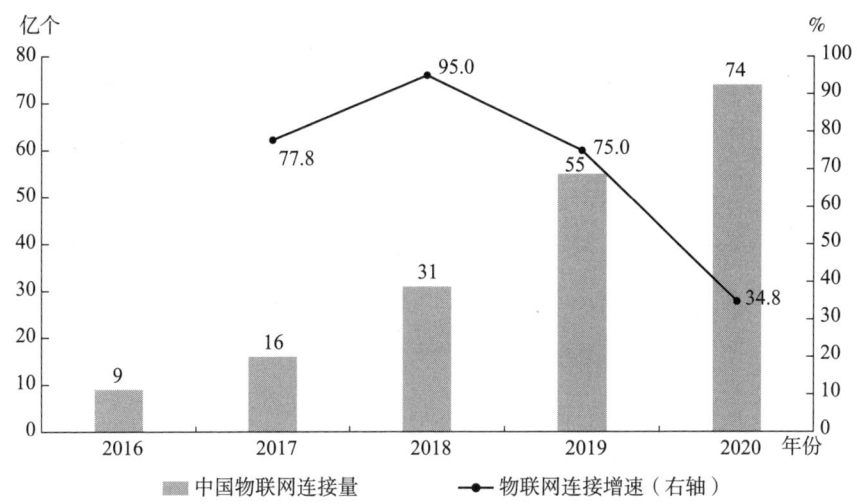

图 4-6 2016—2020 年中国物联网设备连接量及其增速情况

2020 年，中国智慧生活物联网云平台市场规模为 58 亿元，智慧生活场景下，云平台主要接入数据和最核心的变现数据为音视频、图像数据。2020 年，智慧生活场景下，视觉相关设备的云平台市场规模为 28 亿元，主要由智能家居和智慧社区住宅相关的细分场景拉动。2020 年和 2025 年，视觉相关设备分别占智慧生活云平台总体市场规模的 48% 和 62%，再次验证了视图相关云平台厂商在智慧生活领域的关键地位。

2020 年，中国智慧生活物联网云平台设备连接量为 11 亿台，其中，视觉相关设备的云平台连接量为 2.3 亿台，视觉模组的广泛移植和场景创新应用引发了视觉相关设备出货量的快速增长（见图 4-7）。与此同时，2020 年智慧生活场景下，存量设备的综合市场贡献为 5 元/台，而视觉相关的存量设备市场贡献为 12 元/台，这一差异来源于视觉相关设备云平台的多元盈利路径，不仅获利于增量市场，更关注巨大存量市场的价值挖掘，从这一角度看，视觉相关厂商对云平台变现的路径探索已实现阶段性突破和行业示范作用，用户黏性培养是未来的工作重点。

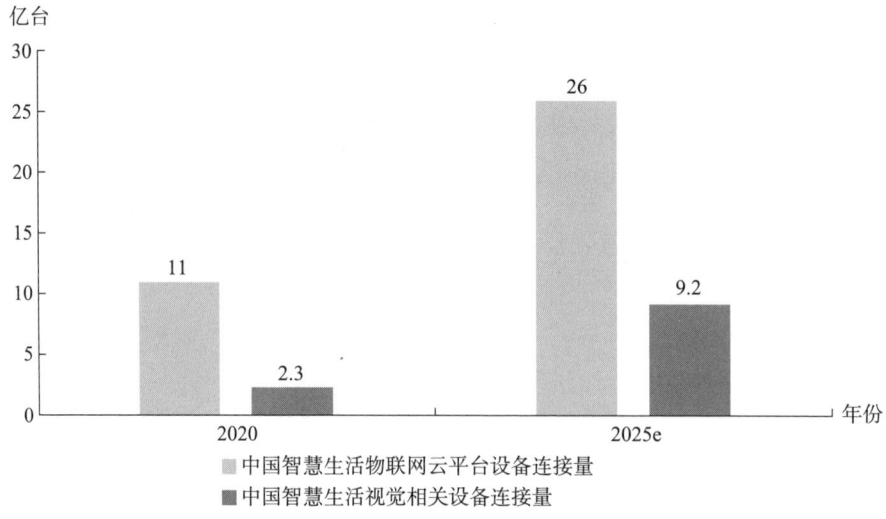

图 4-7　中国智慧生活物联网云平台设备连接量和中国智慧生活
视觉相关设备连接量预测

2. 物联网云平台应用场景：生产领域

我国主要工业互联网平台的平均设备连接数正在迈向百万级，处于快速增长期。但是，大部分生产企业只是响应政府号召，单纯将数据上云，补贴过后再将数据闲置或将设备连接断开（补贴基本覆盖所有的连接成本），投入产出极低。我国工业物联网云平台现处于夯实基础、规模化推广建设的关键性阶段。根据工信安全中心 2021 年 7 月《工业互联网平台应用数据地图》披露的调研数据，我国平台应用普及率仅为 14.67%，工业设备上云率总体为 13.1%，市场教育不足、商业模式不明晰等难点有待攻克，市场潜力有待释放。预计 2025 年中国工业物联网云平台的市场规模将突破 670 亿元，复合增长率为 20.9%（见图 4-8）。此外，平台连接工业设备数量仅占总体的 18%，但价值占比高达 93%，工业设备的数字化联网和协议接入是今后很长一段时间的重中之重。

降本是工业互联网发展的核心驱动力，工业互联网 1.0 投入产出比不高。生产企业接入工业互联网的动力来源于减少运营停机时间、安全、环保、降本、提质和增效，其中降本是支撑客户引入工业互联网解决方案的关键驱动力。最早工业互联网1.0时代主要做联网，例如，工厂内部有许多基于IoT的工厂自动化控制项目，包括生产车间监控、车间可穿戴设备和增强现实、远程PLC控制或自动化质量控制等；工厂外部也有对连接的机械进行远程控制、设备监控或对整个远程工业操作的管理和控制等。目前国际领先工业互联网平台的连接设备数量已达到1000万台，多为大型设备。

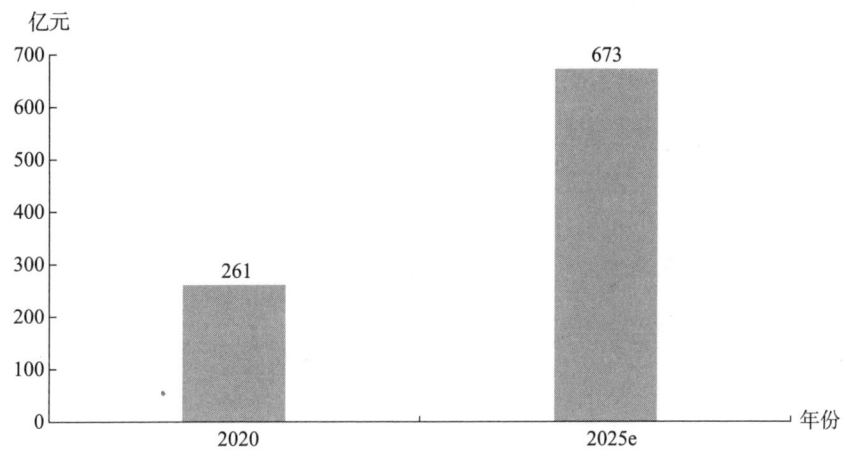

图4-8　中国工业物联网云平台市场规模预测

从为"数据"上云到为"业务"上云，客户痛点倒逼工业互联网企业走向深水区。企业用户逐渐明白自身的痛点不是工业互联网本身，而是生产的盲点、经营的堵点、IT与OT之间的断点以及管理的灰点。生产企业需求的改变，倒逼工业互联网企业不断向深水区迈进，生产企业逐渐从"为数据上云"转变为"为业务或者降本增效而上云"，使其真正创造经营价值。以手机产线为例，传统布线达到9万米网线。产线每半年随新手机机型的升级需要进行调整，每次调整需要停工两周。以每28秒一部手机计算，一天停工影响产值达1000多万元。通过5G技术实现产线各类设备无线化柔性连接，每次调整时间从两周缩短为两天，对产线价值贡献巨大。

3. 物联网云平台应用场景：公共领域

城市物联网平台+自然资源，通过"空—天—地"一体化感知网络，为隐患点提供多时相、多尺度的实时监测数据，基于城市物联网平台的人工智能单体超前变形预测技术、区域风险易发性评估技术，统筹考虑气象部门雨量预报、灾害机理、历史数据等信息，实现对地质灾害单体预测预警及区域风险评估，并通过物联网平台的应用开发、设备管理功能，实现平台快速构建及各类专题图层、设备信息、告警信息、数据等的可视化展示与分析，指导防灾减灾工作部署与应急处置，保障人民生命财产安全。

城市物联网平台+交通，以城市物联网平台为基础，利用BIM+GIS模型组件及结构损伤评估模型，构建基础设施安全监测"一张图"，实现从宏观大地形到微观BIM单体模型多层级的无缝衔接和流畅展示，可视化显示区域桥梁、隧道、边坡的分布情况和健康状态，并对监测设备状态、监测项告警等级进行统计分析、告警事件列表、处理情况统计，提供巡检养护信息查询功能、三维量测及三维空间分析等功能。

城市物联网平台+水利，通过建立水雨情、水质、管网、视频等全方位监测网络，对小流域山洪、山塘水库、城市内涝进行实时动态监测，以数据为驱动，通过城市物联网平台提供的各类洪水预报、洪水风险分析、城区排水管网模型、水利工程调度计算模型，实现对山洪过程、城市管网运行状态、地表积涝过程等的精细化预测模拟，为防灾减灾提供决策支撑，最大限度减少人员财产损失。

城市物联网平台+水务，智慧水务一体化管控平台基于自主研发的物联网平台，以物联网、云计算、GIS、大数据、人工智能等新一代信息技术为依托，对水源地、水厂、供水管网、供水管网末端、污水管网、污水厂全流程在线智慧监测分析，实现水务相关数据的实时采集监测与工程项目的智能化管理，为供水系统调控和巡检养护提供数据支撑，从而降低供水成本、增加供水系统调控能力、提高水资源利用率和供水系统的应急响应能力。

城市物联网平台+住建，基于物联网、云计算、BIM等新一代信息技术，构建涵盖建筑工地、危旧房、大型建筑等的智慧住建感知体系，借助鲁尔城市物联网平台提供的可视化建模组件、建筑结构安全模型等，建立智慧住建一体化监管平台，实现住建领域的生产要素实时感知、隐患及时预警、问题智能分析、事故协同处理的安全管理新模式，为居民生命财产安全、企业安全生产和政府部门监督管理提供高效实时的智能应用与服务。

城市物联网平台+应急，城市物联网平台通过整合各部门应急力量和资源，辅以丰富的服务接口、汇聚的海量数据，快速构建涵盖安全生产、智慧消防、自然灾害、交通安全、水利水务等多个领域的应急体系，实现对事件的事前监测预警、事发应付、事中指挥、事后总结的"平战"结合管理模式，同时利用平台丰富的风险预报模型与灾后损失评估模型，实现对灾害演化趋势推演及灾害损失统计分析，指导应急辅助决策与灾后安置管理工作。

城市运行看板，是城市级物联网数据共享和各大领域建设成果的综合应用和大屏展示，可呈现城市运行状态全貌。以应用开放、AI开放为支撑，看板对多源数据进行可视化成果转化，并以"区域风险色图""安全码"等数字化工具进行动态管控，形象、直观、具体地反映城市各项指标状况、发展趋势，在应急工作部署时，可以在不同应用之间灵活调用，动态提供决策指挥依据，实现"一屏展示、一屏分析、一屏联动"的智能高效管理。

2020年，中国智慧城市物联网云平台市场规模为158亿元，预计未来5年的年复合增长率为17.8%，政府端需求的持续景气保障了智慧城市物联网云平台市场的稳健且较快增长（见图4-9）。具体而言，规模增长主要由城市智能运营中心（IOC）/城市大脑相关的软件平台建设拉动，是当前新型智慧城市平台建设热点。

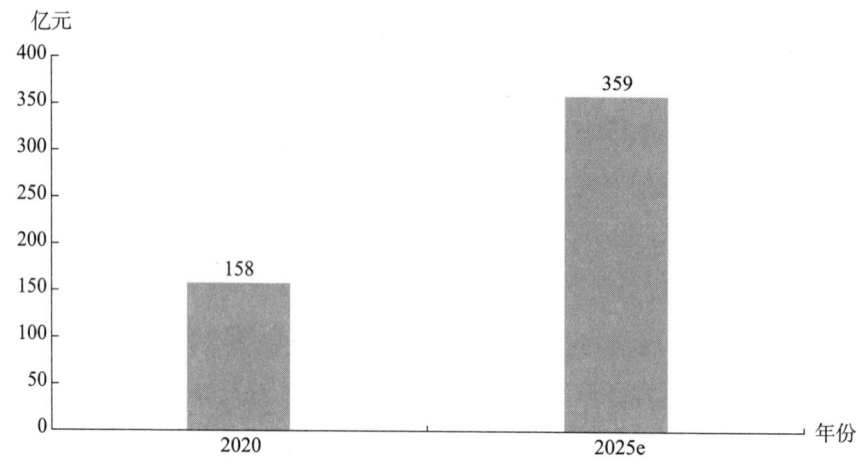

图4-9 中国智慧城市物联网云平台市场规模预测

（三）促进数字经济与实体经济深度融合发展的治理创新

信息技术发展的不断深入，特别是以人工智能为代表的新技术快速发展，正在深刻改变着经济社会运行模式，创造新的生产方式、生活方式。深入实施数字经济发展战略除了依赖数字技术的自我迭代，也要从治理体系和治理能力创新的维度为数字经济的发展提供新的路径选择和创新机制。推动数字经济与实体经济进一步融合发展应从四个方面着手，即信息数据融通平台建设、数字产业智慧化转型、经济融合发展的可持续化和数字治理效能共治共享，充分发挥数字技术和传统实体经济的优势，推进经济持续高质量发展。

1. 信息数据融通平台建设

随着经济环境和国际形势的不断变化，数字经济和实体经济深度融合的时代内涵不断更迭。数字经济和实体经济深度融合不是简单地将现代数字技术应用到实体经济，而是要和中国式现代化的任务要求融合在一起。数字产业化和产业数字化的协同转型发展应基于数字产业规模化高质量发展和实体产业现代化转型升级的产业变革需要，抓住新发展格局中的主要矛盾及战略重点，不断推进数字经济和实体经济融合发展、转型升级。

当前，中国的数字经济发展已走在世界前列。数字经济与实体经济深度融合发展需要更为高效率、低成本的信息交互方式作为数据融通途径，信息数据融通平台建设可以为经济融合发展提供信息交互新载体。在信息技术不断发展的背景下，信息数据的传递、融通、增值和共享都能为实体经济发展提供全新的产业生态。信息数据融通平台建设本质上是基于数字技术发展，通过新技术载体将市场参与主体进行连接、集聚和交互的整合机制。平台将沟通层级缩减到最小可能，以扁平网状的沟通结构代替原有的单向沟通方式，为信息数据的高效交互融通提供了载体层面的可能性。

然而，加快现代化产业体系布局、畅通国内国际双循环、赢得国际竞争主动等战略性任务依然任重道远。在新征程部署数字经济和实体经济深度融合这一重大战略，需深刻认识全球新一轮科技革命和产业变革浪潮下，数字经济和实体经济融合发展的内在规律，系统总结全球和我国数字产业化以及产业数字化统筹推进的实践经验，准确把握数字经济和实体经济相互依存、相互促进的辩证关系，对培育数字经济与实体经济深度融合作出科学战略部署，为制订、优化、落实具备创新性、针对性、前瞻性的制度体系提供框架指引。

2. 数字产业智慧化转型

数字经济是以数据资源为关键要素，以现代信息网络为主要载体，以信息通信技术融合应用、全要素数字化转型为重要推动力的新经济形态。聚焦数字产业集群建设，提升数字产业化竞争力。数字产业集群作为数字产业发展演进的重要形态，是推动数字经济快速发展的关键动力和重要支撑。当前，我国数字核心产业发展迅速，但产业集群能级跃升迫在眉睫。推动人工智能、工业互联网、高端芯片、高端工业软件等战略性新兴产业集群发展，可以发挥专业化分工、产业间协同的作用，构建更为高效的创新链、产业链、供应链，有效降低创新研发投资成本，优化资源配置并促进生产要素合理流动。通过顶层设计，加强数字基础设施建设，全面提升数字产业化发展的整体性、系统性、协同性，为数字经济和实体经济深度融合提供基础保障。

聚焦关键核心技术开拓创新，提升数字产业化的创新能力。保障云计算、人工智能、5G/6G等关键核心数字技术的自主化、规模化、创新型发展，深化数字产业支撑引领作用。瞄准全球数字技术基础前沿和关键核心技术，助力现代化基础设施体系建设。加快前沿技术研发和深化应用等方面的前瞻性布局，全面、系统地考察技术创新投资的商业价值、产业价值和社会价值，形成梯度有序、良性竞争的激励机制，确保人才、资金、数据等要素向数字产业领域集聚，助力数字产业积极融入国家战略，积聚力量进行原创性、引领性数字技术攻关。数字产业的智慧化可以充分发挥数字产业的特点，促进数字经济与实体经济的融合发展，在智慧化的数字技术赋能下，市场主体可以通过智慧化的方式更高效准确地获取市场变化产生的数据信息，这些数据信息可以为供需双方提供决策依据，从而使经济融合发展的效率得到进一步提升。同时，数字产业在与实体经济进行智慧化转型的过程中可以催生出新的产业形态，新业态的培养和智慧化产品的产出，也为数字经济和实体经济融合发展提供了新的经济增长点。

3. 经济融合发展的可持续化

产业数字化带来全新的运行机制、创新体系、生产方式与商业模式。新时代新征程推进数字经济和实体经济深度融合，需要以数字技术赋能经济社会高质量发展，统筹部署、聚焦重点，实现全局、全域、全链的数字化应用推广。聚焦融合创新应用乘数效应，提升产业数字化水平。需要进一步提升运营效率、打通全链堵点，提高产业链、供应链的稳定性和竞争力，完善新业态、实现新发展。在推进中国式现代化的时代背景下，在数字经济和实体经济深度融合的政策指引下，促进形成数字技术融合创新与应用集成的乘数效应，总结推广具有示范性和借鉴意义的发展经验，打造一批具有代表性的新型实体企业。

聚焦传统实体产业转型升级，提升产业数字化的引领力。进一步推动产业数字化创新应用示范体系建设，有利于以应用场景牵引数字经济和实体经济深度融合，有效提升产业数字化的引领力。数字经济与实体经济融合发展的可持续化，本质上是通过数字技术的赋能作用，将传统实体经济生产过程产生的废弃物最小化，同时由于新技术的嵌入，资源利用效率和生态环境保护能力都将得到大幅提升。在实体经济的传统发展阶段，实体企业生产方式是通过对投入和产出的管控来调节资源使用的情况。另外，随着数字经济的发展，数字技术逐步与实体企业的生产过程相结合，企业可以通过数字技术的赋能对资源的使用进行可视化的实时监控，并且依据在全生产过程中采集的数据对生产决策与产品设计进行调整和修正，不但为生产决策的准确性提供了保证，也极大提高了生产资源的使用效率，推动融合经济高质量可持续发展。

4. 数字治理效能共治共享

数字产业化与产业数字化互为补充、辩证统一。数字产业化需要发挥关键核心技术的战略支撑作用，提升数字技术创新和供给能力，新产业、新业态、新模式为数字产业化提供了发展动能。产业数字化需要利用互联网新技术新应用促进传统产业实现全要素、全方位、全链条转型升级，通过数字技术创新促进实体经济转型升级，推动经济实现质量变革、效率变革和动力变革。数字经济与实体经济深度融合发展，需要通过不断完善数字治理体系，实现数字治理效能的共治共享。

数字经济与实体经济深度融合的价值导向也应是将融合发展的治理效能通过共享化路径，实现经济效益多方共赢共享。首先，实现数字治理的多元共治。要加快构建起由政府、企业、行业协会、个体等多主体参与的多元数字治理体系，通过多主体参与治理与经济行为互动，促进经济融合发展中的信息互通、数据共享和自律自治。其次，通过完善数字治理体系和治理能力，优化数字公共服务体系。由于数字经济与实体经济的融合发展尚处于转型期，数字化公共服务体系的短板逐渐显露出来，缺乏统一规范的监管体系、缺少数字化信息资源的共享渠道、公共数据安全危机时有发生，这些短板影响了经济融合发展质量。因此，优化数字公共服务体系也成为未来发展中实现数字治理效能共享的关键环节。

二、中国智慧政务数据治理发展

（一）数字政府与智慧政务的关系

智慧政务是数字政府进行政务服务更加先进的、智能的形式，也是实现数字政府的重要途径与手段。从不同的角度看数字政府有不同的定义。从形态视角来看，数字政府是"在信息技术革命的推动下，将工业时代的传统政府推进到信息时代的一种新的政府形式"；从工具视角来看，数字政府是"政府与其他利益相关者的互动、政务服务等各类政务活动以数据方式存于云端，政府的活动形式转变为在数字化、网络化的环境下展开，政府部门可以直接灵活地合作，决策基于数据"；从过程视角来看，数字政府是"利用数字化的思维模式，运用信息化的技术和数字化的工具等来帮助政府决策和治理信息社会空间，为公众提供优质政务服务，增强公众服务参与度和满足感的过程"。"智慧政务"是在国家推进智慧城市和智慧社会建设的大背景下提出的，是政府公共服务范式从全能型转向服务型和智慧型的必然要求，是电子政务发展到一定程度以后的更高阶段。智慧政务是面向公民和企业提供无缝对接的政府公共服务。在技术层面，它实现了基于实境网络，对云计算、大数据、语义网等多种技术的综合应用。从数字政府的概念来看，数字政府应该包含政府对整个社会的智治，包括政务服务、城市管理、公共服务、社会治理等众多方面。而智慧政务则是政府政务服务的一种更加先进的、智能的形式。数字政府包含了智慧城市，智慧城市包含了智慧政务，从概念来看，数字政府的外延大于智慧政务。

图4-10为2017—2020年省级政务数据平台建设投入资金。

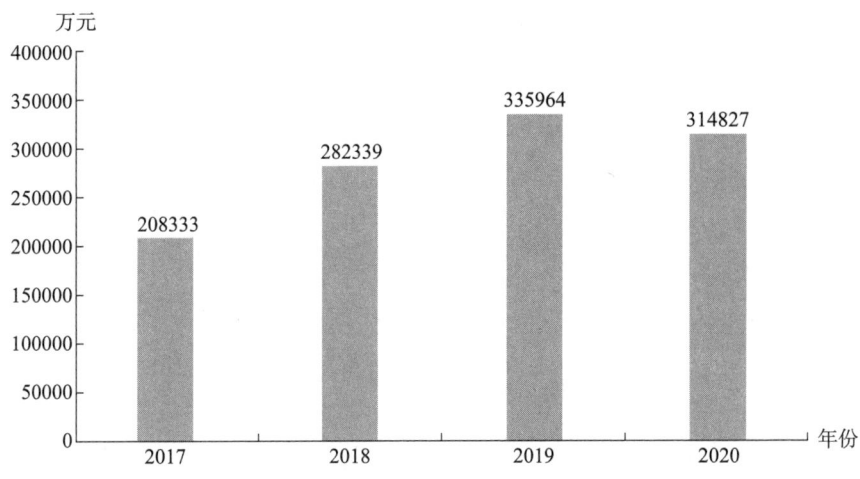

图 4-10　2017—2020 年省级政务数据平台建设投入资金

数字政府与智慧政务的共通点：

1. 理念协同，即"服务型政府+"

随着西方新公共管理理念传入中国，公共服务开始成为政府治理的新理念，成为我国现代政府治理追求的重要目标，倡导用新的治理工具和手段来提高政府的服务质量和效率，提升人们的满意度。然而，在智能社会形态背景下，随着互联网、大数据、云计算、物联网、区块链、人工智能等技术的发展，社会产生了新的变革，这必然推动我国现代政府治理的转型升级，随之而来的是一种融合新型科学技术的新型服务政府，即"服务型政府+"。服务型政府，是一种以为人民服务为主要宗旨，将公民和社会放在第一位的政府治理理念，是将管理寓于服务之中的治理模式。作为政府治理现代化的主要理念，其核心是以民为本，既体现在为人民服务和实现社会善治的核心理念上，又体现在政府治理现代化过程中，高效、法治、民主等制度体系建设。因此，无论是对数字政府还是智慧政务，这些都是政府理念在政治现代化过程中的基本内涵。"服务型政府+"同样也能适应未来智能社会、数字社会的内在要求。

2. 数据协同，即"数据一致性"

智慧政务的大数据战略与数字政府倡导的大数据建设是一致的。数字政府和智慧政务建设大数据项目,推动大数据应用,符合国家的大数据布局,意义重大。各地区"一网通办""异地可办""跨区域通办"渐成趋势,"掌上办公""指尖办公"逐步成为政务服务的亮点,不断优化营商环境,为政府各部门决策提供重要数据依据和智能化手段。同时,数字政府将集中录入政府各部门管理数据、服务民众的各类政务服务数据和所有面向社会的各类公共服务数据,这些数据甚至还包括各类社情民意数据,这些大数据必将成为各级政府各部门构建现代化社会治理能力体系的重要基础,各类智慧政务服务也将纳入数字政府范畴,这些完整的政务服务数据将为政府决策提供重要的依据。

3. 业务协同,即"交叉业务"

数字政府的创新应用与智慧政务应用存在许多共性,包括政务服务、协同办公、移动应用、社会治理、决策保障等方面。智慧政务和数字政府都是在现代信息化、网络化的背景下,运用大数据、云计算、物联网、AI等先进技术,通过监督、检测、分析、整合、智能响应等手段,提高政府的业务办理能力和运行管理效率,实现各职能部门之间数据资源的高度协调整合。例如,政府运用自动化办公、政府网络发布实时信息、各级政府间远程会议操作、运用电子化民意调查、公民政务网查询政务信息等,同时加强职能监管,促进政府运行更加廉洁、务实、高效,提高政府的透明度,增强政府的公信力,真正建立高效、便民、快捷的现代化政府,为企业和公众生活提供一个良好的环境。

4. 数字政府为智慧政务提供平台支撑

2018年7月,我国发布了《国务院关于推进建设全国一体化网上在线政务服务平台建设的指导意见》,决定在全国建设统一的政务服务基础平台,包括推进政务服务一体化和公共支持一体化,促进政务服务事项在全国范围内的标准化统一、推进全程网络办公,促进政务服务跨地区、跨部门、跨层级数据共享服务和业务协同。在数字政府的架构体系中,全国一体化平台是数字政府的神经中枢,是国家政务数据的重要枢纽,也是政府服务全国人民的未来、保障民生的关键基础平台。各级政府的各部门均推出不同的政务服务，这些政务服务在不同程度上借鉴、依赖政务服务一体化平台。因此，依托数字政府良好的建设运行机制和快速高效的发展能力，可以为智慧政务的相关服务拓宽渠道，同时提供进度和效率上的保障。

5. 智慧政务是数字政府的功能形态之一

智慧政务不仅是技术性的描述，也是数字政府现代化功能的展现，是现代政府治理与现代信息技术相结合的产物，它改变了传统的政府工作模式。企业或公众不需要一直围绕着政府部门转，办理每一项事务只需通过政府部门的网上服务系统提交相关信息，一站式解决其审批内容。同时，智慧政务的发展也为现代政府治理、创新公共服务模式提供了技术手段和制度体系，通过对网络信息技术的应用，智慧政务改变了传统政府治理模式下办公人员故意拖延、权力寻租以及脱离社会等各种人为因素，使公共服务更加快捷、公平、直接。在现代政府治理模式下，智慧政务加强了跨部门的信息共享和业务联动，通过数据比对手段可有效增强政府对社会、对市场的监督和管控能力。同时，智慧政务改变了传统政府治理模式下，政府信息不透明等带来的弊端，使公民能够通过网络信息化途径对政府进行依法监督和参与政府的决策，使政府能够严格依法行政和提高其决策的民主性、科学性。

6. 智慧政务是实现数字政府的途径与手段之一

智慧政务的提出，就是为了让公众生活更加便捷，为公众提供更加精准、智慧、高效的政务服务体验。其与数字政府一样都是使用大数据、云计算、物联网等技术来智能处理数据。智慧政务不仅可以让公众更好地参与政务，满足公众需求，还可以使政府的管理方式和管理行为朝着更加人性化、多样化、高效化、便捷化的方向发展，从而实现数字政府的目标。

智慧政务的根本目标和核心价值就在于政府以数字化、智能化的方式，为社会公众提供更加精准、便捷、高效、主动的政务服务。具体来看，智慧政务包括政府内部的管理、各级政府的连通、政府部门之间的连通、政府对社会事务的管理和对公众的公共服务等方面的基本内容，这些也都包含在数字政府的内容中。

7. 智慧政务与数字政府的相互作用

公众对政务服务的新诉求，倒逼数字政府发展。当前，随着我国经济和科技的飞速发展，人民群众生活水平不断提高，社会诉求也发生了更多变化。跟过去相比，公众在信息的获取与信息传递方面有了很大的不同，具体体现在信息传播的便捷性与高互动性上。这些变化对政府行政管理提出了更高的要求，这些要求映射在人民群众生活的方方面面，包括政务服务、公共安全、社会治理等。人民群众诉求的提高，无疑对政府的社会治理和公共服务提出了更高的要求，推动了数字政府的发展。同时，政务服务越完善，越会激发企业和人民群众更进一步的诉求，进而推动政务服务向更好的方向迈进，这实际上是一种良性的互动作用。出现这种"互动"的本质原因是在政府与民众之间，政府具有天然的、更强的影响力和更多的主动性。政府改善政务服务，提升治理能力没有止境，企业和民众的满意度始终是政府行政能力的"试金石"。企业和群众能否方便、高效、满意地办事，绝对是一个地方营商环境优劣的重要体现。

8. 政务信息化的应用驱动，推动数字政府快速发展

一个地方的智慧政务发展程度，不仅代表着政府对信息技术应用的重视程度，也代表着智慧城市和数字政府的发展水平。政府对信息技术发展的重视，使得政府服务发展取得了显著成效。政府对信息化的依赖程度不断增强。目前，全国县级以上党政机构如果离开互联网和计算机，几乎难以正常运作。同时，人民群众对信息化的需求也逐渐增强，不仅是获取信息的需求，还涉及公开参与、网上办事等需求。因此，政务信息化的应用驱动，也是数字政府快速发展的重要推动力。

同时，政府信息的应用也改变了政府传统的管理和运作模式。在数字政府时代，应用大数据技术构建信息共享平台和开放的数据平台，可以实

现跨部门业务的统筹协调，减少部门之间的责任推诿，并打破数据壁垒，提高行政效率。政府在管理的过程中，增加数据的公开性和透明度，也有利于人民第一时间获取政务信息，监督公权力的运行。

9. 数字政府在数据驱动下创造政务服务效益

在大数据时代，数据是最本质的要素，政府作为生产数据和数据集中汇集的组织，本身就会产生大量数据。无论是政府对治理精细化、服务个性化的要求，还是对信息透明化的要求，都体现着使用数据的广度和深度。从政府自身的行政行为来看，其本质也是一个不断挖掘、运用和经营数据价值的行为过程。因此，在数据驱动下，政府组织拥有和生产海量数据，归集数据资产、数据能源和数据组织。政府运用互联网和数字化的思维、理念、战略、工具等手段，利用数据自身的价值来治理社会，提供优质政府服务，提高公众服务满意度，进而成为社会信息融通者和智慧型政务服务提供者，这些都体现着传统政府向数字政府这一组织范式升华的逻辑变迁，是创造政务服务效益、提高公共效益、有效内化数据的全过程。

10. 数字政府打破数据孤岛，推动政务服务供给

信息孤岛的治理属于国家治理问题，本质上需要国家提升政府的"智慧"治理能力。推动数字政府的发展，有助于消除部门利益壁垒，打破部门利益的藩篱。政府各部门应从整体性治理理念出发，运用信息技术推动政府的整合型运作，实现线上治理，提供网络式服务，推动数据资源的开放共享。数字政府能够在数据意义上建立起整合与共享的平台，加快各部门的数据收集、信息提供、数据加工和协调整合，实现政府整体利益综合提升，建立服务覆盖更普惠的公共政府。数字政务服务将极大改变政府提供政务服务的能力，提高包容性。

现代信息技术飞速发展，人类社会正经历着前所未有的变革，不仅人类的生产生活方式发生了巨大变化，政府的形态和管理方式也在经历巨大改变。数字政府和智慧政务建设就是对时代变迁和改革的回应。建设数字

政府首要前提就是消除信息孤岛，拔掉数据烟囱，通过政府各部门数据的互联互通，实现数据有序共享，这也是实现智慧政务必然要经历的过程。同时，人们对政务服务智能化的需求也将促使数字政府的快速发展，从而实现政府决策科学化、社会治理精准化、政务服务高效化。由此可见，智慧政务和数字政府是相互作用的。研究二者的关系，找出二者的共通点和相互作用力，为新时代提升政府服务质量、推进国家治理体系和治理能力现代化改革提供了有价值的参考。

（二）主要政策要求分析

近年来，国家持续出台政策文件，对数据的重要性作出界定，并认可了数据生产要素的价值定位。各地方政府纷纷加强相关立法和政策制定，以此推进政务数据治理工作深入开展。

1. 国家层面相关政策热点

从国家整体层面看，2020年政务数据的相关政策上有两大热点。一是数据生产要素这一提法在政策层面得到了进一步明确，成为社会各界关注的热点。继《促进大数据发展行动纲要》、中央政治局第二次集体学习、党的十九届四中全会《中共中央关于坚持和完善中国特色社会主义制度、推动国家治理体系和治理能力现代化若干重大问题的决定》中提到数据要素之后，2020年3月30日，《中共中央 国务院关于构建更加完善的要素市场化配置体制机制的意见》出台，这是中央关于要素市场化配置的第一份文件，明确提出"加快培育数据要素市场"，并强调要推进政府数据开放共享、提升社会数据资源价值、加强数据资源整合和安全保护的具体要求。

二是高度关注数据安全和隐私保护。2020年，我国公布了《中华人民共和国数据安全法（草案）》《中华人民共和国个人信息保护法（草案）》，并发起了《全球数据安全倡议》，旨在明确数据安全法律责任，完善监管体系，保障国家安全、公民个人隐私权益和社会安全稳定。文件中，对政务数据的安全与开放也提出了明确要求。

2. 省级地方持续出台相关政策

为积极贯彻落实国家要求，深入推进政务数据规范管理与开放共享，2020 年，各地方政府进一步加强了政务数据治理相关政策文件的制定与出台。2020 年 1 月 1 日至 11 月 30 日地方出台的跟政务数据治理直接相关的政策文件数量，与 2019 年相比总体持平。

地方积极探索政务数据立法。2020 年，各地着力提升政务数据相关政策的规格和效能，贵州、山西、深圳、沈阳等地纷纷探索政务数据立法，在大数据、政务数据、政府数据等方面出台了相关条例办法，指导本地数据共享开放和安全管理。《贵州省政府数据共享开放条例》于 9 月 25 日审议通过，并自 12 月 1 日起施行，这是全国首部省级层面政府数据共享开放的地方性法规。《深圳经济特区数据条例（征求意见稿）》于 2020 年 7 月 15 日起公开征求意见，在第二十一条对公共数据的权属进行了明确，指出"公共数据属于新型国有资产，其数据权归国家所有"，这一界定引发了社会各界的广泛讨论。

（三）工作整体进展情况

2020 年，我国各地各部门深入推进政务数据治理工作，机构设置进一步完善，平台和系统建设持续加强，各地方、各领域的政务数据治理效能得到显著提升。

1. 机构调整与变化情况

在机构设置方面，各省政务数据治理机构没有发生太大变化，31 个省（区、市）中，已设立专门数据管理机构的省份仍为 22 个。同时，一些地方在实践的过程中不断探索完善，优化调整原有政务数据治理机构的职能设置，持续开展创新实践。例如，北京市大数据中心于 2019 年 12 月正式揭牌成立，整合了原有的北京市信息资源管理中心等机构力量，作为北京市经济和信息化局（北京市大数据管理局）下属的副局级事业单位，为北京市大数据行动计划的开展提供支撑。天津市大数据管理中心（天津市信息中心）于 2019 年 12 月底正式重组挂牌，以原有的天津市大数据管理中心（2018年7月成立）为基础，整合分散在其他部门的信息服务机构，进行重新组建，归口市委网信办管理，统一负责市级信息化建设、运行管理和数据资源管理。这些做法呈现出整合机构、提升级别、明确职能、统筹建设的显著特征，总的来看都是在进一步加强政务数据治理机构的力量。

2. 平台与系统建设情况

对2020年全国政府采购的招投标信息进行收集分析，筛选出2020年1月1日—11月30日发布的省级政务数据治理相关的平台和系统建设项目572个，与往年的情况基本持平。其中，建设项目数量前五名的省市分别是浙江省（60项）、重庆市（47项）、上海市（45项）、山东省（39项）和广东省（33项）。

3. 建设资金投入情况

中国政府采购网的招投标信息显示，2020年政务数据相关建设和服务项目累计投入资金287259.83万元，相比2019年有所减少。投入金额前三的地区为浙江省（55735.02万元）、天津市（27116.62万元）、山东省（19926万元）。

4. 各领域进展情况

从分领域的情况来看，数量最多的是综合领域（55项），占总量的9.6%，主要是各地大数据局、人民政府办公厅等数据综合管理部门建设的"互联网+政务服务"、数据共享开放等数据综合应用项目。紧随其后的是公安和财税领域，公安领域（54项）占总量的9.4%，财税领域（44项）占总量的7.7%。另外，2020年针对疫情预警与防控，浙江、云南、北京等地建设专门的省级政务数据治理项目13项，占比为2.27%。

从资金投入来看，综合领域建设投入的金额最多，共计78584万元，占总金额的27.4%。公安领域（43803万元）、环境领域（22042万元）分别占总金额的15.2%、7.7%。疫情防控相关项目投入4350万元，占比为1.51%（见图4-11）。

第四章 数据信息融合创新及技术应用篇

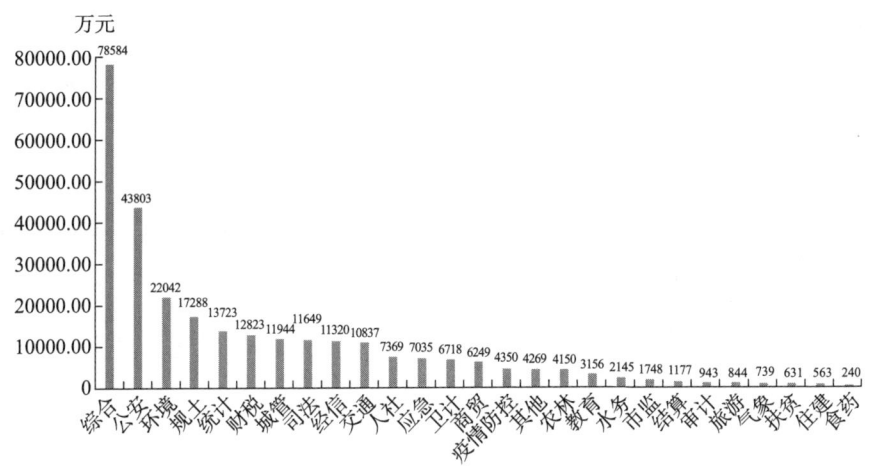

图 4-11　2020 年省级政务数据治理项目不同领域资金投入情况

三、数字信息融合创新的技术应用

（一）智慧乡村

1. 国家战略的主要导向

（1）国家乡村振兴战略。

乡村振兴关键是产业振兴，而乡村产业振兴更多的是农业振兴，这离不开科技支撑，必须推动农业科技创新更好地参与到乡村振兴事业当中。要坚持以伟大事业为导向，着眼提升乡村振兴的支撑力，把科技赋能贯穿全过程，为全面推动乡村振兴注入强劲动力。

面对生产主体的组织化、规模化程度偏低等难题，需要创新推动农业发展，借助数字化手段，建立数字化新型农民组织，打破组织间信息壁垒，重视提高土地产出率和劳动生产率的技术进步，推动农业机械化发展，深化各经营主体的组织联结关系，鼓励农户加入合作社及农合联等组织，开展种植合作，促使利益联结"紧"起来、涉农资源"统"起来、合作运转"实"起米。

面对产销对接不畅、农产品质量及安全难以保证等难题，借助数字化手段，打破传统产销模式，加速传统农业各领域各环节的全方位、全角度、全链条数字化改造,节省生产成本,对接供销市场形成基于区块链打造全程品质溯源体系,把有限的时间和精力用在出谋划策、助推发展的实际行动中,实现种植生产信息全上链。

面对农民信用身份缺失、金融授信慢、授信不精准等问题,借助数字化手段,以卫星遥感、作物模型等数字技术快速评判项目价值和发展潜力,重视提高资源利用率,打破产业资源及政务信用信息壁垒,提升种植效率,实现农产品从田间到餐桌的快递流转,提高资金周转效率,综合提高农业收益,提升农村金融服务的可得性和便利性。

(2) 国家共同富裕要求。

2021年,中共中央、国务院印发《关于支持浙江高质量发展建设共同富裕示范区的意见》,这是以习近平同志为核心的党中央把促进全体人民共同富裕摆在更加重要位置作出的一项重大决策。党中央、国务院高度重视共同富裕发展,强调消除贫困、改善民生,为推进人民群众物质生活和精神生活都富裕需在创新驱动发展战略、网络强国战略、国家大数据战略、"互联网+"等行动中对农业农村信息化作出重要部署。国家发展改革委在《产业结构调整指导目录(2019年本)》中提到,将"农业生产数字化改造和智慧农业工程"列为鼓励发展的产业,将农业数字化转型发展摆在突出重要位置。让广大人民群众共享改革发展成果,是社会主义的本质要求,是社会主义制度优越性的集中体现,《中华人民共和国国民经济和社会发展第十四个五年规划和2035年远景目标纲要》中提出"完善农业科技创新体系,创新农技推广服务方式,建设智慧农业"。

在经济发展的基础上,加快发展智慧农业,推进农业生产经营和管理服务数字化改造,实施农业"上云用数赋智"行动,推动数据赋能全产业链协同转型,促进社会全面进步,深化研发设计、生产制造、经营管理、市场服务等环节的数字化应用,不断提高人民生活水平,保证人民共享发展成果,培育众包设计、智慧物流、新零售等新增长点,深入推进服务业数字化转型,推动农业数字化转换。

2. 现状

智慧乡村是建设数字乡村、实现农业农村现代化、实施乡村振兴战略的重要内容和强劲动力。近年来，多地区坚持多层级推进、多领域发展、高目标定位、全方位转换和大力度示范，智慧乡村建设取得较好成效，促进了农业转型、农民增收和农村繁荣。

（1）平台数量逐渐增多。

应用领域不断拓宽，多地省、市、县三级齐抓共管，政、企、研三级共同推进，取得较好成效。2021年农业农村部信息中心面向全社会开展了数字农业农村新技术新产品新模式征集工作，一共评选出205个有关智慧乡村优秀案例信息，极大地促进了科技创新成果转化，加大应用推广的广度和深度。智慧乡村系统既有"千脑一面"的共性，又有定位和业态的特色和差异。从"三农"数字赋能的不同领域来看，正从基础性的农业生产向提升农民精神文化生活、农业生态等领域大踏步向前拓展，"智慧农业""乡村治理""绿色乡村"等农业农村各方面的智慧乡村平台不断增加。从数字农业不同产业环节来看，正从单纯的生产经营领域向智能化的管理、自动化的服务领域拓展，"农产品质量监管""农业在线执法""农作物重大病虫害监测预警"等监管、服务型平台加速应用推广。从不同细分产业来看，正从当初的农作物种植、水产、畜禽养殖向设施园艺、大田生产等领域扩张，智慧乡村应用场景越来越广泛，助力实现产业管理科学化、乡村治理精细化、决策指挥体系化、惠民服务全面化的数字乡村管理服务体系，以数字描绘一幅幅产业繁荣、治理精细、生活幸福的美好乡村画卷。

（2）试点工作如火如荼。

建设标准不断规范。自2017年开始，农业农村部开始实施数字农业建设试点，重点扶持大田种植、设施园艺、畜禽养殖、水产养殖4类数字农业建设试点项目。2020年，公布了首批国家数字乡村试点地区名单，并对组织开展试点工作提出了具体要求，为智慧乡村建设形成更多标准化、可参考、可复制的宝贵经验。此外，全国各地积极开展标准化文件研制工作。在智慧乡村的建设中，及时总结和提炼地区产生的可复制、可推广的做法和经验，并转化为标准，加速推进基础性通用标准、急需关键标准的研制与落地，从而推动智慧乡村高质量发展，助力乡村全面振兴。在信息化高速发展的今天，数字乡村建设标准越来越规范，这不仅有利于平台建设不同部门异构系统间的资源共享和业务协同，有效避免多头投资、重复建设、资源浪费等问题，还可以在统一的标准体系框架下，充分利用国家、行业、地区以及企业开展的信息标准化工作基础，为实现跨区域、跨部门港口业务信息交换和保障各类应用系统互联互通提供统一规范和指导，打破各地"信息孤岛"，增强各地区、各部门、各领域之间的信息融合与数据共享，迎接大数据时代来临。

（3）运营管理模式多维。

运行机制不断完善，智慧乡村系统建设正从早期的由单纯财政项目资金逐步向"市场投资为主，政府配套奖补"转变；在运维管理上，由政府部门管理向第三方公司外包转变；在服务定位上，由仅服务政府部门单一主体，向服务政府、农民、市民和企业4类主体转变，从而解决了智慧乡村平台建设管理上普遍存在的"缺人、缺钱、缺物"等痛点问题，为农业市场主体提供低门槛、便利化的"智慧乡村"服务。此外，平台运行管理机制不断完善，如以离散模式为基础的区域平台运行机制，以政府财政投入为主、社会资本投入为辅的多元化平台经费投入保障机制，以"谁共享、谁受益"为原则的资源共享管理机制，从而构建资源共享、高效灵活、持续发展的平台良性运行机制。

3. 普及概况

（1）全国乡村互联网普及概况。

我国农村地区网络接入条件已基本完善，互联网普及率持续提升。截至2022年6月，我国现有行政村已全面实现"县县通5G、村村通宽带"，基本实现与城市同网同速，说明农村地区的网络接入条件已基本完善，为农村互联网普及和数字化发展奠定了坚实的基础。

从目前农村地区的互联网实际应用情况来看，互联网普及率在持续提升，农村固定宽带接入率从2017年至2021年提升了近15个百分点，与城镇地区的宽带接入率差距不断缩小；移动互联网方面，极光月狐大数据显示，截至2022年11月，农村地区的手机用户规模已达到2.9亿人，移动互联网普及率为56.9%，在未来仍有较大提升空间。

（2）全国乡村产业数字化发展概况。

移动购物、手机银行App在农村地区已达到较高的装载率。农村网民对数字商贸、快递物流、数字金融类App的使用情况在一定程度上反映了农村地区产业数字化发展的成效。

数据显示，农村网民对移动购物类App的安装率达91.7%，对网商类App安装率为12.4%，电商平台成为加快工业品下乡、农产品进城的重要媒介；与数字商贸相匹配的快递物流方面，农村网民对此类App的安装率为19.9%，"快递进村"进程需加速；数字金融方面，随着越来越多商业银行积极打通农村金融服务，手机银行App已成为农村地区覆盖度最高的数字金融工具，安装率达66.8%，其次是分期借贷类App，安装率为18.4%。

（3）全国乡村数字生活发展概况。

移动互联网让农村生活发生"变革"，娱乐消费类应用成为农村用户的"刚需"。随着农村数字化建设不断深入，互联网科技正在快速渗透到农村居民生活的方方面面，有效解决农村地区文化娱乐、教育及医疗资源贫乏，居民生活不便，基层组织难以管理等问题。

数据显示，泛娱乐类App在农村具有较高的渗透率，尤其是视频直播、数字音乐App对农村用户来说是"刚需"般的存在，安装率超80%，反映出农村居民较强的线上娱乐消费需求；生活服务消费方面，农村用户对同城服务App表现出较高的使用需求，安装率达70.6%；而在更专业化的生活场景中，在线教育、线上办公、电子政务、健康管理等App也已在农村用户群体中形成较高的渗透率，安装率达60%以上。

（4）数字乡村发展趋势。

数字化新基建加速下沉，重构农村生产要素，盘活县域经济。未来随着农村地区信息化基础设施建设不断完善、数字技术得到广泛应用，将推动县域农业、特色产业、文旅教卫、基层治理等数据资源的整合与应用，以及农村土地、资本、劳动力等传统生产要素的改造，实现农村产业升级，带动县域经济增长。

数商兴农工程持续推进，乡村商业生态将呈现繁荣景象。随着数字技术与农村实体经济融合加深，更多的新业态、新模式在农村落地生根，赋能农村经济效率提升。如数字化农业产供销发展模式的完善将有助于区域农业品牌的打造及农产品附加值的提升，互联网平台和技术的赋能也将进一步促进乡村旅游与农业、文化、商业的融合，创造出更多的乡村新消费场景。此外，在数字化技术的推动下，将会有更多的乡村特色产业集群加速落地，对提高农村产业发展效率起到重要作用。

在数字技术加持下，县域经济决策与乡村基层管理将趋于智能化、精准化。地理信息、大数据、物联网等数字技术的应用让县域和农村地区在民生、产业、经济、政务等各方面的信息能够得到全面采集和系统化管理，而通过人工智能技术的进一步赋能，乡村数据中枢能够实现多维数据的复杂化和精准化处理，为政府和基层管理组织判断经济运行现状、产业发展情况、民生实事进展及未来发展趋势提供客观、准确的依据，使县域经济决策与乡村基层管理更加智能和精准。

4. 应用领域

（1）智慧农业。

党的二十大报告强调全面推进乡村振兴、全面深化农村改革工作。围绕《农业农村部关于加快农业全产业链培育发展的指导意见》，依托农村特色优势资源，打造农业全产业链。智慧农业是完善城乡融合发展体制机制、促进农业农村现代化进程、促进农民生活水平全面提高的重要载体；依托智慧乡村提升农业农村信息化水平，推进智慧农业建设和数字乡村建设，加快构建新型农业经营体系，推动现代农业发展，促进农业提质增效。

①智慧种植。

通过农业基础设施建设可以实现智慧农业生产、智慧管理等方面的目的，可提升种植过程中监测、展示、分析、管理的全面智慧化水平，尤其是农产管理、温室种植管理、农业大棚的集约化管理、病虫害监测管理等方面。

农产管理：有效提升家庭农场、农业合作社等新型农业经营主体的管理模式，规范其农产品生产模式。记录农场相关的人、事、物数据，包括农场基本信息、工作人员信息、种植作物信息、生产资料信息、农事生产活动记录、农情气象信息。

温室种植管理：通过多种传感器及控制系统的集成，形成以温室环境内的温湿度、光照强度、二氧化碳浓度等监测数据为依据，以自动控制设备为依托，以云平台数据为实现标准的管理体系。依托温室内的空气、环境、土壤、温度、湿度的自动化调整，实现温室环境的精准控制，完成温室作物的增产、增质，以及生长周期调节。

农业大棚的集约化管理：实现一个App管理多个大棚的全设备自主接入，降低维护过程中个别场景空间的独立存在弊端，突破管理过程协同，实现全设备高效对接。依据种植作物及生长周期自动化进行监测及建议，给予针对性的农业智慧乡村建设建议，强化记录能力，在大棚种植过程中，强化数据作用，降低经验主义风险，提升产量。

病虫害监测管理：基于深度学习模型算法的技术，对农作物常发病虫害的发病特性、历史发病数据建立病虫害预警模型。当预测到未来某段时间存在发生病虫害的风险时，结合未来的气象情况和过往的打药记录等信息，智能提醒农户打药，结合植保无人机、无人车设备进行精准、高效的植保打药工作。

②智慧养殖。

智慧乡村可为农村畜牧水产养殖信息化建设提供支撑平台、技术手段以及大数据基础系统支撑，通过构建畜牧养殖管理、养殖过程管理、畜牧大数据应用管理等功能版块，实现针对畜牧养殖、水产养殖、日常经营等多领域的智能管理。

畜牧养殖管理：利用物联网技术把养殖环境中的温湿度、光照强度、二氧化碳浓度、氨气、硫化氢、粉尘等各要素监测控制功能集成于一体，通过5G网络上传到监控平台，实现对各要素24小时在线的监测控制。同时，采用数字、图形和图像等多种方式，实时显示记录并存储监测信息，保障养殖场内的环境处于适宜动物生长的理想状态。

养殖过程管理：对养殖过程进行流程化管理，从采购、入场、生长过程监测到屠宰检疫、肉品检疫、冷链管理、检疫票管理、物流体系再到销售终端、综合溯源全流程实现数据的录入和管理，提升农业安全，强化农业信誉。

畜牧大数据应用管理：针对畜养区的全数据监测，实现畜牧养殖数据的全局可视化展现，满足对外展示和对内应用需求。通过对环境数据、投入品数据、养殖数据、屠宰加工数据、市场消费数据、市场价格数据乃至粪污处理数据进行综合分析及检测，实现数据的全局可控、可管、可应用，同时为农产品溯源提供有效的数据支撑。

③智慧农业产业园。

着力打通业务数据流，统一接口规范，构建数据共享，助力农业产业园形成功能完整、覆盖全面、兼具实效性与前瞻性的数字化管理与技术架构体。智慧农业产业园充分应用智慧农业的现代信息技术成果，实现农业可视化、远程诊断、精准感知、灾变预警等智能化管理。以数据指导产业生产，有效解决人工种植经验导致的效率低、资源浪费的情况，实现生产的提质增效、降本增产。

④农业大数据。

促进互联网、大数据、人工智能等技术与农业生产、流通、消费等各个环节融合互通、相互促进、共同提高，支撑"三农"大数据平台高效运转。"三农"大数据平台旨在实现"三农"数据准确化、完整化、治理化，克服信息孤岛短板，打通农田的土壤墒情数据、农村土地权属数据、农村六产业数据、农村相对贫困户数据、农民征信数据、农村科技能手以及乡贤数据等。通过优化资本、技术、劳动、土地等配置状况，围绕土地产出率、劳动生产率、资源利用率三率，梳理政府与市场的关系链，立足产业链、整合数据链、连接创新链、激活资金链、培育人才链，实现一二三产业深度融合；有效提升各级政府"三农"管理能力，并以可视化展示"三农"数据全景,将数据优势转化为乡村治理现代化的优势。为数字营销管理功能提供支持,实现农产品销售过程的多渠道连接、全平台发布、一部手机全网直播、一次上架、多渠道销售的助销过程整合体系,降低销售过程中的操作烦琐性,实现农业销售从生产到销售的一步过渡,助力农业经营。

⑤农产品溯源。

支撑农产品溯源系统在生产环境、生产过程、流通营销、质量安全等环节推进数字技术装备的系统集成与综合运营,发挥数字技术综合效能。通过数字化农产品防伪溯源技术以及"一物一码"的应用方式,将数据上传至乡村大脑中,对农产品土地确权、种子分配、种植、生产、加工、仓储、物流、渠道和销售的所有过程,以及畜牧产品从妊娠到生产、入场、育肥、投料、防疫、屠宰、销售包括二次加工的全流程进行有效的监管。实现农产品从生产到餐桌整个产业链的透明化全流程防伪溯源及管控,助力政府部门对食品安全的高效监管、企业绿色安全品牌的打造,使消费者放心购买。

(2)乡村治理。

乡村治理是通过对村镇布局、生态环境、基础设施、公共服务等资源进行合理配置和生产,促进当地经济、社会的发展以及环境状况的改善。智慧乡村通过智慧乡村数据交换共享平台统一汇聚人、事、地、物、情、组织等乡村社会治理数据,以统一地址和块数据治数理念构建"底数清、情况明"的乡村治理块数据智能底板,全方位整合基层治理的资源和力量,利用智慧乡村的服务能力打造网格化管理、精细化服务、信息化支撑的基层治理平台,构建智能监管应用场景、应急指挥调度体系,为"平安乡村"建设注入数智力量,实现"小事不出村、大事不出镇、矛盾不上交",不断提升乡村治理智能化、精细化、专业化水平,健全社会治理体系。

①乡村政务。

在政府服务网、政务服务 App 的基础上对接各村镇行政服务中心,基于人脸识别技术进行身份验证,基于电子签名、电子签章技术实现电子申请表单的填写,并输出电子证书(证明)实现无纸化办公不见面办理;基于大数据学习智能判别，实现业务智能辅助审核，帮助业务快速办理，进一步深化"互联网+政务服务"，实现高龄补贴、残疾证、不动产登记、养老保险、农村合作医疗、养老保险、工商营业执照、婚姻登记等多项高频次事项的一网通办。以不动产登记为例，基于数据分析智能生成不动产登记事项清单，将涉及农村群众、企业办理不动产的高频办事业务和查询服务、业务咨询入驻至政务服务网办事专区，同时打通与税务、住建房屋交易部门间的信息共享，实现不动产登记业务的"一网办理、一事联办"。建立一体化的宅基地基础数据库，实现宅基地调查、规划、审批、监管等业务数据的一体化管理，对宅基地建房资格、建房需求、建房用地指标统一管理。

②乡村村务。

以业务系统平台为底座，实行标准化管理。规范的业务工作流程，让村委会工作人员在电脑前就可高效地完成合同管理、资产台账等关乎村民的业务。智能预警信息库也为需要"防患于未然"的事务提供智能分析和预警能力，支持通过对业务数据进行智能分析，筛查出疑似问题信息，并投放到智能预警库中，管理者可对预警信息开展调查或下派到村。

③乡村财务。

运用信息管理及信息安全技术，实现数字化台账、票据等财务数据、财务信息的管理，在减少财务信息丢失、避免财务信息泄露的同时，可以极大程度地规范农村财务管理工作，避免信息不完善、审核不到位甚至挪用等违规、违法行为的发生。同时，打通与乡村现有银行系统的数据联通对接，实现对农村集体经济组织资金使用的全面监管、堵塞漏洞、严防风险，也为后续更好地进行智慧金融支农奠定基础，为农户、农村集体经济组织等提供更加先进、可靠的金融服务。

④智慧党建。

党的二十大报告提出抓党建促乡村振兴，助力将基层党组织建设成为有效实现党的领导的坚强战斗堡垒。智慧乡村通过块数据、人工智能等技术把现实中的党组织体系映射到智慧空间，帮助党组织建设"横向到支部，纵向到党员"，实现党建工作一网统管。利用块数据将党员流动情况、人口属性、工作单位、个人特长等多维信息相关联,通过为乡村人员添加标签和规则设定,精准识别农村老体弱党员、流动党员等特殊党员,自动生成村党支部线下走访任务,解决特殊党员难以参加党组织生活的难题;同时将党员特长和群众需求智能匹配,将群众需求精准推送给有服务能力和动力的党员干部,便于村党支部为留守儿童、残疾人等重点关怀群众提供精准服务,构建面向细分对象的个性化、主动化和人性化的党建工作。

⑤基层综合治理。

助力乡村完善网格化管理、精细化服务、信息化支撑的基层治理平台,形成"横纵联动"基层综合治理体系。一是纵向实现"镇+村+网格员"上下三级贯通,支撑基层治理工作。内置智能划分网格工具,将乡村划分为多个网格,每个网格配备综合巡查员和移动工作终端,同时将农村人口、房屋、法人、隐患事件等全部纳入网格管理,通过块数据把社会治理的数据资源下沉,让每个网格员都能掌握自己网格里的基本情况和下沉力量,每一件事都能关联到对应的责任人,并分级分类实时推送给相关职能部门和村党支部,建立起镇、村、网格员三级智慧网格管理指挥体系。二是横向实现应急、卫计、公安、消防、城管等职能部门业务协同。通过"数据+编码"源头入块模式,让业务部门能具备全镇唯一、统一的地址或实体编码,做到区域内业务管理对象的"底数清";然后通过"数据+业务"协同治理,按照业务流程和管理对象将不同部分的数据资源进行整合,将块数据深入"突发事件智慧调度、智慧精防,家事情感纠纷智慧调处、智慧网格"等社会治理精细化应用系统,利用块数据驱动跨部门业务的协同工作。

⑥应急管理。

将物联网、云计算、块数据等信息技术用于乡村自然灾害应急管理和提升乡村应急指挥能力方面,实现灾情有效预防、应急事件迅速解决、应急资源高效利用,最大限度保证乡村居民人身和财产安全。首先,利用地理实体技术和块数据治数理念,在风险普查数据的基础上,以承灾体作为地理实体进行管理并赋予唯一标识为索引,关联叠加相关部门丰富业务数据，构建"立体化"综合应急智能底板，建立"块"索引和"块"模型，形成应急数据关系图谱，为应急预防、预警分析、灾情研判分析等多场景提供快速拉取全量关系数据、数据智能分析服务能力支撑。其次，内置应急物资预警模型能对各类应急资源进行统筹管理，同时结合物联网感知设备和灾情预警模型对灾情进行风险管理，并且建立面向各类事故灾害的辅助决策知识模型，采用系统自动生产、人工干预等方式，可以分析各类事故灾害发生特点、演化特征、救援难点等内容，从而提出风险防护、应急处置等决策建议，且事后会根据处置记录完善推演模型，为高效化、专业化救援提供支撑。最后，基于GIS地图实现车辆、终端设备、监控视频、人力情况的位置定位、状态追踪和调度操作，从而满足各类应急资源的可视化精准调度与指挥。

⑦安全服务。

以块数据纽带为"连接器"、以块智能引擎为"发动机"，整合智慧网格、雪亮工程等平台，整合监控视频"天眼"、网格员移动"网眼"和志愿者队伍"众眼"，形成"全域覆盖、全网共享、全时可用、全程可控"的立体化社会治安防控体系。其一，通过对接雪亮工程获取耕地、鱼塘、茶厂等室内外生产基地视频监控影像，进行人脸检测分析，对村霸侵占财产、偷窃盗窃等犯罪事件进行动态预警，切实保护人民群众的生命财产安全。其二，智慧乡村通过对接智慧网格定期追踪重点关注人群，结合前端感知数据，运用深度学习、人脸识别、车辆识别等智能算法对视频数据进行实时动态的视频比对和动态分析，实现对可疑人员入侵、可疑行为等重点事件进行事前预测、事中监管和事后分析，对重点人员进行定向帮扶和精准管控。其三，基于视频平台以及AI智能算法技术，能自动监测水库、池塘、河岸、码头等涉水区域，对靠近深水水域的人群进行自动告警，保障乡村安全出行。

（3）民生服务。

打通政府和百姓、企业间的沟通渠道，快速提高政府部门间的沟通效率，更精准地服务好企业、个人与民生服务，让更多惠民政策落到实处。

围绕数字化转型，统筹推进远程教育、远程医疗、数字金融等模块，强化数字乡村服务体系，推进城乡融合，促进乡村服务发展。

①远程教育。

远程教育是为了解决城乡之间的教育资源均衡问题，带动乡村教育发展，为教师提供更便捷、高效与安全的线上教学服务，并且对线上教学过程中产生的数据进行及时分析，从而辅助教师更好地进行线上教学。拓宽智慧教育应用，打造低成本、高效的数字化教育培训服务平台，全面整合教学、管理相关数据，提供可视化看板和分析决策平台。远程教育主要包括乡村学校信息化、乡村远程教育、乡村教师信息技能提升等内容，通过将互联网等新一代信息技术与教育深度融合，推动乡村学校网络覆盖、城市优质教育资源与乡村对接，实现城乡教育资源均衡配置。乡村学校信息化基础建设包含乡村基础信息化基础通信网络建设，提升农村中小学校互联网接入速率，为乡村学校配备多媒体教育教学设备，满足远程教育等信息化教学需求，并在有条件的地方建设数字校园，实现教育教学、教育管理、教育评价、生活服务等方面的信息化应用。乡村远程教育充分协调城市教育资源，通过互联网远程将城市地区优质教育教学课程资源，以视频点播、网络直播等多种方式输送到农村地区学校及师生个人终端，帮助乡村学校开足、开好、开齐课程。建立完善的教育资源公共服务平台，整合联通各渠道教育资源公共服务资源，并与其他平台教育资源进行交换共享，整合城市学校、培训机构等社会力量，为农村师生提供海量、精品、个性化的在线课程。通过示范、培训等手段提升乡村教师应用互联网等信息技术开展教育教学工作的能力。可推动城市优秀教师与乡村教师通过网络研修、集体备课、研课交流定向帮扶提升，也可引导乡村教师主动利用网络学习空间、教师工作坊、研修社区等线上资源提高信息技术应用能力。

②远程医疗。

通过构建智慧乡村区域健康医疗大数据平台，融合各医疗卫生健康机构信息系统，实现"惠民、惠医、惠政"目标。通过构建"互联网+医疗健康"服务体系，为人民群众的就医提供便捷服务，为政府的实时监管、决策服务提供信息化支撑。区域健康医疗大数据平台，以区域居民全程健康为核心，通过数据标准规范、数据治理、数据共享、大数据决策、智能分析模型等大数据核心能力，为卫健疾控部门、医疗机构、居民提供大数据服务，构建区域大健康监管服务体系。管理统筹层面以数据中心为业务贯通枢纽，实现跨业务系统数据融合，有效整合医疗运营各类信息资源，实现医疗各运营领域的全方位监测。整合公安、消防、医疗等领域信息资源，通过多样化分析手段，实现全方位立体化的公共卫生安全态势监测，提升综合疾病防控能力，切实提升公共卫生安全保障效力。业务实现层面以数据采集为手段，建立公共数据采集服务平台，对医院、学校、疾控中心、村镇集市等重点防控区域的突发公共卫生事件进行实时监测。基于网格对重点区域的人员、物资、网格员等信息进行联动，对重点区域实时态势进行综合监测，对接地理信息系统和疾控、医疗、消防、应急等多部门现有业务系统，对重点人员的数量、流向、地域分布、流入流出方式、运行轨迹等信息进行可视化分析研判。

③智慧康养。

以智慧乡村、智慧健康系统为抓手，拟对区域医院（含县域医共体分院）所建设的各类业务系统进行数据采集，形成全域全量医疗和卫健数据扩容的数据中心，从而实现数据"统一处理、统一存储、统一分析、统一应用"，为人民群众提供全方位、全周期的健康大数据服务。结合"互联网医疗+健康管理"新兴康养模式，强化农村医疗机构信息化水平提升，将互联网等信息技术与传统医疗健康服务深度融合而形成一种新型医疗健康服务业态。通过开发新的医疗健康应用、创新医疗健康服务模式，解决区域医疗资源分布不平衡、不充分问题，为乡村地区带来优质医疗资源，提升乡村医疗服务的普惠性和通达性。运用基础信息通信网络、信息化医疗设备等，打通跨区域多级医疗机构的信息流通渠道，为实现远程医疗、分级诊疗等"互联网+健康管理"模式提供基础保障。有条件的城市地区医疗机构可利用远程通信技术，为乡村居民提供远程专家会诊、辅助开药等医事服务，对基层医生提供远程指导与教学等服务。

④数字素养。

乡村的智能操作系统，是乡村发展的智慧基础设施，是乡村治理体系和治理能力现代化的科技支撑，是引领乡村数字经济发展的核心引擎。通过线上线下相结合的方式，提升乡村基层干部和村民对数字政府、智慧城市、数字安全的全面认知，深化乡村基层干部和村民对手机应用、数字内容创建等方面的接受能力，使手机成为"新农具"。乡村数字素养提升通过线上线下培训相结合的方式，提升农村居民和农村基层干部的设备与软件操作、沟通与协作、数字内容创建、数字安全等数字能力。面向高素质农业劳动者、农业专业技术服务人员、农业经营主体、农业产业带头人等主体，通过课堂教学、现场教学、线上学习等相结合的方式，提供专业生产型和技能服务型人员培训、新型农业经营主体带头人和产业发展带头人培训、农业政策法规培训等。面向农村居民充分利用社会资源和社会组织，开设互联网和数字信息科技基础课程，为农村居民提供学习机会。利用电视、广播、数字大屏、宣传栏、"乡村大喇叭"等渠道，发布培训课程。依托农村党员干部现代远程教育网络等教育平台，向基层干部提供数字乡村业务知识和数字技能培训，使其具备利用信息化手段履行岗位职责的能力。

（4）文化旅游。

党的二十大报告指出："坚持以文塑旅、以旅彰文，推进文化和旅游深度融合发展。"乡村是文旅融合的前沿阵地，而文旅融合也是促进乡村经济转型升级、满足人民美好生活需要的重要抓手。

①智慧文旅。

实现乡村文旅智慧管理、服务、体验和营销，促进乡村文旅产业发展。

文旅管理：采用全网络的架构，对景区村庄的基础设施、服务设施、地理事物、自然资源、游客行为、人员轨迹等进行全面、自动、及时的感知。通过大数据分析，实现客流统计、消费分析、消费预测、流量预警、客源拓展、决策支撑等。搭建综合管理平台，提供动态可视的安全管理、智慧调度、应急预案、安全监控、中央大屏、客流控制、LED发布等功能。

文旅服务：线上提供移动互联的游客服务，包括电子票务、电子支付、导游导览、预约预定、游玩推荐、行程助手、智能客服、游戏互动等。线下可选择部署智慧导览屏、智慧标识牌、智慧交通引导屏、智慧步道、智慧驿站等智能基础设施，为游客提供便捷服务。

文旅体验：深度挖掘乡村优秀文化资源（如民俗文化、手工技艺、古建遗存等），结合VR、AR、全息投影、人工智能等技术实现数字化展示和体验，让乡村文化"活"起来。

文旅营销：依托OTA、直播等平台加强互联网营销，实现乡村文旅产品、乡村文创产品、特色农副产品等线上销售，支持优惠券、限时购、拼组团、积分等多种营销手段。利用微博、微信、短视频、直播等新媒体加强乡村文旅宣传，打造乡村旅游网红打卡地，提升乡村文旅吸引力。

文旅转型升级：数字赋能乡村文旅行业的经营分析及服务质量提升，以星级评定为主要切入口，以"数字化+运营"的创新模式，构建乡村文旅行业特色应用场景，通过智慧乡村的"数据评价模型→星级评定→评定后整改及经营建议→数字化平台提供整改服务支持→数字化转型提档升级→星级评定"的闭环式运营，从而推进乡村文旅行业的食品安全、生产安全、消防安全的有效落地；与乡村文旅经营者、游客进行有效互动，提升乡村文旅经营主体的整体服务质量，进一步提升乡村文旅品牌形象。

②乡村文化。

加强乡村数字文化平台建设，通过数字化手段实现乡村文化保存、服务和传播，助力乡村文化事业发展。

文化保存：加快乡村文化资源数字化，通过数字化采集并借助图像、视频、动画、影视等数字媒体形式，将乡村文化资源转化为数字形态进行保存，有效记录和保护乡村优秀传统文化。

文化服务：搭建公共数字文化服务平台，加快实现乡村文化资源网上配送、场地网上预订、活动网上预约等功能。针对不同地域、不同群体文化需求，统筹做好特殊群体公共文化服务供给，丰富村民的精神文化生活。

文化传播：通过微博、微信、短视频、直播等新媒体，借助互联网加强主流思想和文艺创作在乡村的传播。通过用户画像和智能推荐技术，不断提升文化传播效率和精准度。

（5）绿色乡村。

①生态环保。

基于GIS三维可视化技术透视地下空间生态环境质量，综合分析土壤岩性、物性，地质构造特征、地下水流场、水动力模型、污染因子迁移特征，构建土壤分层模型、地质构造模型、含水层水文模型、耕地生态模型、监测指标属性模型等。一方面通过污染溯源、污染羽三维可视化模拟、污染运移模拟、污染状况评价，精准定位地下污染区域，加强土壤和水环境污染源头防控，助力打好污染防治攻坚战；另一方面借助土壤采样管理和土地质量进行指标分析，实现耕地生态管护。同时智慧乡村搭载了国产研发的大屏可视化产品，两周即可迅速搭建出具有专业水准的大屏可视化系统，能汇聚乡村山、水、林、田、茶等自然资源数据和生态文明建设相关数据，形成关联融合的乡村生态环保一张图，实现生态文明数据汇聚动态化、生态文明建设成果可视化、生态文明指标考核评估精准化、生态文明改革进展跟踪精细化。

②绿色生活。

对接城市管理部门、农村生活污水治理工程运维单位等获取污水运维系统数据和农村生活垃圾处理数据，借助物联网、卫星遥感数据、无人机、高清视频监控等技术，为智慧人居综合数字化平台提供"人+空间+产业"的环境数据，服务乡村人居生态空间智能化管控。建设土壤耕地数据监控体系、农业气象数据监控与预警体系、乡村农业水利与地下水数据监控与预警体系。一方面对农村生活污水处理设施运行情况进行实时监控和智能预警，开展过程管控、水质监控和设施运营状态评估，提升农村生活污水数字化运维监管水平；另一方面对农村生活垃圾收集、运输、回收、处理等全过程进行监测分析，实时监测垃圾清运数量，提高处理收运效率。打造智能公厕，线上监测、线下投用，贯彻推动乡村厕所革命，让公厕智慧化、科技化、规范化。对于户厕，无公害厕所改造，下有化粪池、上有冲水系统，结合"厕所改造补贴"线上流程办理，方便到家。

(6) 数字经济。

①数字乡村基础设施。

乡村数字经济的重点是，通过乡村新基建的发展来缩小数字鸿沟，比如对乡村信息基础网络设施进行改造升级（4G 增强、5G 布设），推动农村千兆光网、5G 网络、移动物联网与城市同步规划建设，同时要加强农村大数据等基础设施建设。数字技术向农村地区生产、生活、治理、服务等全面渗透，加强乡村数字化治理能力建设，实现乡村集体资产数字化管理，实现公共服务、公共事务处理以及公共安全的数字化；提升乡村宽带网络水平，推动农业生产加工和农村基础设施数字化、智能化升级，进一步提升农村通信网络质量和覆盖水平。

②乡村数字人才培养体系。

通过有针对性的培训，培育新型职业农民、新型农业经营主体，提高他们的数字技术知识水平，打造一支现代化农业建设队伍。通过与高校等科研单位合作，培育一批具有数据挖掘、分析、整合和管理知识的数字人才，为新型农业经营模式提供必要的人才储备，提高新型农业经营主体的市场竞争力。通过建立人才信息库，整合乡村各项系统数据，构建乡村人才信息网，实现对人才档案的线上建立。对外来人才进行记录，和输出的人才保持联系，利用政策、机制、机会等吸引人才下乡创业，带领农民兴业致富。结合农村创业培训指导活动，通过平台记录、跟踪人才培养和就业信息，通过大数据分析，推荐人才到合适的岗位。

③数字乡村产业全链条。

乡村产业向数字化发展，生产智能化、作业精准化、管理数字化、服务网络化，农业耕、种、管、收数字化，发展农产品电商和智慧物流、网络销售、智慧仓储物流；进行乡村数字化实体建设，培育亲农惠农乡村新业态、新模式；在生产加工环节打造数字农田、数字牧场、数字果园、数字加工车间，推动农产品优质优产；在仓储物流环节打造绿色智慧冷链物流基地，推动农产品高质快速通达；在市场营销环节打造"线上+线下"双节点联动，实现农产品优品优价，打通"产业数字化+消费数字化"完整链路。

④数字赋能乡村金融。

乡村金融具有一般金融业务的共性特征,但又有特殊的个性金融需求,发展数字乡村金融必须根据金融的一般规律。同时重点考虑乡村经济的个性特征,并综合应用大数据、区块链、人工智能等最新一代技术,构建新型的乡村金融运行模式和管理体制机制。数字乡村金融根据现行乡村经济的特点,探索其发展规律,精准识别乡村振兴的成长型对象。通过技术手段强化风险管理,有效降低经营管理财务的成本;通过开发多样化、专业化、系列化产品,不断加大乡村金融业务拓展面,以大力推广数字乡村金融为切口;通过业务流程优化、模式创新、产品开发、管理提升等手段,为乡村振兴提供高质量的金融服务,保证各项乡村金融业务高质量发展。

5. 典型案例

(1) 能源脱贫。

新疆塔什库尔干县地处昆仑山脉腹地,平均海拔 4000 米,属山前冲积平原,地势平坦开阔。该地气候干旱少雨,土地贫瘠,但光照资源丰富,年平均等效利用光照可达 1411 小时。根据当地气象站数据推算,年均总辐射量为 6046.02 兆焦/平方米,在倾斜角度为 33°时,倾斜面所接收到的年总辐射量为 6913.80 兆焦/平方米。因此,当地综合地理条件十分适合建设光伏电站项目。经过多次实地考察和论证,深圳市福田区政府和深圳能源提出,要充分发挥深圳能源在清洁电力开发和运营方面的技术和人才优势,因地制宜建设集中式光伏电站,投资收益用于扶贫,扶贫期限长达 20 年。该工作思路得到各方认可。截至 2019 年 11 月,项目已累计发电 4973 万千瓦,实现利润 3264 万元。按照目前态势,预计未来 3 年,设备年平均利用 1700 小时,累计可实现销售收入 7566 万元、利润 4102 万元。深圳能源正在积极跟进国家补贴申报,待补贴到位后,所有利润将全部用于塔什库尔干县当地扶贫,为当地扶贫事业注入极大的活水。

(2) 智慧文旅。

华侨城·螺溪谷项目(位于汕尾市陆河县)总占地面积 600 余亩,是深圳市坪山区政府和深圳华侨城东部投资有限公司联合对口帮扶陆河县的重点文化旅游产业精准扶贫示范项目。项目践行"建设美丽乡村、践行精准扶贫"的社会责任，以乡村旅游为核心抓手，深耕华侨城集团"文化+旅游+城镇化"创新发展战略，重构螺溪产业与经济发展机制，实现区域发展与精准扶贫，开创全新的旅游乡建与旅游产业扶贫新路径。

重点打造十大文化体验空间，构筑美好客家乡村生活社区：一个再现传统"闹火龙"盛况，寓意欧田美好明天的火龙广场；一个由废弃学校改造而成的乡村公共文化中心欧田书舍；一个集合农礼铺子、青梅酒吧、擂茶会馆、手作工坊等业态体验的农创市集；一个与乡村田园风景融合，展示客家乡土美食文化的微风食课（可容纳110人同时就餐）；一组由闲置民居改造而成，独具客家乡居特色的文化民宿（含客房65间，可容纳200人住宿）；一组延续客家"半山客"择居理念，引山入景建设的度假山居；一片既美观又实用的景观化蔬菜种植区梦想田园；一座在传承和展示客家会馆文化基础上建设而成的综合型空间客家会馆；一个传承客家农耕文化、承载有机健康生活理念的生态农场；一处坐落于青梅果园中的集装箱度假空间梅园小筑。此特色旅游业态，由一条唯美的生态花溪依次串联，共同创造美好的客家后乡土生活方式空间，打造陆河高品质乡村旅游示范标杆。同时将以螺溪谷为示范，逐步带动螺溪镇乡村旅游发展，构建"一道、一心、五基地、十农庄"的乡村旅游格局，联动辐射陆河全县特色旅游景区。

建设新时代农民讲习所，引入先进的农耕知识讲解及培训，提高农耕作物产量及质量，加大外部先进技术的引进，为其农耕作物提供华侨城渠道销售，并对其包装进行辅导及设计援助。传承工匠精神，利用互联网等新媒体，保护及保留工匠技艺的同时开拓市场，给当地手工艺人提供展示及销售平台。

（3）创新组织。

四川省普安镇前进村以股份经济合作社为载体，盘活全村资源要素，分阶段、分步走。第一步是把"量"做大，做强基础。动员群众扩大种植面积，形成规模，产业定型，以鲜果销售为主，实现了从群众不愿意到主动接受参与致富的转变，实现家家住上"葡萄房"，有"葡萄车"，因葡萄而改变生活。第二步是抓产品市场销售，熟悉市场规律，建立并掌握一定的市场资源，熟悉应对市场波动，掌握葡萄种植技术，培养葡萄技术人才和销售人才，提升种植技术理论水平，采用科技种植管理，提升品牌。第三步是抓提质增效。在人均国土面积4亩、人均耕地面积不足0.4亩的情况下，除了向山要地种植葡萄以外，剩下的土地均充分利用于产业发展。由于股份经济合作社前期经费运行不足，股民集体免费流转260亩土地给合作社经营运作，其中200亩用于创建蔬菜种植示范基地，30亩用于创建精品葡萄大棚种植示范基地，30亩用于建设高端养殖场。第四步是抓深加工，延伸产业链，提升产品附加值，走农旅一体化道路，辐射更大产业链。第五步是集中资源力量做大资产收益，先富带后富，反哺于集体。现有阶段的分红主要考虑未脱贫的、有困难的建档立卡贫困户，不搞平均分红制度，实行按"需"分红，量力而为，集中精力把贫困户扶起来走上致富路，然后凝聚力量大步朝更高更远的发展目标前进，当前的目标是股份经济合作社盈利达到2000万元以上再考虑广泛分红。

（二）智慧楼宇

智慧楼宇主要是指建筑技术、信息技术、通信技术和控制技术组合的现代建筑。2019年8月，在上海举行的"2019世界人工智能大会"论坛上，上海市楼宇科技研究会在"AI赋能-智慧建筑"专场发布《智慧楼宇评价指标体系》，对办公楼、商业综合楼、文化、媒体、学校、体育场馆、医院、交通、工业建筑、住宅小区等新建、扩建或改建工程从绿色建筑、自动化集成、现代物业管理和融入"智慧城市"四个方面进行评价，综合分析"智慧楼宇"程度，旨在通过对建筑物智能化功能的配备，实现高效、安全、节能、舒适、环保和可持续发展的目标。

智慧楼宇内涵丰富，根据系统工程的原理，为适应不同用户的需求，设计了包括智能化集成系统（IIS）、信息设施系统（ITSI）、信息化应用系统（ITAS）、建筑设备管理系统（BMS）、公共安全系统（PSS）和电子化机房工程（EEEP）等子系统在内的建筑智能化系统，合理集成为最优化的整体，满足服务工程投资合理、设备高度自动化、信息管理科学、服务高效优质、使用灵活方便和环境安全舒适等需求，将计算机技术、通信技术、控制技术、生物识别技术、多媒体技术和现代建筑艺术有机结合起来，通过对建筑内设备、环境和使用者信息的采集、监测、管理和控制，实现建筑环境的组合优化，形成能够适应信息化社会发展需求的现代化新型建筑，现代化新型建筑具备智能化、信息化、可视化、人性化、高度集成化的特点，同时满足使用者建筑物设计功能需求和现代信息技术应用需求。

1. 智慧楼宇的趋势

自2015年200个国家和地区达成了《巴黎协定》以来，全球已有超过120个国家和地区提出了自己的碳中和达成路线。清华大学建筑学院副院长、教授林波荣表示，我国建筑行业运行碳排放（含直接碳排放和间接碳排放）约为21亿吨，占全国总量的20%左右，节能减排迫在眉睫。建筑行业通过提升节能减排标准来合理引导用能方式、降低用能需求，改变建筑内的直接供暖、炊事、生活热水、医院或酒店蒸汽等导致的燃料排放，这些都是实现建筑行业综合碳减排、实现碳中和的关键。

（1）管控建造各环节。

根据类似项目管理及实操的经验，前期设计和策划阶段对于绿色建筑的增量成本影响非常显著。通过对各个专业的协同设计，目标的全价值链流程管理，运营信息的向前集成，降低项目的实际排放。

绿色建筑等级变为基本级、一星级、二星级、三星级。满足所有控制项的要求即为基本级，将作为全面执行绿色建筑标准的主要依据。对一星级、二星级和三星级绿色建筑的等级认定分四个层级递进式提出了不同的性能要求：一是每类指标设置最低得分；二是应进行全装修；三是一星级、二星级、三星级绿色建筑等级认定得分分别达到60分、70分、85分；四是满足对应星级在围护结构热工性能、隔声性能、节水器具用水效率、室内主要空气污染物浓度等方面的附加要求。图4-12为建设管理全过程，图4-13为装修全过程控制策略。

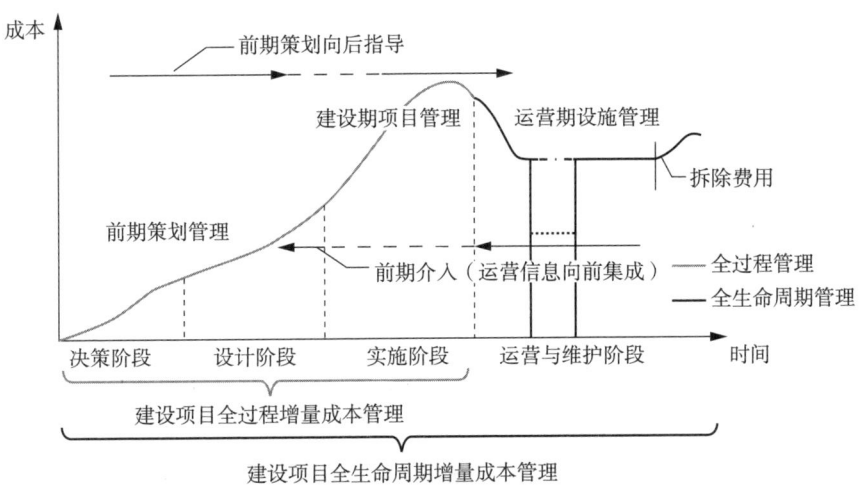

图4-12 建设管理全过程

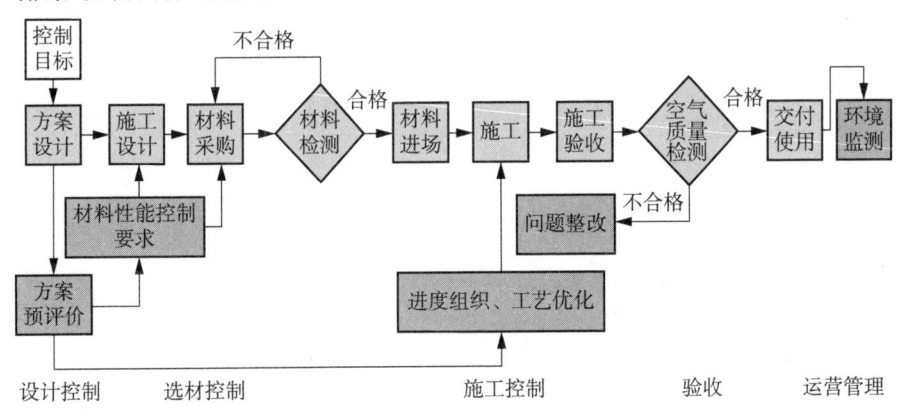

图4-13 装修全过程控制策略

（2）提升楼宇节能效果。

通过建筑绿色低碳设计理念，充分利用自然通风、天然采光等措施，创造"不用能、少用能"的建筑空间，提升建筑能效，实现建筑节能、节水、节地、节材和环境保护的目标。图4-14为项目技术应用原则。

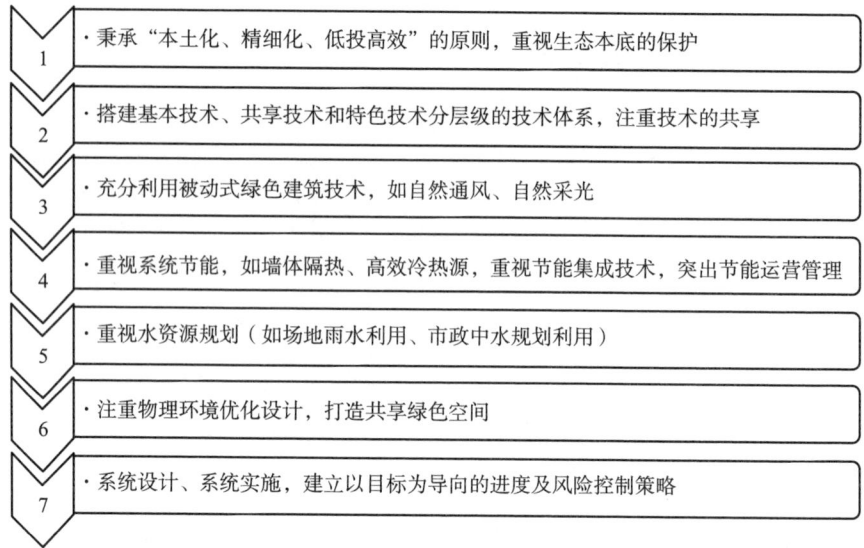

图 4-14　项目技术应用原则

（3）大数据为楼宇提供云服务。

为确保建筑物的高效运营管理，应建立完善的智能化系统。智能化建筑应包含设备管理系统、信息网络系统、能源管理系统、用水量远传计量系统、水质在线监测系统以及空气质量监测系统，实现对建筑的水、电、气、热的分类分项计量以及水质和空气质量的监测和动态发布。图 4-15 为大数据应用示意图。

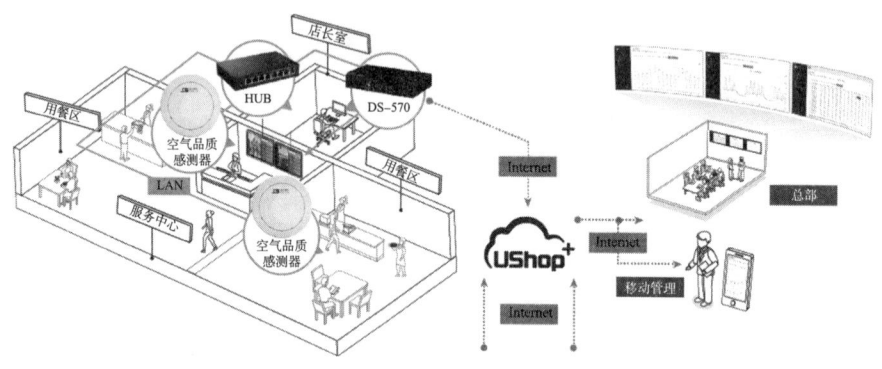

图 4-15　大数据应用示意图

(4)增强楼宇自动感知能力。

绿色建筑聚焦"安全耐久、健康舒适、生活便利、资源节约和环境宜居"的需求侧视角,充分体现了"人民至上"的思想,为使用者营造安全、健康、便利、舒适的办公及生活环境,最终实现碳中和示范目标。

对环境的感知:对环境的亮度、温度、湿度、一氧化碳浓度、二氧化碳浓度、污染物浓度、风速、风向、小型气象站等的信号采集可联动楼宇照明、空调及门窗等设备实现自动化控制,改善舒适度并减少用能。

对社会治安信息的感知:通过对各种智能读卡器、音视频监控探头进行监测及自动分析,可及时发现非正常的人员聚集、非法活动迹象,提高应急处理能力,协助侦破治安案件。

对质量安全的感知:对建筑进行监测,可及早发现非正常建筑沉降情况,实现主动管理、智能监管。

对市政的感知:对各种井盖、管廊内各种参数、垃圾桶管理、各种路灯、各类水电表、市政绿化(立体绿化)的土壤湿度等状态进行感知,实现各种异常情况的及时报警和联动,以及市政自动化和决策AI化。

(5)物联网使楼宇高度集成。

设置合理、完善的建筑信息网络系统,顺利支持通信和计算机网络的应用、运行安全可靠。实现照明控制、设施控制、安全防盗报警、环境监测、建筑设备控制等服务功能,并具备接入智慧城市功能。

2. 经典案例——英国伦敦的西门子"水晶大厦"

英国伦敦的西门子"水晶大厦"是一座会议中心,也是一座展览馆(见图4-16)。它将城市与基础设施领域的智慧融入其中,成为全球首个集技术研发、工程设计、产品示范、技术推广、检验检测、人才培训和行业孵化等功能于一体的先进科技建筑科普基地,同时成为向公众展示未来城市"以建筑科技创新为引领"及基础设施先进理念的一个窗口。

(1)展示内容。

项目集成一些与"绿色建筑+"相关的新产品、新工艺、新技术,包括但不限于"结构加固、抗震隔震技术、室内声、光、热环境品质提升技术，真空隔热保温材料，光伏发电+光储直柔技术，可调节遮阳技术，高效机房，智慧运维"等。

图4-16　英国伦敦的西门子"水晶大厦"外立面

（2）设计理念。

据统计，每天人们大约会有高达90%的时间是在室内度过的，比如待在家里、工作场所、学校乃至一些室内公共空间里，一个人的身体健康在很大程度上取决于生存的环境。因此，人的感知是实现高品质绿色建筑的关键。应着重从听觉、视觉、体感、嗅觉、触觉等方面紧扣人的感知，从使用者的角度看设计、看施工、看运营。建筑是一个有机的整体，应该关注建筑的安全性、适用性、舒适性、健康性、环境性以及经济性，英国伦敦的西门子"水晶大厦"突出了建筑的整体效能。

3. 经典案例——河北雄安新区

《河北雄安新区规划纲要》中共37次提到绿色发展，并要求坚持把绿色、低碳、健康作为高质量发展的普遍形态。《河北雄安新区规划纲要》要求全面推动绿色建筑设计、施工和运行，开展节能住宅建设和改造。新建政府投资及大型公共建筑全面执行三星级绿色建筑标准。图4-17为五感六性技术体系，图4-18为河北雄安新区绿色发展要求。

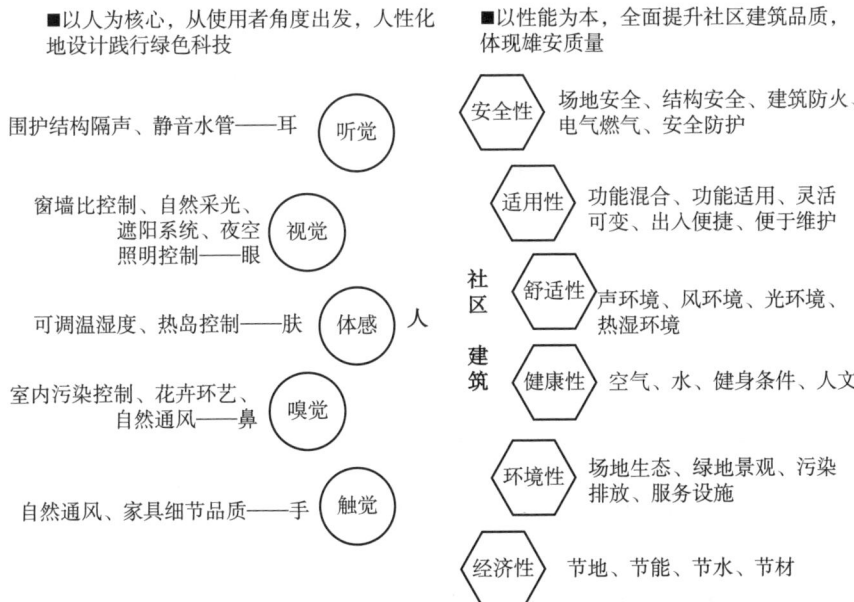

图 4-17 五感六性技术体系

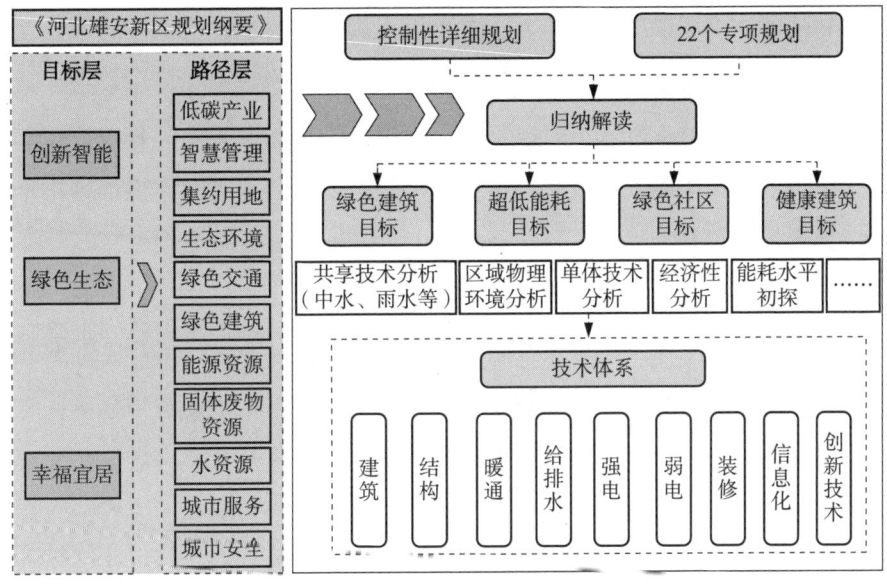

图 4-18 河北雄安新区绿色发展要求

(1) 地质地貌。

雄安商务服务中心位于太行山东麓、冀中平原中部、南拒马河下游南岸，在大清河水系冲积扇上，属太行山麓平原向冲积平原的过渡带。全境西北较高，东南略低，海拔标高 7~19 米。雄安地势整体较为平坦，呈现北高南低、西高东低的特征。其中北部海拔最高约 12.50 米，中部海拔在 9.50~10.50 米，南部海拔在 7.25~8.50 米，75% 的场地标高在 9.28 米以上。

(2) 水文条件与水资源。

场地所在的白洋淀区域属海河流域大清河水系，容城县三面环河，一面靠淀。北部有南拒马河，东部有大清河，白沟引河从东部南北穿过，南部靠白洋淀，西部有萍河。

本地区流域蒸发量远大于降雨量，为 1670（涿州）~2258 毫米（阜平），从西向东逐渐降低。一年中夏季最大，约占年值的 46%，春季占 23%，秋季占 24%，冬季占 7%。项目在雨水资源收集与利用、水体景观的设计等方面充分考虑以上因素。

场地周边土壤以棕壤、褐土、潮土等土壤类型为主，质地多为壤土至壤黏土。棕壤的透水性较差，尤其是经长期耕作后形成较紧的犁底层，透水性较差，在坡地上降水由于来不及全部渗入土壤而产生地表径流，引起水土流失。这对于雨水渗流和径流控制是较为不利的，需要在海绵城市设计、地表径流控制、微地形景观设计等中予以考虑。

(3) 太阳能资源。

容东片区位于保定市东北方向，保定市太阳能年平均总辐射量为 5450 兆焦/平方米，平均日照时数 3000 小时，根据保定市太阳能资源推测，容东片区太阳能资源总量属于资源丰富区，雄安新区各月日照时数大于 6 小时的天数最大值与最小值的比值为 3.67，太阳能资源较稳定，具有较高利用价值，适宜开发利用太阳能资源。

项目后期可结合城市风貌和建筑设计，开展屋顶太阳能光伏发电及光伏停车棚等技术的应用。

(4) 地热资源。

①中深层地热。

2018年,河北绿源地热能开发有限公司和中国地质调查局在容东片区部署5口地热探采井,其中1#探采井深度为1803米,取水温度为64℃左右,出水量为121立方米/时;3#探采井深度为2000米,出水水温为57℃,预计取水温度为60℃,出水量为120立方米/时。按回灌温度25℃计算,1#探采井供热能力为4.8兆瓦,3#探采井供热能力为4.7兆瓦。容东片区公共建筑和居住建筑热负荷取32瓦/平方米,结合1#和3#探采井的勘探数据推测,容东片区中深层地热可供暖建筑面积保守范围为300万~400万平方米,预计可以满足容东片区40%左右的供热负荷,亦可满足本项目冬季采暖及酒店等生活热水要求。

②浅层地热资源。

根据容东片区综合能源专项规划,容东片区属于浅层地热能水源热泵系统适宜性好区域,区内含水层岩性以中砂、细砂为主,富水性较好;大部分地区属于浅层地热能地埋管热泵系统适宜性中区域。片区内浅层地热资源利用条件较好,地下水源热泵工程的利用深度在70~150米,地埋管工程的利用深度为80~100米。

南侧的雄安新区市民服务中心利用"浅层地能+再生水源+冷热双蓄技术"一体化互补技术,实现冬季供暖、夏季制冷和生活热水供应,园区共计钻120米深、直径15厘米的浅埋井1510口。现场调研了解到,该系统相比传统供能更加清洁、高效,每年可节约标准煤约600吨,减少二氧化碳排放约1560吨。

热平衡情况:如果冬、夏两季对土壤的取热和排热不均,将影响热泵系统夏季或冬季的运行效率。初步测算各类建筑全年取排热量,发现本项目各类建筑的负荷平衡性较好,适宜开发利用土壤源热泵。表4-1为各类建筑全年取、排热量平衡性分析。

表 4-1 各类建筑全年取、排热量平衡性分析

建筑类型	单位建筑面积累计排热量 [kW·h/(m²·a)]	单位建筑面积累计取热量 [kW·h/(m²·a)]	取、排热量不平衡率 (%)
商业办公	33.1	43.4	24
商场建筑	46.5	33.8	27
学校建筑（幼儿园）	78.6	56.1	29
公寓建筑	26.5	31.5	16

本项目地下空间为一体化开发与利用。土壤源热泵系统由于换热埋管需要，会占用大量的地下空间，其应用可能受到一定的限制。因此，在项目实施过程中，可根据场地情况和建筑的实际需求，局部应用浅层土壤源热泵系统。

（5）生态适宜性分析结论。

项目地址平坦，利用后期施工建造。应综合考虑和利用场地北高南低的地形特点，统筹规划园区低影响开发系统和海绵城市等设计，提高场地雨水年径流总量控制率，有效提升排水防涝能力。

场地所在区域年降雨量平均为570.2毫米，且多集中在7—9月。项目场地周边土壤以壤土至壤黏土为主，透水性较差，易引起水土流失。项目综合考虑场地地势、降雨多发季节及土壤质地等因素，设计海绵城市等充分考虑通过生态补偿提高场地的生态涵养价值。

容东片区太阳能资源总量属于资源丰富区，项目结合城市风貌和建筑设计，开展屋顶光伏发电及光伏停车棚等技术的应用。项目场地中深层地热资源丰富，具备利用中深层地热为项目集中供暖、利用市政天然气进行调峰的可行性。根据场地情况和建筑的实际需求，局部应用浅层土壤源热泵系统。在通风廊道和主要道路上少量设置风光互补路灯。

第五章 高水平建设智慧城市信息平台及技术应用篇

5 chapter

政府数据是指"各级人民政府及其职能部门以及依法行使行政职权的组织在其管理或提供公共服务过程中制作、获得或拥有的数据"。数据质量为"数据的一组固有属性满足数据消费者要求的程度,可通过数据的完整性、及时性、有效性等一系列特征属性的集合来描述"。反馈是"将系统的输出返回到输入端并以某种方式改变输入进而影响系统功能的过程,即将输出量通过恰当的检测装置返回到输入端并与输入量进行比较的过程"。从法理上看,我国法律法规虽未直接界定政府数据,但政府数据作为政府信息的表现形式和载体,应与2019年修订颁布的《中华人民共和国政府信息公开条例》中的政府信息定义"行政机关在履行行政管理职能过程中制作或者获取的,以一定形式记录、保存的信息"相适应。根据上述相关概念,可将政府数据质量反馈定义为"将政府或行政组织在履行行政职能过程中制作或获取的数据所具备的特征属性,通过适当的方式、渠道返回至政府或行政组织,以优化数据生成和数据管理系统整体功能的过程"。

一、智慧城市信息平台的核心理念

（一）核心支撑：城市信息模型

城市信息模型（City Information Modeling，CIM）是"以数字技术为治理引擎（以下简称数字引擎）的数字孪生城市之数字孪生体"，其中数字技术包括建筑信息模型（Building Information Modeling，BIM）、物联网、云计算、地理信息系统（Geographic Information System，GIS）、区块链等先进技术。

近年来，我国一些省市以大力推进CIM平台建设为抓手，促进城市智慧化建设。2018年11月，住房城乡建设部启动CIM平台建设的试点工作，将雄安、北京城市副中心、广州、南京、厦门等列入"运用建筑信息模型进行工程项目审查审批和城市信息模型平台建设"试点，对CIM的建设发展起到了重要的推动作用。

2020年9月，住房城乡建设部印发《城市信息模型（CIM）基础平台技术导则》，对CIM平台、CIM基础平台等概念进行了定义，对CIM基础平台的框架体系和应用方向进行了描述，并为CIM基础平台建设提供了具体操作方法。

1. 基于CIM新型智慧城市管理平台基本特点与需求分析

CIM基础平台与其他系统的关系如图5-1所示。

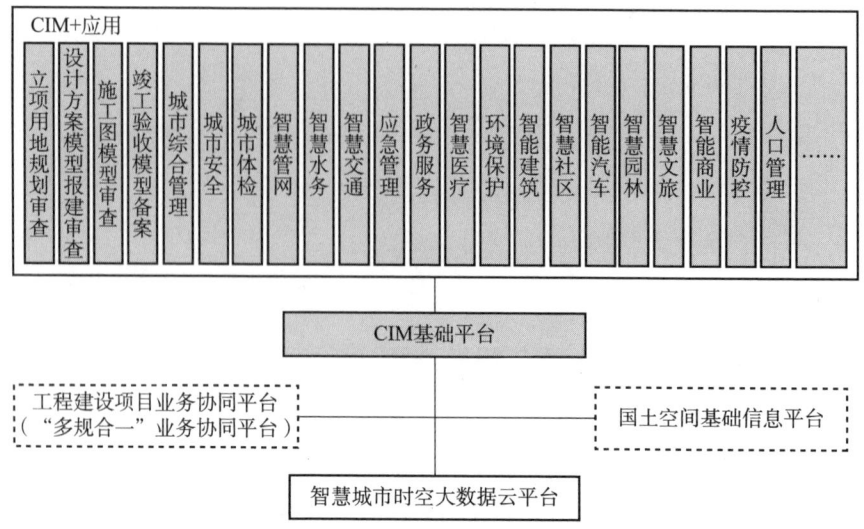

图 5-1 CIM 基础平台与其他系统的关系

基于 CIM 的新型智慧城市管理平台作为服务于政府的大型三维可视化管理平台，在考虑其可扩展性设计时，所需要考虑的属于此类型平台的专有特点以及相应需求如下。

（1）业务链条复杂、繁多且长。

平台在顶层设计之初需要将业务链条梳理清晰，支持各有关部门单位进行在线协商、意见跟踪、信息共享与矛盾协调，对未来的业务扩展需求进行前瞻性考虑，并在平台软件设计上对此纳入考虑、预留接口，同时考虑到并发需求的承载力。

（2）所管理的物理空间跨度和广度大。

所需存储的数据种类繁多、总量巨大，并有多种具有实时更新需求的数据种类，如物联网（IoT）监测数据等。因此，平台需要对海量多维数据进行有效的存储与归类分析，面对高并发的、海量并发的 I/O 需求呈现出稳定的数据承载及调度能力；同时，要选取优秀的大片区三维渲染引擎，展现流畅清晰的虚拟空间显示界面，提高平台的服务质量。

（3）所对接的口径多。

尤其是法律法规标准、管理指标口径多；现有各部门数据孤岛、信息烟囱林立。因此，相关业务数据交付标准的制定、数据清洗工具的开发和完善、与现有平台系统的对接和取舍迫在眉睫，需要各单位多方协调工作，为平台的数据库设计和业务流程标准化作出铺垫性工作。

2. 基于可扩展性需求的平台开发方式选择

传统的城市信息管理模式与使用 CIM 进行城市信息管理的模式，在管理方法上是存在较大差别的，CIM 平台的建设使城市不同管理方可以在同一个 CIM 平台下实现信息的协作，减少了不同城市管理部门之间的信息沟通成本。完善 CIM 技术的应用标准将促进信息化技术和城市管理业务的融合，发挥数字化资产的应用价值。关于 CIM 的应用标准建设可以从以下两个方面进行。

（1）建设 CIM 业务应用标准。

CIM 平台是智慧城市建设的一条重要路径，基于 CIM 平台可以开展多项智慧城市管理应用，比如城市规划方案对比模拟分析、灾害监控、智慧出行、智慧工地；如何高效率地实现不同业务之下信息流和价值流的传递，以及确定不同业务场景下的模型数据匹配。

（2）建设使用 CIM 进行城市信息管理的指南。

目前关于 CIM 进行信息管理的方法还没有标准性的指南。ISO 19650 建筑信息模型系列标准为信息模型数据质量的有效性保证、产业协作链条的搭建提供了方法论。NBS 2020 年第十次 BIM 年度调查结果显示，客户需求不明确是目前使用 BIM 的最大障碍，而 ISO 19650 系列标准内容正是"数据的产生和获取要有目的性"这一原则的体现，对于帮助和引导业主明确自己的信息需求发挥着重要作用。

ISO 19650 系列标准对信息模型质量的保证和信息的安全管理也具有积极意义。考虑到 CIM 和 BIM 的信息管理模式具有相似性，在今后的 CIM 标准建设中可以结合我国数字化转型中的特点，酌情参考已有的 ISO 19650 系列 BIM 国际信息管理指南进行 CIM 信息管理指南的建设，可以从信息交付阶段的管理、信息在运营阶段的管理以及 CIM 在信息管理中的安全防范方法三个方面入手。

3. 基于体制机制更新和转变政府管理服务理念

智慧政务的目标就是通过数字技术的应用,改进政府组织内部流程和结构,优化工作实践的同时提供更加便民、利民的服务。创新、完善政务服务机制是要对整个部门自上到下各级政府进行改革,即从根本上重新思考以技术为支撑的政府、组织或部门在数字化普及的过程中如何调整适应,配合新技术的应用、新业务的开拓。建立一个统一、多中心的数字信息管理机制,降低各级、各部门沟通协调成本,提高工作效率。建立智慧政务系统业绩考核制度,并定期进行业绩评估,形成良性激励机制,激发各级政府部门的积极性,不断完善自身建设。更新和转变当前政府管理服务理念,以人民为中心、以用户需求为中心,根据用户需求和期望创新政务服务模式、转变服务理念,设计开发新的产品、提供高质量的服务,更注重公众所需、所想。平台对用户数字服务的满意度有及时的反馈,能够了解公众意见与建议,增强政民互动。

强化政府数字治理能力和信息安全保障力度,强化数据资源统筹规划、分类管理、整合共享,实现公共数据资源一体化管理,为各级政府及其部门开展大数据分析应用提供数据支撑,充分发挥数据的作用,预测政策需求并对未来作出规划,从而更好地应对危机、解决问题。健全国家安全保障体系,制定完善信息安全法律制度,不断完善成熟数字政府建设,提供更安全规范的政务服务,保障用户信息安全。

注重引进培养数字人才。当前拼5G,拼数字化国家建设,实际上拼的是人,是人才。数字人才是智慧城市数字政府建设的基本保障。数字人才的培养是一个系统性的过程,首先,我们要注重高校中相关专业学科的发展并积极提供支持,为未来向社会输送人才资源打下基础。其次,要充分发挥体制内现有人才作用,做到在其位、尽其用。定期组织专业性的学习培训活动,特别是对领导干部进行学习培训,不断充实更新队伍素质。最后,要吸引优秀人才加入,为未来政府的发展建设助力。当然,已经在系统内的人员,需要不断充实自己的知识并提高能力,单位部门可定期对其进行考核奖惩,以激发工作积极性。

第五章 高水平建设智慧城市信息平台及技术应用篇

开展 CIM 基础平台建设，旨在连接城市信息相关要素，促进城市规划建设管理模式变革，构建包含智能交互、智能连接、智能中枢、智能应用的智能系统，提高城市建设管理数字化、精细化、网络化、智能化水平，为"新城建"提供坚实底座和保障。CIM 是在 BIM 基础上，向城市级进化而来的数字平台与技术，与国际上的数字孪生城市（Digital Twin Cities）概念类似。CIM 是城市空间的建筑与设施、资源与环境等实体的数字表达，整合城市地上地下、室内室外、历史现状和未来等多维多尺度信息模型数据和城市感知数据，构建起三维数字空间的城市信息有机综合体。CIM 是新兴技术，已经成为智慧城市领域的应用热点与研究前沿。CIM 基础平台是城市信息模型集成、管理、应用和共享服务的支撑平台，是智慧城市的数字底座。近两年，城市层面正在探索基于城市时空大数据云平台：一是构建支撑"一网统管"的数字底座。充分借助原有网格化管理系统，创新运用 BIM/CIM 技术，整合覆盖地上地下的市政基础设施数据、国土空间地理数据、BIM 数据、社会资源数据、物联感知数据等，统筹构建城市运行管理"一网统管"的数字底座。二是建设智能感知的市政基础设施。面向城市市政基础设施高质量发展需要，融合 5G、大数据、人工智能等前沿技术，加快推进市政基础设施智能化改造建设，整合提升市政基础设施智能化应用；推动城市地下管网、综合管廊、供水排水、燃气热力、道路桥梁、园林绿化等业务领域智能化改造，建立全面感知、可靠传输、智能处理、精准决策的城市市政基础设施智能化监管体系。三是统筹建设城市运行管理服务平台。统筹城市综合管理服务系统的建设基础，汇聚城市基础设施安全运行建设系统信息，向上衔接部、省，向下连接区、街、镇，构建五级"横向到边、纵向到底"的城市运行管理平台；打造基于"一网统管"、适应高质量发展要求的城市运行管理工作体系，增强城市管理统筹协调能力；提高城市精细化管理服务水平，让城市运行安全、高效、健康，城市管理干净、整洁、有序，让人民群众在城市生活得更安全、更舒心、更美好。

（二）核心应用：智慧空间治理

信息通信技术在智慧城市的应用，提高了城市公共服务和政府治理的效率，有利于实现社会资源的合理配置，催生对各行各业劳动力的需求。一方面，需要面向未来智慧城市愿景，构建共建共治共享的多主体协商的平台化城市数据治理机制，深入理解城市中个体行为决策动机，把握群体行为模式，优化行为组织管理，满足公众安全、健康、日常生活等个性化需求，研究面向智慧/数字社会的服务需求，以及现有城市管理的业务体系，还有二者的耦合关系，进而梳理平台化城市背景下的点、线、面、体、流、场数据表达，研发相应的数据编码体系和数据结构、数据组织和管理、数据分析和模拟以及平台构建等关键技术；另一方面，还要通过构建满足各类业务和应用需求的数据库、知识库、模型库，开展时—空—人耦合的规划与地理信息决策支持等相关实践领域的应用，支撑跨领域、多模态的空间规划建设与城市智慧治理，特别是在空间优化、设施配置、城市设计、城市更新、日常管理、安全应急、公众参与以及满足公众个性化服务需求等方面，承担数字基础底座和决策支持功能。

规划与建设新型智慧城市的根本目标是应用，就是基于虚拟城市所拥有的多维CIM，借助业务模型、计算模型、情景分析、仿真分析等技术手段，诊断与识别城市发展运营面临的问题，并分析与优化解决问题的多种途径，为城市的健康发展提供科学合理的决策支持。事实上，随着我国快速城镇化的发展，"城市病"相伴而来，城市面临大气污染、地面形变、洪涝灾害、交通拥堵、疫情等诸多问题。为此，我国提出面向新时代的数字中国、智慧社会、新型城镇化发展战略。显然，新型智慧城市发展是新型城镇化发展的重要途径，也是城市治理水平与治理能力现代化发展的必由之路。

对"城市空间"的科学合理配置以及管控运营，概而括之便是围绕构成城市的"天、地、人、房、物、事"及其耦合作用的智慧空间治理。显然，这样的智慧空间治理，需要一个富有智慧的"城市大脑"来进行统筹决策。近年来，不少城市探索构建智慧城市大脑，依托多维城市信息模型，结合城市空间治理的业务流程、分析模型与决策模式，为智慧城市的多种智慧应用提供协同分析、情景模拟、联动决策，取得了显著进展。

目前，在国家层面应以国家政务大数据平台为基础，统筹汇聚国家机关、公共事务单位以及公共服务运营等单位收集和产生的具有公共属性的数据资源，推动公共数据资源"按需归集、应归尽归"，通过逻辑接入与物理汇聚两种方式归集全国公共数据资源进行统筹管理，形成全国"多源统一"的公共数据资源体系，并推动电子政务、公共卫生、科学技术、教育文化、工业制造、能源交通等重要领域的国家数据资源库建设。

打通各部门政务数据，解决条块分割的数据孤岛和数据烟囱，是存量政务数据的主要挑战。数据分割源自部门割裂，表面的互联互通和共享交换是权宜之计。只有通过高维应用，促进跨部门数据协作，提高城市综合解决复杂问题的能力，才能给数据打通流转以真正动力。

在新技术驱动下，城市部门分工将进一步整合。近年来，跨行业、跨部门的综合性协同机构已出现。众多城市组建融合规划、城管、环卫、环保、市政市容等传统部门业务的大城管部门，各种城市生命线的应急能力被整合成专门的应急管理部门，大数据局等数据主管部门自上而下统筹智慧城市建设的设施和数据。管理职能整合有赖于信息技术、通信技术的支撑。

我国数据要素市场发展尚处于培育期，数据要素对经济发展的贡献存在不充分、不平衡等问题，数据资源的供给明显不足，亟须构建和完善全国一体化公共数据基础设施与数据资源体系，这对于促进公共数据资源开发利用和有效供给、加快数据要素有效流动具有重要意义。

2020年，我国各部门各地区重点持续推进政务数据共享工作，共享开放平台进一步完善，应用成效显现。

1. 数据查询/核验情况

随着数据共享工作的深入推进，数据查询/核验凭借其在数据鲜活性、服务及时性方面的优势，已成为被广泛应用的数据共享方式。截至

2020年11月底，国家数据共享交换平台上线目录累计超过64万条，发布共享接口1200余个，平台开通以来累计提供查询/核验超过20亿次。2020年1—11月，最高单月提供查询/核验服务1.75亿次，累计提供服务超过10.8亿次，与2019年相比，月均查询/核验接口调用次数从5900万次提高到9800万次，数据共享成效显著（见图5-2）。

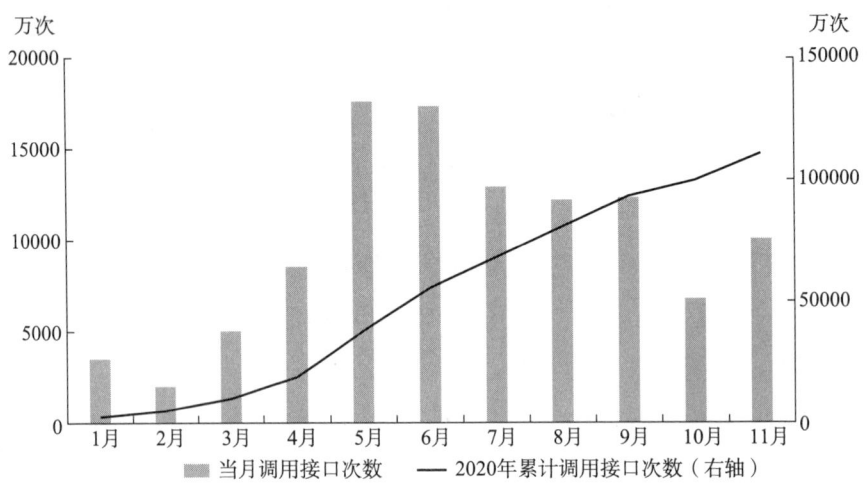

图5-2 国家数据共享交换平台2020年1—11月查询/核验接口调用情况

2. 高频共享需求情况

从全国范围来看，政务数据共享需求的集中度非常高。2020年1—11月，公安部、教育部、国家市场监督管理总局、国务院办公厅、民政部5个部门提供的数据查询/核验服务次数总计超过10.3亿次，在国家数据共享交换平台的所有查询/核验服务中占比超过95%。其中，公安部的自然人基础信息、教育部的高校学历学位信息、国家市场监督管理总局的企业基本信息、民政部的婚姻登记信息等，长期位于共享需求榜前列。国务院办公厅的防疫健康码信息从2020年5月开始被各地各部门大量调用，为疫情防控工作的开展提供了有力支撑。

3. 数据获取使用情况

各地对部委数据有大量的普遍性使用需求。2020年1—11月，浙江、云南、广东、江苏、辽宁、海南、上海、山东、北京、陕西通过国家数据共享交换平台进行的数据查询/核验次数,在 31 个省级地方中位列前十。数据获取需求普遍集中在防疫健康码、高校学历学位、婚姻登记、死亡医学证明、企业基本信息等数据方面。同时,各地之间调用数据情况的差异极大,浙江、云南、广东 3 个省的调用次数高于其他 28 个省(区、市)的总和,各地在共享数据利用方面的差距非常明显(见图 5-3)。

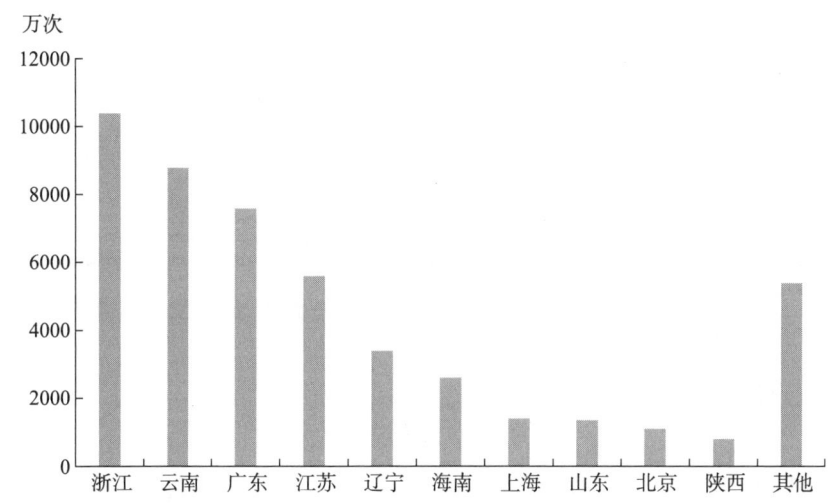

图 5-3 国家数据共享交换平台 2020 年 1—11 月各地调用查询/核验接口次数对比

从部委间的共享交互来看,少量业务已全面打通数据共享链条,持续开展大量数据共享服务。其中,最具代表性的是税务总局开展个税专项附加扣除业务时所进行的自然人基础信息查询/核验。2020 年 1—11 月的每个月份,该数据共享量均位于国家数据共享交换平台部门间数据共享量的首位,月平均调用次数超过 4200 万次。

同时,国家数据共享交换平台为国家政务服务平台、全国信用信息共享平台、全国投资项目在线审批监管平台、全国公共资源交易平台等提供批量数据交换服务,支撑了大量信息和数据的汇聚、应用。

4. 数据开放平台建设情况

从开放平台建设来看,截至 2020 年上半年,我国已有 130 个省级、副省级和地市级政府上线了数据开放平台,数量持续增长,政府数据开放平台日渐成为地方数字政府建设和公共数据治理的标配(见图5-4)。

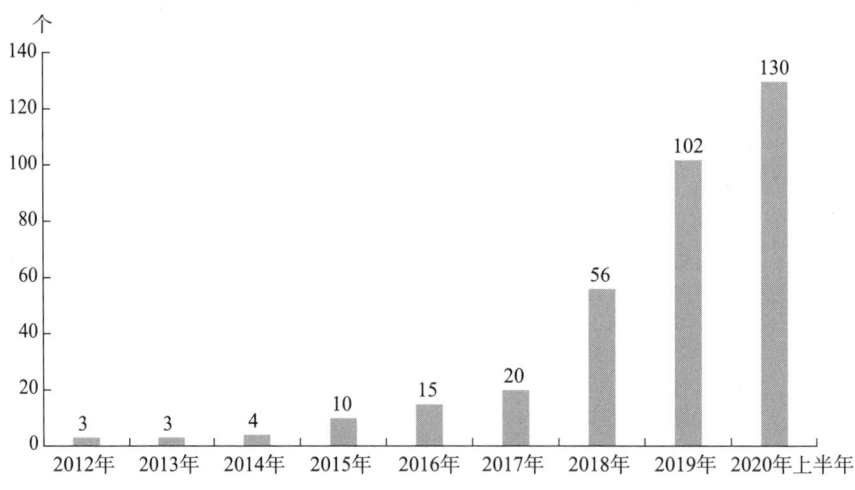

图5-4 我国地方政府数据开放平台数量变化情况

二、重点城市数据治理评价

目前,国内以智慧城市建设为依托显著提升治理效能的城市相对不多,一些城市还停留在数据化阶段进行局部的创新实践。城市运行和发展中产生了庞大的数据和信息,有效利用这些信息解决城市问题、提供公共服务,进而满足公众需求,是探寻城市治理智慧化实现路径的主要目的。

清华大学数据治理研究中心于2020年10月发布的《2020数字政府发展指数报告》,从组织机构、制度体系、治理能力、治理效果四个方面综合分析,最后得出结论:数字政府发展指数方面,深圳、杭州、广州位列前三,上海、北京分别位列第四、第五。

(一)完善多元共治治理模式

随着治理理念的转变及互联网产业动能的释放,我国多元主体共同参与的治理模式初具雏形,以人民为中心的治理理念持续深入。在此基础

第五章 高水平建设智慧城市信息平台及技术应用篇

上，当前阶段需要关注的是如何通过信息技术不断加强公众参与治理的力度和效度，即如何提高公众参与的积极性和有效性，汇聚更多的治理资源。为此，国内应继续以公众需求作为出发点和落脚点，通过完善多元共治治理模式，实现治理的"供需平衡"和良性循环，进而完成包括政府在内的治理主体从被动治理向主动治理的转变。

从数据治理指数情况来看，北京、深圳、广州、贵阳数据治理指数均在80以上；南京、杭州、重庆、上海、天津的数据治理指数均在70~80；其余重点城市数据治理指数均在70以下（见图5-5）。

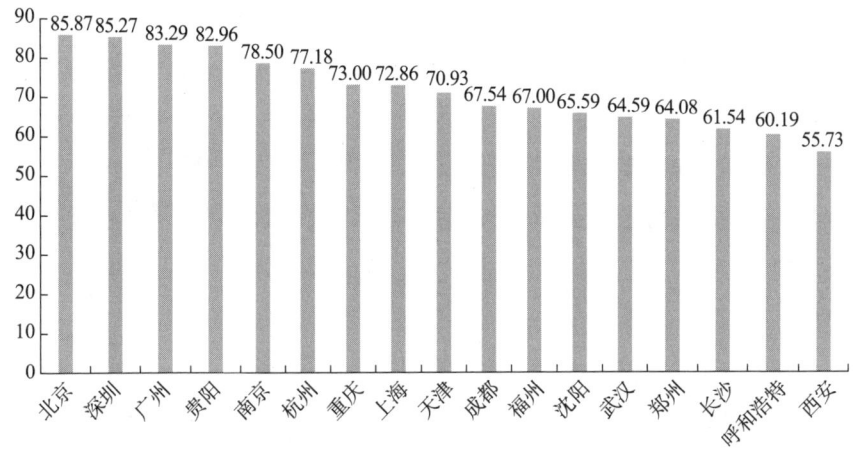

图 5-5　数据治理指数

资料来源：清华大学数据治理研究中心发布的《2020数字政府发展指数报告》。

首先，政府应继续拓宽面向公众的信息传播渠道，诸如开通微信公众号、微博、公共服务App等，在治理全过程中与公众保持密切的联系，通过网络信息平台积极征询公众的意见和想法，及时向社会各界公开治理过程的阶段性成果，注重公众反馈并予以积极回应，从而提高公众的治理参与度和城市归属感。其次，可在平台上开设专门的板块，积极宣扬智慧治理相关理念、智慧城市先进试点经验。也可在平台上发布城市发展中具体的疑难杂点，鼓励多方参与讨论，对提出有效建议的主体进行奖励。这样既可加深不同主体对智慧治理与城市发展的了解，有效协调政府、社会和市场中治理主体间的治理目标和理念,也可激发彼此间沟通的积极性,促进多元共治治理模式的发展。最后,将治理权力适度由高层向基层下沉,由政府向市场让渡,使多元主体共同完成复杂的城市治理任务。将治理成本较高、治理资源短缺的项目交由有能力、有资源的主体,有利于发挥政府监督有力和市场治理高效的优势。例如,北京市东城区建议各单位委托街道对相关问题进行直接处理,把钱、权、人下放到街道,通过赋权将权力下沉,实现了"民有所呼,我有所应"的要求。

(二)健全城市治理协调体制

当前,政府依然是国内城市治理的主体力量,政府一方面要充分发挥联结引导作用,与社会组织、企业等保持融洽的协商合作关系;另一方面还要对内部进行整合与协调,理顺治理体制与机制。相较于以信息应用倒逼城市管理体制改革而言,在广泛引入信息系统的同时进行规划调整是一种更为明智的选择。因此,治理智慧化需要进一步推动信息技术发展与管理体制变革的深入融合,实现治理从分散向整体的转变。通过对政府内部职能重复或相近的部门进行整合,形成精简高效的网络结构。这既可以减少行政成本,将政府分散的治理权力集中,又可以提高政府在与外部进行沟通协作时的整体性,更好地引导并参与城市智慧治理。此外,城市政府应成立数据管理机构或部门,设置目的主要在于打通信息壁垒。

数据治理情况分别从标准化建设、治理数据成果、数据管理和数字政府四个方面进行考量。

标准化建设方面,沈阳、南京、深圳、呼和浩特、广州、成都的标准化建设指数均在90以上,位于标准化建设的第一梯队;杭州、上海、重庆、北京、福州、贵阳的标准化建设指数均为80~90,位于标准化建设的第二梯队;郑州、武汉、天津、长沙的标准化建设指数均为60~80,位于标准化建设的第三梯队,西安的标准化建设远低于其他重点城市,指数仅为49.49(见图5-6)。

第五章 高水平建设智慧城市信息平台及技术应用篇

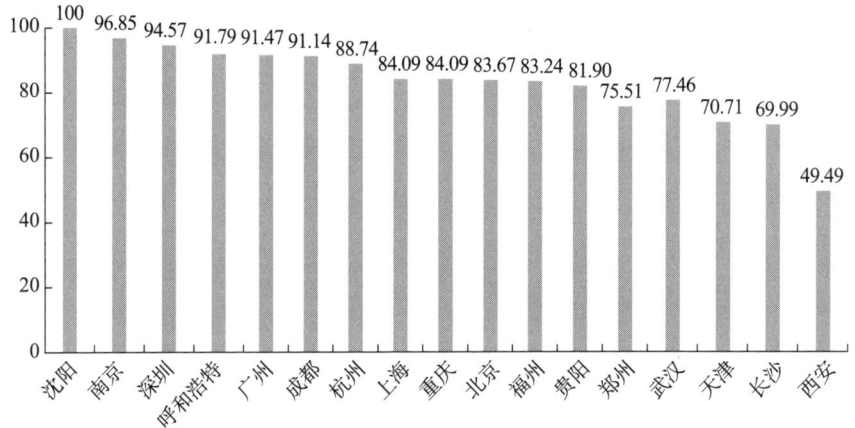

图 5-6 标准化建设指数

资料来源：清华大学数据治理研究中心发布的《2020数字政府发展指数报告》。

治理数据成果方面，北京、贵阳、广州和成都的治理数据成果指数均达到了85以上；上海、福州、西安、深圳、南京和武汉的治理数据成果指数为80~85；其余7个重点城市的指数均为70~80，差距不大（见图5-7）。

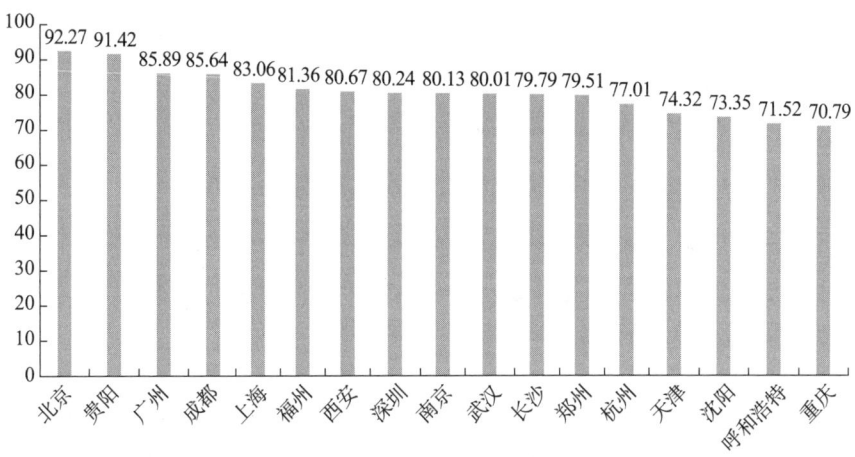

图 5-7 治理数据成果指数

资料来源：清华大学数据治理研究中心发布的《2020数字政府发展指数报告》。

数据管理方面，北京的数据管理指数位于第一，贵阳第二；广州、深

165

圳的数据管理指数均在 80 以上，重庆、天津、南京的数据管理指数为 60~80，杭州、福州、上海等 10 个重点城市的数据管理指数均在 60 以下（见图 5-8）。

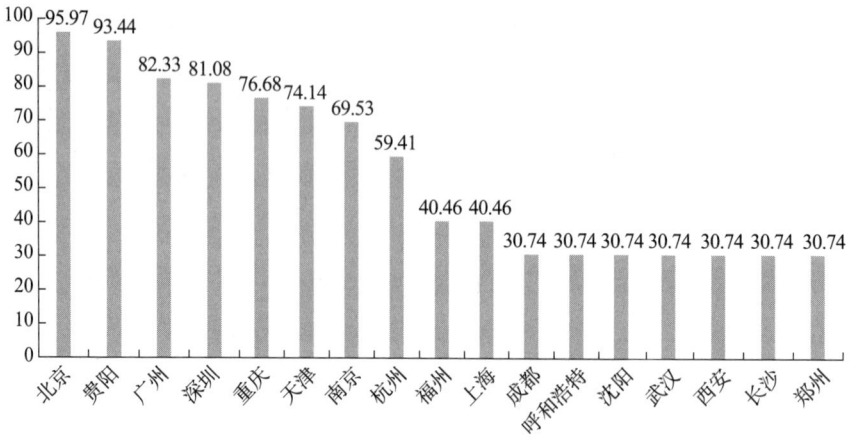

图 5-8　数据管理指数

资料来源：清华大学数据治理研究中心发布的《2020 数字政府发展指数报告》。

数字政府发展方面，深圳的数字政府发展指数为 82.2，居首位，杭州位列第二（见图 5-9）。

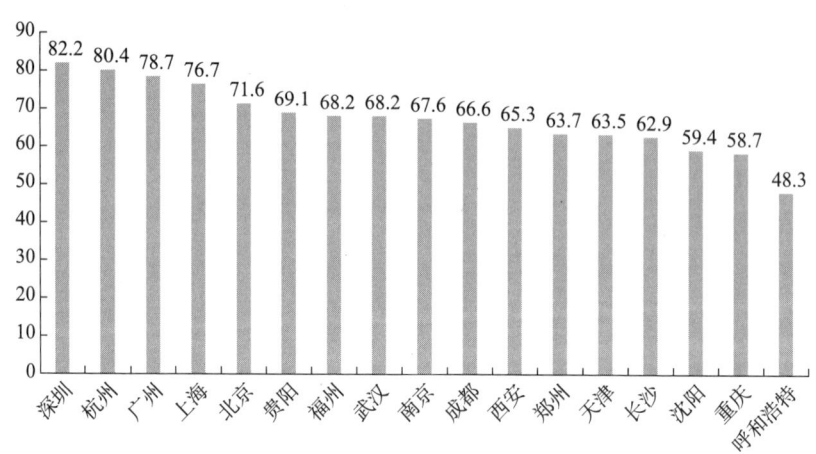

图 5-9　数字政府发展指数

资料来源：清华大学数据治理研究中心发布的《2020 数字政府发展指数报告》。

（三）搭建公共信息服务保障

信息服务智慧化需要先依托智慧城市建设将城市中的主体行为、环境变为数据化，再通过信息平台处理、分析并共享数据，进而为治理主体、城市居民提供信息服务。为此，一方面要加快构建公共信息服务平台，不断丰富平台的种类，扩大平台涉及的领域，从而提高公共服务的质量，实现城市治理从低效到高效的转变；另一方面应加大管理人才及科技人才的培养力度，进一步建设智慧人才队伍，为城市治理提供全面有力的支撑。

搭建公共信息服务平台，为信息数据来源及信息服务供给提供支撑。目前，我国有290个城市入选国家智慧城市试点，超700个智慧城市正在建设，其他城市可参考相关经验，结合当地最为急切的治理需求，将高新技术及先进设施融入城市规划中。同时，加强平台上信息数据的流动性、共享性，以及数据使用的便捷性和安全性。同一份数据在不同城市问题中作用可能不同，只有为更多主体所使用，才能最大限度地发挥信息的价值。为此，可采取逐步统一同类数据的处理标准、对重复建设的信息平台进行整合、设立综合的数据库登录端或账号等措施。在信息数据使用上，政府要起到引导和监管作用，既要对智慧技术持开放的态度，又要防范技术可能带来的风险，加强对信息使用、传递和保管的规范。最后，利用"互联网+政务服务"加强数字政府建设，为公众提供更为便捷的信息服务。对于企业和群众经常办理的事项，尽量实现网络办理或掌上办理；对于办理过程复杂的事项，通过部门整合与协调，实现一站式办理；对于一些基本的服务，通过区域一体化的协同发展，实现跨地区服务共享。

建设智慧治理人才队伍方面，加大对公共部门等组织内原有政务人员的专业素质培养。不断完善科技人才培育和激励机制，提高科研成果的转化率。定期组织人员进行专业培训或学习，使其熟练掌握信息系统的使用，进行数据收集和简单分析，并为社会公众提供智慧服务。而对于管理决策者而言，则需要学习更广泛的知识，以做好跨部门、跨组织协同治理的准备。政府可通过互联网平台收集社会多元主体的建议或创意，据此汇总出治理的技术需求，传递给科研院所或高等院校，并搭建政企平台，加强智慧技术与城市治理的供需对接。

（四）城市风险治理智能化的国际比较

国外许多城市通过有效治理和长期经验积累，已经取得许多成功经验，值得借鉴。比如，纽约、东京、新加坡等作为典型的全球特大型城市，人流、物流、资本流、技术流和信息流高度集聚，城市风险治理具有高度的不确定性和复杂性。这些发达的国际特大型城市，由于注重运用现代技术手段，建立完善的管理制度，实现了城市风险的智能化治理，特别是重视新兴信息技术应用和智能化治理的能力建设，在数据公开、智能化应用、体制机制等方面积累了丰富经验，代表着未来城市风险治理智能化的发展趋势，值得中国特大型城市学习借鉴和决策参考。

1. 加强智能规划引领，构建决策征询机制

纽约加强顶层设计，制订城市风险治理智能化规划、实施方案和技术路线图，通过物联网技术应用，构建决策征询机制，形成覆盖全域的"神经元系统"，利用市政府官网、311在线等平台，开展风险隐患、公众诉求等决策征询。伦敦制订"智慧伦敦计划"，提出以人为核心，使新技术成为服务和改善生活的力量，开发"对话伦敦"网上社区进行决策征询与风险治理。新加坡强调"规划引领"，制订"国家电脑化计划""国家IT计划""智慧国"等规划，畅通决策征询渠道，提高风险治理的智能化水平。

2. 打造数据开放平台，打破部门信息壁垒

纽约打造数据开放平台，加强新技术应用，打破部门壁垒，以数据创新应用竞赛、合作建立试点项目等方式开放数据，鼓励企业加强城市风险治理的数据挖掘与技术开发。迪比克作为美国首个智慧城市，利用物联网技术将城市水电气、交通、公共服务等所有资源数字化，通过风险监测、数据分析和资源整合，智能化地响应市民需求，防控城市风险。伦敦除不宜公开的敏感信息外，将风险源、风险发生概率、风险地域分布、风险等级矩阵图等必要信息及时向社会开放，提高社会各界的风险防范意识和应

急能力。东京加强风险治理的智能化研发和应用，打造信息共享平台，促进智能化监测、决策、评估和防控。新加坡加强新一代信息技术创新，构建市民共享的风险治理数据开放平台。

3. 鼓励多元主体参与，构建协同治理机制

构建跨空间尺度的城市协同治理机制是世界各国的通行做法。美国通过建立"联邦环保署+区域办公室"的模式来建立包括城市生态、环境治理等在内的协同机制。纽约重视城市数据的开放共享，注重与高校、科研院所、企业在城市风险治理领域的合作，搭建多元主体参与机制，以智能化为牵引增加公众参与机会。欧盟建立了城市风险防控与治理的"监测—模型—评估—对策"的协同机制，明确目标、制衡权力、协调利益，促进城市生态、交通等问题的协同治理。伦敦为提高智能技术的公众参与度，建立"科技城市协会"专门组织公众讨论新技术对城市风险治理的影响。东京成立日本智慧社区联盟，政府负责制订总体规划，企业具体推进，公众协同参与。东京建立城市环境协同治理机制，制订新东京环境计划和绿地规划，鼓励企业、社会组织、公众积极参与。新加坡以市民感受为中心，提升市民风险治理参与度，增强风险治理智能化的协调性、整体性与互动性。

4. 构建智能应急机制，强化治理能力建设

纽约以智慧社区为载体，构建智能决策与应急机制，提升城市风险治理应急能力。东京构建智能化风险应急机制，提高城市风险智能化感知和应急管理能力，建设应对灾害的弹性智慧社区，运用物联网技术对市内所设"场所"及"物品"编制固有识别码，结合泛在的 ID 识别技术，对城市建设、运营、管理的相关数据进行智能化监测评估、可视化应急管理。新加坡以 So Easy 项目为例，利用实时通信、视频会议等现代技术，加强各机构之间的集成式语音、视像和数据通信的无缝协作，构建智能化治理体系，提升应急管理能力。

5. 建立绩效评估体系，完善法律制度保障

新加坡建立城市风险治理智能化的绩效评估指标体系，引入第三方评

估,监督并评估风险治理绩效,完善风险治理智能化的法制体系。如针对人工智能应用,成立顾问委员会,评估人工智能伦理和法律应用。伦敦则强调城市风险信息的公开透明,建立多元主体参与绩效评估体系,实时更新和及时发布风险评估结果。伦敦地区、地方和区县根据风险态势变化、最新一次复原力论坛会商结果,以及新版《地方风险评估指南》的要求,对本地的风险进行动态更新。2012年2月纽约通过了《开放数据法案》,将政府数据开放纳入立法,发布了世界上首套智慧城市指导方针,推动智慧城市技术标准化、规范化和科学化,提高城市风险治理的法治化水平。

三、高水平建设智慧城市信息平台的技术应用

(一)智慧安防

1. 概念解释

随着居民安防意识的提升,安防产品逐渐从传统的公共安全领域向民用安防渗透,民用安防已成为安防市场的重要构成,根据《中国安防》2021年报道,民用安防占安防市场的比例不足10%,市场增速在20%左右,增速超过安防行业整体增速。此外,随着摄像头、指纹识别、面容识别等智能硬件及AI、大数据、云服务等软件技术的不断成熟及普及,智慧安防的产品生态日渐丰富,渗透率持续提升。

智慧安防主要包括智慧摄像头、智慧门锁等品类,2021年全球智慧安防市场规模达161亿美元,复合年均增长率达26.7%,其中美国为全球最大消费市场,占比达31%,中国市场占比为20.1%。传统智能安防与智慧安防的差异如下。

(1)事后记录 VS 事前预警、事发告警、事后追踪。

传统智能安防的信息数据多数用于事后证据,而智慧安防则集预警、告警和追踪于一体,比如可根据人员轨迹或行车轨迹来动态诊断分析该类人员是否属于特殊人群。

（2）单一感知 VS 多维感知。

传统安防主要通过传统视频摄像头、刷卡密码等感知周边环境，更多只能针对特定区域进行小范围检查。而智慧园区则通过各种生物特征识别技术，如人脸识别、虹膜识别、掌静脉识别、烟感探测器、温湿度传感器等，广泛用于园区的停车、人员流动、门禁、视频监控、楼宇对讲等场景，对园区进行360°无死角监控覆盖。

（3）单独控制 VS 联动管理。

传统安防各个系统单独控制，缺乏系统联动，工作效率低，人员成本高。

智慧安防可实现系统的联动控制，比如视频监控和自动报警联动、地图定位和可视化对讲的联动。智能摄像头等智能感应设备判断出设备或环境异常，将自动告警上报园区物业管理中心，管理中心基于园区地图直观显示位置，同时结合保安位置，自动指派值班人员进行事故处理。联动管理不仅能够降低监控成本，还可提高应急响应速度。

（4）人工干预 VS 机器学习和分析。

传统安防对收集的数据和信息进行人工判断和对比，耗时费力，最重要的是不能做到提前预警。

智能安防可通过 AI 分析和控制，比如园区巡更机器人，负载各类智能摄像头和传感器，通过 5G 网络回传实时数据，系统通过智能分析，判断园区内设备和环境是否存在异常，园区管理者远程控制巡更机器人，可针对园区特定地点实行重点检查。

分产品来看，视频监控及出入口控制是智慧安防的主要构成。从产品形态来看，智慧安防包括智慧视觉产品、智慧门锁等硬件，以及平台软件、云服务等软件，其中视频监控及出入口控制仍是智慧安防的主要需求。

2. 智慧摄像头

智慧摄像头起源于传统安防，深度融入智慧家居场景。在传统安防系统进入智能化监控时代后，通过对城市级、行业级传统安防产品进行简单改造后应用于家居场景，家用智慧视觉进入1.0时代，此时仅起到实时监控作用。在2.0时代，智慧摄像头开始融合家用场景，提供长幼宠物看护、异常情况告警等一系列服务。进入3.0时代，场景融合的深度和广度继续拓展，一方面视觉模组嵌入各类家用设备，提供更多元服务；另一方面，智慧摄像头也延伸至小微商户、养老等场景。在未来4.0时代，智慧视觉将作为全屋联动生态核心，提升智慧家居整体智能化水平。

我国家用智慧视觉产品市场快速增长。家用视觉产品涵盖家用安防（家用摄像头）、安防入户（智慧猫眼、可视门铃等）、家庭看护（智慧可视喂食器）、家庭娱乐（智慧可视音响、智慧电视）等应用场景。家庭安防、长幼看护和宠物养护、智慧家庭、小微看店场景发展推动行业持续扩容。

家庭安防：根据应急管理部消防救援局数据，2017—2020年我国火灾发生总数总体稳中有降，但是居民火灾发生比例居高不下，在44%左右。居民火灾中，老人与未成年人安全防范意识薄弱，逃生能力不足。家用智慧摄像头可以识别异常火光，及时预警，提醒家庭成员及时注意与逃生。同时，2021年盗窃案件在全国立案的刑事案件中占比为31.81%，在查处治安案件中的占比为23.93%，智慧家用摄像头可以探测重点区域的闯入行为，及时录像并报告险情，降低盗窃频率，减少盗窃损失。

长幼看护与宠物养护：近年来，我国人口老龄化加剧及二孩、三孩政策放开，少儿和老年抚养比例持续提升，2020年提升至45.9%，职工家庭面临少儿及老人看护的难题。根据Euromonitor数据，2021年我国养猫户数及养狗户数相比2019年大幅提升，且"80后"及"90后"宠物主占比较高，其面临上班期间及出差期间宠物看护的难题，宠物监护、智慧喂食等需求提升。

智慧家庭：视觉识别在智慧家居中占据重要地位，可视门锁、可视扫地机器人、可视冰箱、可视智慧电视等配备摄像头的智慧家居产品层出不穷，未来随着智慧家居品类的扩充，智慧摄像头需求也将随之增长。

小微看店场景：基于其低成本简单布设和智慧功能的特性，智慧摄像头逐渐切入小微商户场景，为小微商户提供智慧看店、收银监控等服务。我国小微主体、个体工商户、综合零售门店的数量在不断增长，智慧摄像头在小微商户场景逐渐渗透和小微场景数量增长，将推动智慧摄像头需求不断释放。

3. 智慧门锁

智慧门锁是智慧家居的"入口级"产品，由前面板、锁体和后面板三部分组成。智慧门锁支持政策陆续出台，驱动行业健康快速发展。国家市场监督管理总局、工业和信息化部等部门近年来频发智慧门锁相关利好政策，鼓励以智慧门锁为代表的智慧家居产业发展。智慧门锁相关政策一方面加大了国内市场对智慧门锁产品量的需求，另一方面促使智慧门锁龙头企业生产出技术含量高、功能丰富的智慧门锁产品以满足市场需求，驱动行业健康快速发展。

与传统锁相比，智慧门锁采用了生物识别、无线通信等技术，在解锁方式、安防功能等维度优势显著。

从解锁方式来看，智慧门锁基于密码、脸部、手指三大类别衍生出了指静脉解锁和 3D 人脸解锁等方式，规避钥匙遗失、密码泄露等传统门锁痛点，提升用户使用体验。

从安防功能来看，智慧门锁在实现入户安全防护的基础上，增添了电子猫眼、远程监控等入户监控预警功能，全方位提升安防功能，契合消费者需求。

4. 应用场景

园区智慧安防，是借助互联网、物联网、人工智能和大数据分析，通过人脸识别、视频结构化分析、图像深度学习等，实时提取和分析园区海量的数据，实现对人、车、物、空间整体场景的实时感知、动态控制和信息服务。

智慧安防将传统安防的事后处理变为实时主动预警和应急联动，提升安防系统预判的精准性、决策的可靠性和处理的自动化，逐渐提升整个园区安防的提前预警和主动服务水平。智慧安防系统分解为视频识别系统、网络通信系统、门禁管理系统、智慧停车系统、机电运维平台和点点控系统六大子系统。

（1）视频识别系统。

移动侦测、面部识别等智能技术，是园区构建智能化、立体化安防体系的基础系统。通过多场景刷脸认证，提升安全性、效率和用户体验，实现人流自动统计、特定人物自动识别和追踪，包括智慧停车场、智慧通行和视频识别系统。

（2）网络通信系统。

网络通信是园区安防的数字化神经系统。处理园区高度复杂的规则和不规则数据，需要确保网络的绝对高效和安全，保障空间、设施与人的互联互通。

网络通信设施主要包括 NB-IoT、5G 通信技术和云数据中心，可实现高速通信，支持扩展组网，网络设置简便，有线和无线业务融合，部署成本低、易维护。

（3）门禁管理系统。

门禁管理系统是园区人员进出管理的联动系统。人脸识别系统自动识别进出人员，高效进出道闸（对接出入口控制系统）；同时可接入 OA 系统和访客系统，实现园区高效通行、自动考勤和访客管理等综合功能。

（4）智慧停车系统。

智慧停车系统是园区车流控制和商业运营的重要系统。智慧停车系统可实时采集停车场的多维数据，通过智能解析停车场车位使用率及周转率数据、停车时长分布与车位热力图，辅助停车场运营管理。

联动车辆管理监控系统，实时告警处理违停等事件，缓解停车场拥堵情况，提升停车场整体运行效率，减少运营成本。

（5）机电运维平台。

机电运维平台是智慧安防的集成系统，对分散的智能化子系统接入，集成为有机统一整体，实现实时监测、统一管控、统一调度；应用访问统一入口,结合授权进行权限范围内的工作处理,达到事件集中管控的全局化目的。

机电运维平台主要包括地图管理、模型关联、模型管理、空间可视监控、楼层可视监控、设备可视监控和设备遥调遥控。

(6) 点点控系统。

点点控系统是智慧安防的用户应用系统。数据驱动的场景管理及设备设施易控系统,可连接园区所有的空间和公共设施,实现空间与设施的全要素信息采集与全生命周期管控,使园区方管理轻便化、资源可视化、决策智能化,有效提升园区管理效率,降低人员成本。

(二)智慧交通

1. 概念解释

智慧交通行业是伴随城市化进程和交通智慧化管理需求而产生的新兴行业,智慧交通系统是将通信、自动控制等技术有效融合,并应用于交通系统,为交通参与者提供多样性的服务。

当前,全球新一轮科技革命和产业变革蓬勃发展,汽车与新能源、信息通信等领域有关技术加速融合,电动化、智能化、网联化成为汽车产业的发展潮流和趋势。汽车汇聚新能源、新材料和互联网、物联网、大数据、人工智能等多种变革性技术,正在从单纯的交通工具向移动智能终端、储能单元和数字空间转变。

随着城市交通布局的扩大及交通网络的延伸,智慧交通作为一种新型管理模式,逐渐在城市交通建设中得到广泛应用。城市交通是一个涉及多维度、多系统、多群体的体系,智慧交通则是赋能城市交通全面感知、高效处理、深度学习能力的智能系统。

智慧交通以大数据、云计算、物联网、人工智能等新一代信息技术为支撑,将 GIS、通信技术、GPS、传感器技术等集成运用,实现人、车、路、环境的协同感知与智能管理,从而提升交通运行效率、减少交通拥堵情况、优化人们出行体验;还可以实时处理海量交通数据,通过智能分析与优化，实现对城市交通系统的智能化管理。智慧交通的产业链包含汽车制造、自动驾驶、车路协同、数据服务等各相关领域，产业链条较长，参与方众多。

上游关键技术包含车端、路端、网端三个层次，表现为"聪明的车""智慧的路"和"灵活的网"。具体来看，车端涉及汽车执行与控制系统、终端与芯片、车载软件与算法、环境感知系统等，是实现自动驾驶技术的核心要素；路端涉及新型智慧交通系统、新能源与充电设施及新型交通基础设施系统等，是实现车路协同的重要支撑；网端涉及高精度定位和地图、通信网络及应用软件与信息服务等，是实现车路协同技术的重要保障。

中游制造集成包含智能制造、交通企业、零部件商、整车厂商、系统集成商及信息安全供应商等。

下游服务应用包含港口、矿区、干线物流、无人配送、无人环卫等诸多应用场景。

2. 技术领域

（1）视频监控高清化。在视频监控领域，高清视频监控具有重要意义。视频图像越清晰，细节越明显，观看体验越好，信息承载能力越强，智能等应用业务的准确度也就越高，应用范围越广。

能够支持4G网络，可以传输720P和1080P高清视频。利用先进的H.264/H.265视频压缩技术以及4G无线通信技术，更能够适应超低带宽下的视频传输，使画面清晰流畅。

高清视频监控不仅可以有效快速地监控到城市中道路的车流情况，还可以清楚地抓拍到人、车、物的细节，支持监控记录更大范围内的交通信息，构成纵览全局和掌控细节的全息交通监测平台，便于指挥中心作出快速部署，并为城市交通网络优化提供大量的有效信息，同时能满足刑侦、治安、交警等多个业务部门的需求。

（2）网页客户端多屏监控画面展示。前端采集的音视频经H.264/H.265方式压缩编码，通过4G无线网络传输至后台监控中心，管理人员除了通过电视墙观看之外，还可以通过电脑、手机等网页客户端登录中平台对前端音视频进行实时浏览监控。电脑网页客户端支持单画面、多画面显示，可选择任意一路或多路视频观看，视频窗口数量有 1 个、4 个、9 个、16 个可选，实现对城市交通监控的可视化监管。

（3）视频大数据智能分析。大数据能够实现同路段各车之间、各路段之间、不同路段车辆的数据共享、信息共享。基于视频智能分析技术，通过道路沿线的摄像头进行图像识别、分析、比对等，实现对人、车、物等相关特征信息的提取与分析。根据图像处理算法进行全面感知、风险预控、数据共享等。

交通大数据的使用可挖掘和利用信息数据的深层价值，对数据进行分析后能将现存的实时数据充分利用，例如，对客流数据进行统计、及时检测出交通异常事件等，有利于交通部门实现智能调度、交通规划、交通行为管理以及交通安全预防等监管和决策，从而提高响应速度。

（4）视频智能监控技术。视频智能监控可以有效完成车辆减超速、车辆逆行、交通堵塞、道路烟雾和火灾等事件的自动监控，并且就车流量、车速、车型、突发事件紧急程度进行预测分析，为道路安全运行与危险情况营救提供必要的数据支持。例如，在收费站、交通或治安检查站等卡口上对过往车辆进行实时抓拍，能获取到车辆行驶速度、车辆号码等数据，并能进行车辆动态布控和违章报警。

（5）AI 人工智能识别与目标跟踪。基于 AI 智能识别及多目标跟踪等技术，综合处理和分析来自道路监控摄像机的视频图像，可以感知很多关键信息。借助深度学习技术，能实现交通违法行为的分析判断，可以对人脸、车辆进行识别，实时监控分析道路车流量变化、违规车牌照片、司机疲劳状态等，AI 能在交通调度、交通规划、交通行为管理以及交通安全预防等场景中发挥重要作用。

通过 AI 人工智能算法技术可以对几十种违法行为进行分析和取证，例如，自动识别过往路口车辆号牌、颜色等特征，验证出车辆的合法身份，自动核对黑名单库，自动报警等，从而完成对交通违章违法行为的研判和取证，以便警务人员更好地处理交通违章、肇事逃逸等事故。

(6) 快速解决复杂网络环境。根据城市交通监管的不同场景需求，可以使系统在内网、专网、VPN、广域网、互联网等各种环境下进行流畅输出和分发，经分发出的视频流可实现低延时，同时能满足多种设备、多种终端的同步输出需求，有效改变了企业、政府机构单位内的复杂网络环境，可节省大量的专线带宽和固定的 IP 成本，以满足传输、控制和管理的需求。

(7) 高效稳定，交互体验智能。互联网思维、架构和技术应用到交通监管平台，不仅能够做到道路监控的高效、可靠与稳定，也能拥有互联网视频的极佳交互体验：传统局域网监控需要更加轻量、更加简单的 B/S 无插件视频监控。视频平台采用 B/S 架构，局域网内任意一台 PC 均可通过浏览器访问、设置、操作，而不需要预先安装任何客户端软件，避免专用控制电脑单点故障给系统带来的失控风险。

手机 App、H5、微信客户端在监控行业中能得到很好的应用。在互联网中也能通过网页、手机 App、H5 看到摄像机，以及控制摄像机的转动、预置位等。在任何互联网环境中，即使监控现场没有固定的公网 IP，交通监管人员也能够随时观看监控视频、检索录像、查看回放。

(8) GPS/北斗定位。借助 GIS 和遥感技术，实时在地图上定位道路运营车辆，监控车辆的位置、行驶路径，以及发送紧急信息等。前端设备支持 GPS/北斗定位，只要设备在线，就可以通过 4G 无线网络实时向 EasyNVR 平台上传输设备位置信息，根据上级业务自带的 GIS 地图功能，可以实现集成终端设备在电子地图上的实时定位。

(9) 快速实现业务集成与开发。支持将基于 EasyNVR 搭建的可视化视频监控平台快速集成至用户的业务平台中，集道路监控设备前端感知、交通警情监控、应急事件预警、指挥调度支持、车辆稽查监控、交通态势分析研判、信息互联互通、多维度交通监管于一体，协同平台 Web 端与手机端 App，打造系统化的综合管理平台。

3. 应用场景

(1) 智慧高速全息感知平台。

在智慧高速领域，数字孪生技术的应用可以提供更加全面、准确和实时的数据支持。数字冰雹智慧高速全息感知平台，基于图观引擎，高拟真全面复现高速系统运行态势，真实反映高速道路结构、交通流量、车辆行驶状况和路况信息，提高高速公路管理的协同性和整体效率，实现高速公路系统的综合优化。

智慧高速全息感知平台应用场景：

①高速卡口运行管理。精确反映高速卡口的布局、车道分布、车辆流量、车速、车距等信息，并结合实时数据采集和分析，高效监测交通流量、预测拥堵情况，支持卡口闸机远程控制，提高通行效率，实现卡口运营管理的智能化和高效化。

②高速交通安全管控。结合高速系统实时监测数据，真实模拟高速公路的交通流动情况，可以对高速告警事件进行综合监控，一键查看事件详情并派单处置。同时结合专业分析算法，可以提供拥堵警示、超速监测、车辆碰撞预警等功能，科学预测事故发生的潜在风险，进行应急预案规划验证，帮助管理部门更加高效地应对交通事故和紧急情况。

（2）智慧高铁综合管理平台。

在智慧高铁领域，数字技术应用于高铁站的建设和运营管理，以提升服务质量、提高效率和便利乘客出行。基于图观引擎构建的智慧高铁综合管理平台，通过创建数字孪生场景和接入实时数据，不仅可以实现对高铁运营状态、人员流量等信息进行监控和预测，还可以对高铁设施进行可视化管理，提高设备维护效率，大大提升了道路安全性、出行效率和管理效率。

智慧高铁综合管理平台应用场景：

①高铁站点区域态势监测。视野聚焦重点区域，支持对站点监控设备、人员、车辆等管理要素的分布、状态进行实时监测，对站点设备在线率、各时段人流、各时段车流等数据态势进行多维度分析，并对异常数据进行自动预警告警，为高铁站运营态势研判提供科学依据。

②高铁站点人流监测。通过热力图、区域图等可视化分析手段，并结合丰富的可视化图表，对站点人流密度分布态势进行直观分析呈现，综合视频监控画面，为交通需求分析评估提供工作决策支持。

(3)智慧隧道安全监测平台。

数字孪生技术在隧道的运营管理中发挥着重要作用。基于图观引擎构建的智慧隧道安全监测平台,通过集成隧道内传感器设备和摄像头等系统数据,能够实时反映隧道态势,包括车辆流量、速度、行驶方向等关键参数,并进行多维度深度分析,科学预测交通流的变化趋势,实时预警拥堵、事故等情况,为决策者提供科学依据。

①车辆通行监测。支持集成隧道管理系统数据,实现管辖路段车流量的实时监测,并可提供车辆跟随功能,对特定车辆进行实时跟踪,智能化进行车辆超速、逆行、滞留等异常情况预警告警,有效提高隧道的行车安全和效率。

②隧道安全巡检监测。通过集成各类传感器和摄像头数据,能够实时捕捉并呈现隧道内的全景信息,并可提供隧道虚化、巡检漫游等功能。无论是车辆状况,还是路面状态,甚至环境因素如光照、湿度、温度等,都可以通过平台进行实时展示和分析,以有效提升高速安全通行效能。

(4)智慧公交站点可视化系统。

基于图观引擎构建的智慧公交站点可视化系统,支持从公交车辆、运行线路、站点场站管理等多个维度进行日常路网运行监测与协调管理,满足常态下运营监管、应急状态下指挥调度的需要。

智慧公交站点可视化系统应用场景:

①站点客流监控。基于客流统计设备,实现客流数据的准确采集,直观呈现站点客流热力图,为公交车辆投放、线路规划提供数据支撑,为公交管理提供运营决策依据。

②车辆智能调度。支持集成车辆实时定位、运营调度等系统数据,实时呈现各条线路车辆投放、运行状态、客流等态势,辅助指挥人员进行车辆投放调度、线路调度、高峰人流疏导等业务应用,提高调度监控系统对运营状况的实时掌握与应变能力。

(5)智慧机场管理平台。

数字孪生技术为机场的运营管理提供了强有力的支撑。基于图观引擎构建的智慧机场管理平台,从大规模全球航线态势到对具体机场全景态势都全面整合呈现,提供从全局到局部的深度洞察,辅助管理者全面掌控机场运行态势。

智慧机场管理平台应用场景:

①航线运行总览。基于三维全球地图,直观展示机场相关联的空域航班通航态势,帮助管理者全面掌握航线分布及运行态势,为航线规划、航班计划调整等业务提供决策支持。

②机场运行状态监测。精细化复现机场全景态势,对停机坪、机位分布、飞机停靠情况进行直观展示,还可动态呈现飞机助跑、出港离港的行驶过程。同时集成机场各管理系统数据,对各项关键指标进行多维度监测分析,从而有效提高机场管理效率和决策效能。

(6)智慧港口数字孪生平台。

数字孪生智慧港口建设,可以大幅提高港口运营效率、降低物流成本。基于图观引擎构建的智慧港口数字孪生平台,以实景三维形式,对港口口岸、码头、堆场、车辆、船舶等全要素态势进行真实复现;并通过对生产、运营、交通、物流、安防等业务领域的关键指标进行多维度分析,实现港口船、人、机、货、场及环境等各要素的全面感知,辅助管理者全面掌控港口运行态势。

智慧港口数字孪生平台应用场景:

①港口调度监测。通过集成港口作业监测系统数据,可对港口作业区域、作业设备、车辆等管理对象运行状态进行全面监测,并可数据驱动实时仿真设备运转态势;支持点选查看各设备详情、视频监控画面等信息,对设备运行异常事件可视化告警,提升对码头作业设备的监管和维护效能。

②港口库场管理监测。直观展示港口库场集装箱堆放场地、区域、边界等要素态势,真实复现堆存场地环境、各集装箱外观、堆存状态等信息;支持箱号、存放时间、存储物品等详细信息查询,提高管理者对库场堆存场地、堆存货物的监管力度。

(7) 城市智能交通运营指挥中心。

在城市交通领域，数字孪生技术可以通过模拟城市交通系统，提供实时的数据分析和决策支持，为城市交通管理和规划提供准确而全面的信息。数字冰雹城市智能交通运营指挥中心覆盖交通总体态势监测、区域交通监测、枢纽态势监测、交通人口分布分析、出行需求分析、职住联系分析等多个业务领域，点、线、面交通运行态势一屏呈现，辅助管理者进行智慧交通系统的综合优化。

城市智能交通运营指挥中心应用场景：

①辅助城市交通规划和设计。真实模拟城市的交通网络、道路布局、交通流量和人流量等要素态势，帮助规划者评估不同交通规划方案的可行性和效果，优化城市交通系统的设计。

②交通枢纽站点优化。真实复现交通枢纽站内外环境，通过飞线图、等时圈等分析手段，对站点客流、站点接驳距离、辐射范围等关键指标进行多维度分析，为管理者进行站点优化、提升交通服务水平提供有力支持。

(8) 智慧交管数字孪生 IOC。

数字孪生技术在智慧交管领域的应用，正在为城市交通管理带来巨大变革。基于数字孪生技术的智慧交管系统，能够实时监控路况、车辆以及驾驶信息并预测拥堵情况、警力排班等，为城市交通管理提供科学决策支持。

智慧交管数字孪生 IOC 应用场景：

①交管 122 接处警监测。支持对接 122 接处警系统数据，对接警情况、处警情况、实时交通事件等信息进行监测分析，各类报警事件智能化进行态势显示、快速定位，同时可筛选查看周边监控视频和交通警力资源，为警情处置提供决策支持。

②交通事件应急处置。通过整合对接 122 接处警系统等数据来源，可实现各类报警事件的态势显示、快速定位，并标示报警内容，同时可智能化筛选查看周边监控视频和交通警力资源，一键进行事件派单处置、流程

跟踪、考评反馈，有效提升应急事件处置效能。

(9) 智慧轨道交通数字孪生 IOC。

面向城市轨道交通运营管理领域，基于图观引擎构建的智慧轨道交通数字孪生 IOC 系统，通过接入管理系统数据，可对轨道交通运行线路分布及综合运行态势进行可视化管理，能够实时监控运营状况、优化列车运行和调度、提高安全性和效率，并为城市轨道交通管理提供数据支持。

智慧轨道交通数字孪生 IOC 应用场景：

①线路运营态势监测。宏观展示全市各城区轨道线路、站点分布等运行态势，结合专业模型算法，对高峰客流、线路运行强度、车组运行情况、设备详情等数据指标进行多维度分析，帮助运营管理者有效调度运力，保障运营效率。

②轨道编组运行状态监测。支持高精度还原轨道编组全貌，实时显示各轨道编组的运行状态，如车辆运行速度、设备工作状况、车厢内温度和人员密度等，支持实时调阅列车监控视频，辅助管理者精确掌握每一编组的运行状况。

数字孪生在智慧交通领域未来还将有更为广阔的应用前景，图观引擎将为各行业用户提供坚实的技术保障，推动智慧交通领域的数字化转型变革。

（三）智慧医疗

1. 概念解释

(1) 智慧医疗助力改善医疗产业痛点。

智慧医疗产业涵盖诊前、诊中、诊后各环节，既包括传统的医疗信息系统如 HIS、CIS 等，也包括互联网医疗平台和 AI+医疗的各类技术，产业链公司众多，应用场景丰富。

痛点 1：基层医疗机构主导，城乡医疗水平分布不均，智慧医疗助力医疗资源公平化。2015—2019 年，基层医疗卫生机构占据全国医疗资源供给的 95% 左右，中国整体医疗水平依然较为薄弱。而在城乡之间，以每千人口的卫生技术人员数量来看，城市的数量是乡村的两倍，医疗资源存在分布不均。未来有望依托 AI、互联网医疗等智慧医疗的技术，改善医疗资源的不均衡，从而助力医疗公平化。

痛点 2：医保支付压力逐渐增大，智慧医疗助力医保控费。2020 年参加全国基本医疗保险 13.6 亿人，近 5 年参保率基本稳定在 95% 左右，医保渗透率位于高位。与此同时，医保支出逐年增加，占 GDP 比重提升，医保支付压力加大。在此背景下，国家大力推动按疾病诊断相关分组付费（DGR）和按病种大数据付费（DIP）的新型医保支付制度。需要依靠完善的电子病历体系和海量的医疗大数据支撑，从而有望带动智慧医疗产业的快速发展。

（2）医疗 AI 技术水平迈上新台阶。

近几年，我国在医疗 AI 领域发表的中外论文量和医疗 AI 专利数呈现上升趋势。其中，中文论文量由 2014 年的 3613 篇增长至 2020 年的 14354 篇，复合增速为 26%。医疗 AI 领域的专利数由 2014 年的 204 件提升至 2020 年的 1782 件，复合增速为 44%（见图 5-10）。论文量和专利数的大幅提升，反映出我国在医疗 AI 领域的技术水平不断提升，为智慧医疗产业的发展提供了技术支撑。

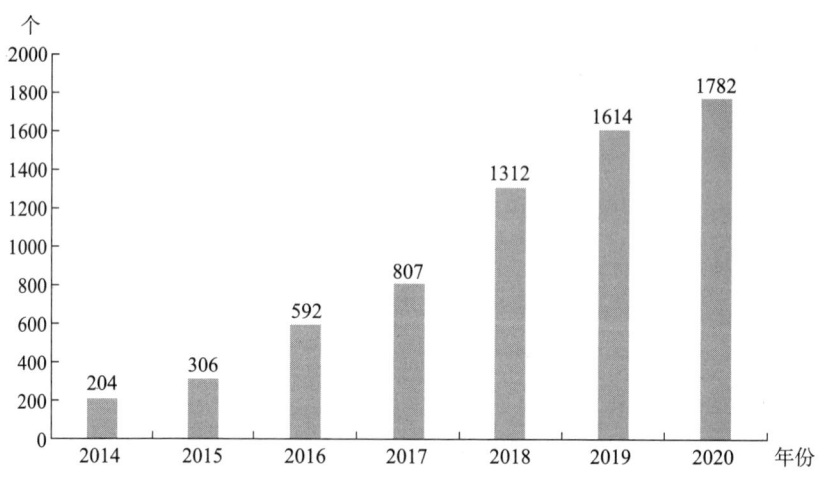

图 5-10　2014—2020 年我国在医疗 AI 领域专利数逐年上升

AI引领技术变革，智慧医疗场景逐步落地。

①CT影像识别应用领域广阔。AI+CT影像的主要产品形态包括影像分析与诊断软件、CT影像三维重建系统、靶区自动勾画及自适应放疗系统。通过智能CT影像识别，能够完成病例筛查、智能分析诊断、辅助临床诊疗决策等工作。从应用的场景来看，主要包括胸部、四肢关节等部位，以及乳腺、心肺、冠状动脉、骨骼等器官组织，应用领域广阔。

②CDSS辅助临床诊断决策。临床决策支持系统（Clinical Decision Support System，CDSS），一般是指基于人工智能深度学习算法的方式，对临床医疗决策提供辅助支持的计算机系统。CDSS将医学相关的指南文献、专家共识以及电子病历数据进行输入，经过大数据分析以及基于人工智能的神经网络运算，输出临床诊断方面的模型，从而辅助医生提供相关病例的临床诊断。

③视网膜影像识别助力慢病诊疗。视网膜影像在临床中应用广泛。健康人及疾病患者的视网膜影像是人体中唯一一个能以非侵入方式直接观测血管和神经细胞的部位。可通过观察眼底血管及神经细胞的变化等表征，检测、诊断及评估慢性病的风险。

（3）国家高度重视AI领域人才培养。

众多高校设立人工智能专业以及研究院。根据教育部科技司原副司长高润生的介绍，截至2019年4月，已有35所高校设置了人工智能新专业，新增101所高校设置机器人工程专业，新增96所高校设置智能科学与技术专业，50所高校把人工智能领域人才培养纳入"双一流"培养方案，31所高校自主成立了人工智能学院，24所高校成立了人工智能研究院。产业发展离不开人才的积累，人工智能等新一代信息技术人才的增长，为智慧医疗产业发展提供了充足的人才供给。

（4）市场空间巨大。

对标美国，中国智慧医疗产业存在10倍发展空间。目前，美国智慧医疗市场约占据全球市场份额的80%，同时全球40%以上的智慧医疗设备产自美国。中国人口占世界人口的22%，但医疗卫生资源仅占世界的2%。

从中美对比来看，中国智慧医疗投入占医院收入的比例仅有0.5%，美国为5%，长期产业存在10倍潜在增长空间。短期来看，中国医疗信息化产业保持双位数的稳健增长，未来空间广阔（见图5-11）。

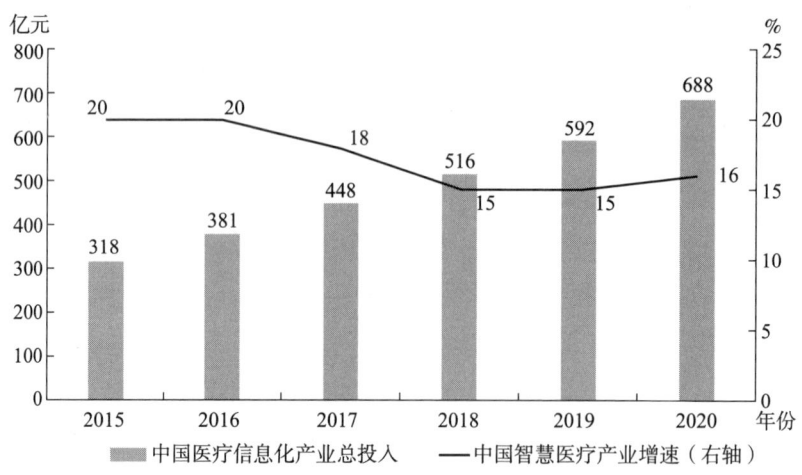

图5-11 中国医疗信息化产业趋势向好

2. 应用场景

智慧医疗是通过信息、IT技术实现对院区内的人、地、事、物及重点防控对象和防控队伍、防控预案、防控措施的信息化管理。系统构建以信息化、AI技术为核心支撑的安全防范体系，链接各防控体系为安防工作赋能，形成"人防、技防、物防"三防并立又互联互通的安全防范格局，并对安防数据形成周期性分析、总结，为医院安防管控、财产监管、人员安全、正常秩序等安全保卫工作提供决策支持。

一是从综合性的维度，智慧医疗是以信息为基础、以数据为载体、以智能自动联动为特征，充分、敏捷、高效地整合和运用医院内外部资源，实现有效管理风险和可弹性升级的智慧安防系统。二是从安防技术性的维度，智慧医疗是指能充分利用IT技术建立、健全各个支撑"智慧安防"的子系统，通过信息技术实现对院区内的人、地、事、物及重点防控对象和防控队伍、防控预案、防控措施的信息化管理，达到智慧安防的要求。

(1) 网络规划。

医院安防系统网络规划建设应遵循网络可靠、适用、安全、先进等原则。网络系统作为主要的基层平台，把众多不同功能的子系统汇集到一起，组成一个庞大的综合性安防网络系统，这对网络系统的服务质量、服务内容、安全、运行维护等多个方面都有严格要求，其稳定性尤为重要，必须要求网络设备具有高性能的容错技术，以确保网络系统不间断运行。

(2) 视频监控系统。

视频监控系统是智慧安防系统中主要的子系统之一，应具有安全性、可靠性、开放性、可扩充性和使用灵活性，做到重点部位全覆盖、公共区域无缝衔接。视频监控系统是医院安防系统部署面最广、使用率最高的防范系统，可根据实际情况一次建成，也可分步实施，逐渐构筑无死角覆盖。

前端摄像机部署应首要满足必须防控的关键部位，如主要出入口、大厅、电梯、危险化学品库、收费处、采血、诊疗等易于发生安全事件的位置。对于摄像机性能指标应满足网络高清1080P及以上清晰度配置要求，白昼自适应性好，成像清晰，可根据不同场景设置不同的监控模式，在部分复杂场所则采用清晰度更高的摄像机。

监控中心由高清显示单元、医院智能综合管理平台、存储阵列、报警主机、操作工作站组成，主要在监控中心对全院或分院区安全营运状况进行汇总，并实时监督和及时采取应急策略。通过医院智能综合管理平台可及时将医院一线接警的实时状况反映在高清显示大屏上，并可通过GIS电子地图准确确定位置，对目标地点进行可视化安防管控，根据事态及时启动对应的安全应急预案，统一协调指挥医院资源，快速处置公共安全事件。所有监控视频图像根据被监控对象重要等级，配置60~90天可靠存储。

(3) 安防报警系统。

①通过在重要防护区域设置三鉴探测器和手动一键报警按钮，构

成了一套多层次全方位的安防报警系统。只要有人非法闯入、人员受到威胁,便可手动或自动触发报警信息。系统会自动把报警信号传送至控制中心,值班人员可通过报警键盘和 GIS 电子地图的显示确定报警定位,也可以通过声光报警的形式提醒值班人员注意,从而确定位置快速出警。

②安防报警系统应具有通信联网功能,区域的报警信息送到控制中心,由控制中心的计算机来进行资料分析处理,并通过网络实现资源的共享及异地远程控制等功能,大大提高系统的智能化程度。发生警情时,系统能自动启动现场摄像机,将报警地点图像显示在监视器上,并在多媒体管理计算机上自动弹出报警电子地图,为医院安全保卫人员判断决策提供有力支持。

③医院周界应设置周界报警系统,主要有红外对射、电子围栏和振动光纤3种技术,从医院实用角度考虑,电子围栏误报率低,建设投入低,能有效起到威慑和阻挡、报警作用。电子围栏可在安全范围主动对入侵者进行反击,延迟入侵时间,同时确定入侵位置,联动视频监控系统和门禁系统及其他接警信息系统,有效进行布防处置。

(4)构建三维可视化的 GIS 系统。

三维 GIS 子系统可形象精确地表现医院全景地形、地貌、建筑、地下管线、关键设备设施,可对重点关注区域进行场景深化,真实体现院区及室内外环境。构建三维可视化的 GIS 系统,对各系统之间的数据资源共享和医院的应用效能十分有利。GIS 系统可与安防视频监控系统、报警系统等各子系统进行协同工作,可实时接收来自前端设备的告警信息,并可直接在 GIS 模块中打开指定区域的相应摄像机查看现场实时画面或视频录像。

在医院安全管理中,对于车辆的管理也是相对重要的一项内容,而通过 GIS 系统可将车辆经过的摄像机点位进行标记,并形成一个连续的行为轨迹图,能对车辆从哪里进从哪里出作出准确描述。同时对智能分析系统产生的黑名单车辆告警信息自动同步到三维 GIS 界面,进行轨迹查询和跟踪。

从智慧医院的未来发展角度来看，充分利用好三维 GIS 技术必然可以更加有效地保障医院安全和推进医院智慧化建设进程，提升安全管理质量。

（5）构建智能的婴儿防盗系统。

婴儿被盗、被调包、抱错等事件对医院形象影响巨大，同样对丢失孩子的家属打击也是巨大的。如何有效杜绝此类事件的发生，对安全保卫工作具有一定挑战，医院人员流动性大，一旦被盗婴儿被带出监管区域几乎难以找回。

婴儿防盗系统是在医院各区域安装用于信号接收反馈的传感装置，该装置如产生告警可通过平台与监控设备进行联动，并将发送射频信号的电子腕带佩戴在婴儿身上，电子腕带具备防恶意拆除的能力，一旦非正常脱落可立即报警。

电子腕带必须采用不伤害婴儿皮肤的无毒无害材质设计，并且系统可以实时主动检测所有组件是否运行正常，实时确认婴儿的安全状态。

婴儿防盗系统逻辑：婴儿佩带电子腕带时发出的无线信号，被该楼层的读卡器接收（正常情况）或被出口监视器接收（被盗的情况）。各读卡器和出口监视器通过通信控制线汇聚到通信网关。通信网关通过解码把信息传输到医院其他相关设备或系统（包括护士站管理服务器、系统中心管理单元、智能安防平台系统），同时提供安全中心图像触发功能，与摄像机联动上墙显示。

母婴配对逻辑：婴儿电子标签定时发射唯一的 ID 信息给 PC 端及母亲腕表，系统据此对婴儿所在位置进行实时监控和追踪。通过此逻辑可验证亲子关系，同时可以对婴儿距离母亲位置范围进行控制，若超出母亲设定距离会立即报警，并将告警信息发送至护士站和母亲腕表。该系统使前来就医的人员心理得到保障，也使医院在同行的竞争中提升优势。

（6）构建智能停车管理系统。

早期的医院并没有考虑到对停车位的规划设计，以至于在社会高速发展中医院停车问题极为突出，有效缓解停车问题对降低医院医患纠纷率有一定促进作用，对医院整体稳定秩序有极大提升作用。构建智能先进的停车管理系统，开车前来就诊的患者只需根据电子信息化提示便可直接知晓医院停车信息，通过泊车诱导标志快速直接到达空闲停车位，可有效节省泊车时间。同时应利用技术手段优化医院停车管理制度，协同医院内外资源构建停车布局合理、高效、可持续的停车管理体系。

（7）智能分析系统规划。

①构建 AI 综合管理决策平台。AI 综合管理决策平台可集成各安防子系统，对全局资源及子系统运行数据进行可视化展示。可通过决策平台使各子系统之间形成联动，并可统一进行多方资源协同调度，强化保卫部门扁平化指挥调度能力，"单点报警，多方联动"，提升处置突发事件的效率。

医院保卫部门基于视频监控系统拥有大量的视频数据，这些视频数据可为智能分析系统机器学习算法提供充足的"燃料"，能够快速获得一种预测未来行为和预测即将出现的问题的方法，通过对这些数据的统计分析可以得出一些具有辅助决策的规律性结论，可视化呈现，未雨绸缪，防患于未然。

②构建人脸识别系统。人脸识别技术是生物识别技术中的一种，是基于人的面部特征信息进行身份识别的技术。生物识别技术是"以人为轴"进行多维度分析，如脸、指纹、虹膜、静脉、基因或行为特征，如以声音与笔迹等来验证人的身份，与密码技术不同，这些生理特征很难丢失，也很难复制。因此，生物识别技术广泛应用于安防领域。相对于其他生物识别技术，人脸识别具有非侵扰性，无须干扰人们的正常行为，用医院视频监控系统采集到的含有人脸的图像或视频流，即可完成人的身份识别任务。

③构建人体行为识别的智能分析系统。人体行为识别在智慧医院智能安防视频监控子系统中已有应用，其主要对人体运动规则进行标记识别，可在复杂场景下对突然奔跑、跳跃、卧倒等动作或人体固定的步态肢体级行为动作进行识别告警。人的行为是视频画面中主要的组成内容，在医院

环境复杂的背景下，对于重要危险的可疑人员的监控应从多维度进行识别，人体行为识别在医院的应用中是对人脸识别智能分析系统进行功能上互补，因为脸部可以遮挡，在犯罪嫌疑人进入医院时能进行面部的遮挡伪装，而行为姿态可疑。例如，2017年因某医院医生诊断治疗使病人不满意而产生纠纷，在保卫部门介入后当时得以解决，3年后该患者经过伪装带刀到医院，将正在看诊的医生砍成重伤。人体行为识别系统可根据医院保卫工作方向，有针对性地针对医闹、医托、医患纠纷者进行行为特征标记，为保证医院职工安全和就医秩序提供"安全双重屏障"。

第六章
零碳示范区建设及技术应用篇

6 chapter

近零碳排放是指在一定区域范围内，以近零碳排放为发展目标，在碳达峰阶段，通过统筹规划，综合运用低碳管理机制，推进能源、产业、建筑、交通等领域低碳发展，积极推广使用节能技术，倡导低碳生活，重点围绕经济发展摆脱高碳投入束缚，探索绿色低碳转型发展经验，协同推进经济社会高质量发展和生态环境高水平保护。

一、零碳排放示范区的建设背景

（一）政策演变

2015年10月，国家在《中华人民共和国国民经济和社会发展第十三个五年规划纲要》中首次提出"近零碳排放区示范工程"的概念，指出实施近零碳排放区示范工程将成为进一步深化各类低碳试点控制温室气体排放的重要抓手。2016年10月，国务院发布《"十三五"控制温室气体排放工作方案》，明确指出要选择条件成熟的限制开发区域和禁止开发区域、生态功能区、工矿区、城镇等开展近零碳排放区示范工程，到2020年建设50个示范项目。但国家层面未对近零碳排放园区进行定义，从国家明确建设近零碳排放区示范工程后各省市发布相关的政策文件和实践，以及在"双碳"新形势下中央和地方政府发布的近零碳排放区试点建设实施方案来看，近零碳排放区强调在低碳园区的基础上进一步提升、努力向零碳园区迈进的这一趋势，基本形成"以产业低碳化、低碳产业化为方向，以能源低碳转型为核心，以科技创新应用为支撑"的发展模式。

我国70%的碳排放来自城市，探索绿色更新改造，推动区域降碳，是实现"双碳"目标的关键。自2015年我国提出"实施近零碳排放区示范工程"以来，各地方政府积极响应，已探索开展多个近零碳排放示范项目，如深圳国际低碳城、上海横沙"零碳岛"、中法武汉生态示范城等。2021年，生态环境部相继发布《关于统筹和加强应对气候变化与生态环境保护相关工作的指导意见》和《关于推进国家生态工业示范园区碳达峰碳中和相关工作的通知》，指出要支持有条件的地方和行业率先达到碳排放峰值，推动已经达峰的地方进一步降低碳排放，支持基础较好的地方探索开展近零碳排放与碳中和试点示范。在国家碳达峰碳中和的目标愿景下，我国亟须立足现有低碳试点的建设基础，开展近零碳排放示范区的建设工作，以支撑我国"3060"目标的实现。

（二）国外近零碳实践

2015年，联合国195个成员国签署《巴黎协定》，其目标是将全球升温控制在2℃以下，尽量控制在1.5℃，尽快使全球碳排放达到峰值，并在碳达峰后采取快速减排行动。作为重要的碳排放源，城市在"双碳"目标的实现路径中扮演主力军角色。城际维度的碳减排合作，也将成为"一带一路"生态文明合作的重要一环。

1. 城市层面

东京：制订了促进创建循环型社会的基本计划，形成了一套较为完整的法律法规框架体系，这为其推进"低碳社会""循环型社会"和"与自然和谐共生的社会"建设提供了法律保障。东京的低碳城市发展模式与建设路径侧重于项目引导，以项目治理为核心，在地方政府的大力指导下，出台了《东京气候变化战略——低碳东京十年计划的基本政策》等一系列战略规划，政府与企业在工商业机构、建筑、交通、家庭、循环利用与低碳信息化等多领域通力合作，基于温室气体排放数据收集、整理、分析体系，追踪纽约市在住房、公共区域建设、能源应用、空气质量、气候变化和固体废物六个方面的10个不同的变量，将监测结果和纽约市的长期目标结合起来。

奥斯陆："气候与能源战略倡议"为奥斯陆的低碳治理指南。2016年10月，为减少碳排放，奥斯陆政府在城市发展和交通、建筑、资源利用、气候治理领域提出了16项倡议，主要聚焦于以下三个方面：第一，交通运输治理。计划到2030年杜绝化石燃料汽车的使用，将采取通过土地与交通规划减少私家车需求、通过改善自行车道促进骑行、通过制度设计减少汽车流量、推动汽车动力来源转换等措施。第二，绿色政府采购。出台促进净零排放的采购策略，在市政工程建设中促进电力或氢能的发展，包括建立能源站系统、构建电力码头等措施。第三，能源系统革新。促进能源供应的高效化与智能化，包括消除供热系统的化石能源使用、推行智慧能源试点、实行碳捕捉与碳封存试点等举措。

德国：德国是全球最积极实施能源转型的国家，并早在1990年实现碳达峰，2021年通过立法规定将于2045年实现碳中和的零排放目标。2019年11月15日，德国联邦议院通过《联邦气候保护法》，核心目标是"到2030年温室气体排放比1990年减少55%，到2050年实现净零排放，且目标只能提高，不能降低"。这部法律为保障德国实现碳减排目标提供了严格的法律框架，明确了各个产业部门在2020—2030年的刚性年度减排目标，具有传导压力、落实责任、倒逼目标的强约束作用。2020年9月，作为落实《联邦气候保护法》的重要行动措施和实施路径，《气候保护计划2030》出台。《气候保护计划2030》将减排目标在建筑和住房、能源、工业、建筑、运输、农林六大部门进行了分解，规定了部门减排措施、减排目标调整、减排效果定期评估的法律机制。2021年5月12日，《联邦气候保护法》得到修订和加强。根据该法律最新修订，排放目标将更为严格，提出于2045年实现碳中和的"两步走"路线图：一是到2030年，德国应实现温室气体排放总量较1990年水平减少65%，高于2019年设定的55%的目标；二是德国需在2045年实现碳中和，即温室气体净零排放，比2019年的计划提前5年。

2. 社区层面

伦敦南部的贝丁顿零碳社区，是世界自然基金会和英国生态区域发展集团倡导建设的首个"零能耗"社区。为实现"零能耗"社区建设目标，贝丁顿社区在能源消耗、能源效率、低冲击材料、高品质建筑、水资源管理、垃圾回收处理、鼓励共乘制及生态友好型运输体系等方面始终坚持可持续设计的原则，并推行"绿色家居计划"、碳价格制度等。2007年发布的《伦敦气候变化行动计划》提出了包括绿色家园、能耗效率、商业模式和智慧交通等在内的更为细致的减碳举措和目标。该社区设计遵循绿色低碳理念，建设采用可循环利用的建筑材料，采取各种措施减少社区建筑热损失并充分利用太阳热能，采用热电联产系统为社区居民提供生活用电和热水，建立了循环利用的节水系统，社区全部实现绿色出行模式。

位于阿拉伯联合酋长国首都阿布扎比郊区的阿联酋马斯达尔，其规划建设完全融入绿色低碳理念，规划面积6平方千米，规划设计充分利用环境条件实现降温节能；能源供应全部采用可再生能源；交通运输全城禁止机动车通行，以公共交通和电动汽车为主；水资源利用方面，大量建设雨水回收设施、中水系统及污水的回收再利用，推动水资源的高效利用；通过回收再利用，减少废弃物产生及其排放，推动实现零废物、零掩埋目标。

（三）国内近零碳实践

陕西：2016年，陕西省率先发布试点政策《关于组织开展近零碳排放区示范工程试点的通知》，围绕"减源、替代、增汇"实施路径，开展近零碳排放区示范工程试点。"减源"方面，大幅减少化石能源消费，实施余热余气余压能源梯级循环利用，加快节能低碳技术改造；"替代"方面，利用水电、风能和太阳能、生物质能及地热能等可再生能源替代化石能源；"增汇"方面，保护和增加区域内树林、草地和农田，增加生态系统碳汇。"十三五"期间有序推进陕西彬长矿区大佛寺井田瓦斯抽采利用等3个近零碳排放区示范工程。

广东：2015年《广东省"十三五"规划纲要》指出要在珠三角地区实施近零碳排放区示范工程，深化低碳发展试点示范，并纳为2016年度省政府工作报告重点工作之一。2017年，广东省发展改革委发布《广东省近零碳排放区示范工程实施方案》，规划在总体规划上，选取基础条件优越、碳排放统计与数据基础较好、减碳潜力较大且相对容易实现近零碳排放目标的园区作为试点，对试点碳排放情况和存在问题进行梳理或预估，设定近零碳排放目标和技术路线，因地制宜制订建设方案、效果评估预测模型和动态跟踪评价机制。在实施方案上，加强园区规划、建筑、交通、科技、能源、管理与服务等低碳技术，通过覆盖能源结构、能源效率、能源需求侧管理助力近零碳的动态实现。在融资渠道上，引入节能收益质押贷款、绿色设备买方信贷、绿色融资租赁等绿色金融产品，拓宽节能减排融资渠道，加速绿色低碳改造进程。

湖北：2020年，湖北省印发《湖北省近零碳排放区示范工程实施方案》，选取城镇、园区、社区、校园及商业场所等开展近零碳排放区示范工程试点，以削减碳排放总量、控制人均碳排放量、降低单位工业增加值碳排放作为主要目标，全面系统推进能源、产业、建筑、交通及公共基础设施等领域低碳发展和传统支柱产业绿色化转型、生态化升级，从源头上减少二氧化碳排放，通过购买减排量、林业碳汇等方式抵消二氧化碳排放，以及综合运用减碳增汇技术，逐步实现碳中和。在融资支持上，通过省级低碳试点发展专项资金、PPP模式、绿色信贷、绿色债券、绿色基金等各类绿色金融工具推动试点项目建设，同时鼓励金融机构创新开发碳信用卡等碳普惠金融产品支持试点项目。

四川：2022年，四川省生态环境厅和经信厅发布《关于开展近零碳排放园区试点工作的通知》，按照减源、增汇和替代三条路径，开展近零碳排放区试点。在评价标准上，对接能耗"双控"向碳排放总量和强度"双控"转变等要求，从碳排放控制、能源结构、土地和能源产出效率、减污降碳、基础设施、运营管理六个方面具体提出二氧化碳排放总量、可再生能源使用比例、新建建筑中绿色建筑占比等16个指标。同时，设置额外加分项，包括园区内3户以上100%使用非化石能源的规模以上企业、1户以上碳中和规模以上企业和研发技术入选国家或四川省节能低碳相关技术目录；设置额外减分项，对建设期内发生重大环境污染和生态破坏事故的园区实施"一票否决"，以在近零碳路径探索、场景打造、投资融资、技术应用、数字赋能、统计核算、管理机制等方面形成一批可复制、可推广的试点经验。

北京：提出重点区域打造零碳排放示范区。城市副中心、冬奥会场馆、新机场及临空经济区等将重点打造新能源高端应用示范区。2020年，城市副中心行政办公区率先建成"近零碳排放示范区"，新能源和可再生能源利用比重达到40%以上。城市副中心整体区域新能源和可再生能源利用比重达到15%以上。冬奥会场馆大力发展地热、热泵、太阳能等新能源和可再生能源应用。延庆区新建冬奥会场馆推广地热及热泵系统供暖、分布式光伏发电，基本实现赛区电力消费全部使用绿色电力，打造国际一流的绿色低碳冬奥会。2020年，新机场及临空经济区可再生能源比重达到15%以上。

二、零碳排放示范区的实施领域

零碳排放示范区可在能源、产业、建筑、交通、废弃物处理、生态等多个领域开展节能减排技术的应用和管理评价机制的实践，通过在各实施对象中采用各类节能减排和绿色低碳的措施，实现生产、生活系统多领域创新型的近零碳排放区示范创建。

（一）能源生产与替代

零碳能源作为国家、城市、社区等不同层面在近零碳方面的主推方向，目前已有部分探索和成功实践，如上海临港"近零碳排放区"主要依托海上风力发电，江苏镇江扬中市的"零碳岛"主要依托屋顶分布式光伏发电、风电、新能源微电网等。

当前，我国氢气生产利用主要在以石化化工行业为主的工业领域，以"原料"利用为主，"燃料"利用为辅。《中共中央 国务院关于完整准确全面贯彻新发展理念做好碳达峰碳中和工作的意见》作为中国"双碳"工作的顶层指导文件，重点强调了风能、太阳能发电、氢能应用等技术在"双碳"工作中的重要战略地位。在相关政策规划的强调下，氢能可充分发挥其清洁能源属性，提升交通用能、分布式发电、储能系统、工业用能等领域中清洁能源比重，构建多元的清洁能源应用生态。风光电等可再生能源电力领域已受到了国家能源政策的多年调控，有更加坚实的应用基础。2021年工业和信息化部《"十四五"工业绿色发展规划》鼓励园区发展绿色低碳微电网,推进屋顶光伏、分散式风电、多元储能等技术应用,加快能源消费结构的低碳化转型。2021年,氢能列入《中华人民共和国国民经济和社会发展第十四个五年规划和2035年远景目标纲要》未来产业布局。氢能产业发展初期,依托现有氢气产能、就近提供便捷廉价氢源,支持氢能中下游产业发展,降低氢能产业起步难度,具有积极的现实意义。绿氢在碳中和中可以在绿电无法发挥作用的领域实现互补,如氢冶金、化工、重卡交通燃料、供热等。面向未来,当绿氢成为稳定足量的低价氢源时,绿氢促进工业脱碳将更好地发挥氢能价值。图6-1为氢能替代主要领域。

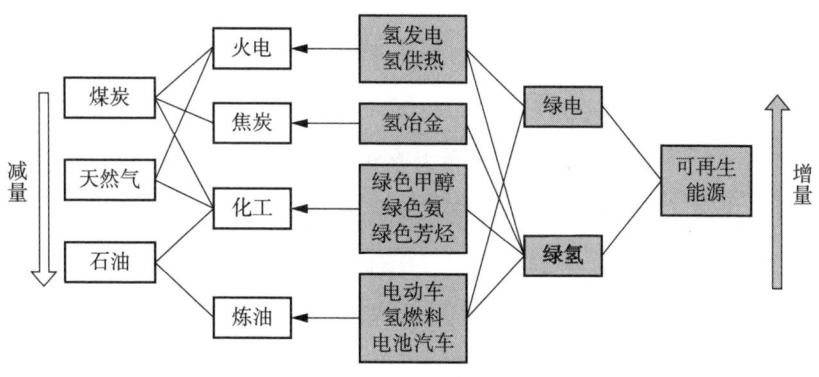

图6-1　氢能替代主要领域

根据公开信息初步统计,2019年氢燃料电池产业相关投资及规划资金为1805亿元。尽管受到疫情影响,2020年氢能产业整体发展速度有所放缓,但在投资方面,投资金额为1600亿元,仅有11%左右的降幅,显示了市场对于氢能产业依旧充满信心。

国际氢能委员会预计,到2050年,氢能将承担全球18%的能源终端需求,创造超过2.5万亿美元的市场价值,燃料电池汽车将占据全球车辆的20%~25%,届时将成为与汽油、柴油并列的终端能源体系消费主体。

中国氢能联盟预计,2050年氢能在中国终端能源体系中占比至少达到10%,氢气需求量接近6000万吨,其中交通运输领域用氢2458万吨,约占该领域用能的19%,燃料电池车产量达到520万辆/年。

国务院印发的《2030年前碳达峰行动方案》提出："大力实施可再生能源替代""到2030年，风电、太阳能发电总装机容量达到12亿千瓦以上"。政策加持与落实推动正在加速能源供应的绿色进度条。数据显示，2020年我国可再生能源开发利用规模达6.8亿吨标准煤，相当于替代煤炭近10亿吨，减少二氧化碳排放约17.9亿吨。同时，城乡有机废弃物等生物质能清洁利用、发电和种植养殖相结合的光伏治沙等模式，也促进可再生能源开发利用与生态治理、农业增收等相得益彰。当前，我国风电、光伏发电设备制造已形成全球最完整的产业链，近10年来陆上风电和光伏发电项目的单位千瓦平均造价分别下降30%和75%。

大力实施可再生能源替代，并不只是单纯增加装机规模，需要统筹清洁低碳、安全可靠、经济合理等多种因素综合求解，推动能源低碳转型平稳过渡。从安全可靠的角度出发，电能无法大规模存储，生产与消费需要实时平衡。而风电、光伏往往"靠天吃饭"，具有"极热无风""晚峰无光"等波动性、间歇性缺点，未来大规模、高比例接入，将给电力系统稳定和能源安全带来不小挑战。因此，构建运行更加灵活、更富韧性的新型电力系统成为迫切需要。这既涉及发电侧加强火电机组灵活性改造、加快抽水蓄能电站建设和新型储能技术研发应用，又涉及电网侧推进配电网改造和智能化升级，用电侧加强需求侧响应，等等。不仅如此，我国当前的能源资源禀赋仍以煤为主，从国情实际出发，未来如何坚持安全降碳，发挥好化石能源在转型过程中的安全兜底保障作用，处理好发展和减排、短期和中长期的关系依旧是不变的主题。

从经济合理的角度出发，随着光伏、风电的大规模利用，技术成本会显著下降，成本的增量主要在于电力系统的平衡成本和安全保障成本。为了进一步推动可再生能源替代，一方面，可以通过加快先进适用技术研发和规模化应用等，尽可能降低成本，提高新型电力系统建设的经济性。另一方面，也要充分发挥市场机制作用、完善电价机制，让煤电、气电等调峰辅助服务获得合理收益，从而体现其平抑新能源波动的价值，调动企业实施灵活性改造的积极性。

（二）产业转型与升级

新时代中国绿色发展背景下，《"十四五"工业绿色发展规划》《新时代的中国绿色发展》和党的二十大报告提出绿色转型成为产业升级的重要方向，指出需要以资源环境刚性约束推动产业结构深度调整。制造业绿色转型是产业结构体系升级、产业链格局重构与创新生态系统演化可持续发展的重中之重。积极推进重大节能技术改造工程和重点用能企业节能行动，加强对重点用能单位能源利用状况的监督检查和主要耗能设备、工艺系统的监测。为实现碳中和目标，在保障安全、经济的前提下，构建面向未来的新型能源系统，在新型电力系统方面，科学推动水电、风电、太阳能发电、核电、生物质发电等零碳电源方式，因地制宜积极发展分布式能源，加快建设坚强、智能、柔性电网以及储能、调峰、智慧化调节控制等配套设施，积极发展源网荷储多元智能互动新业态。在新型供热系统方面，为科学解决冬季采暖问题，要因地制宜、积极发展空气源热泵、地源热泵、水源热泵、污水源热泵等各种高效热泵技术方式，结合采用大温差余热供暖节能技术充分利用各种余热资源，并通过采用绿电积极探索近零碳供暖新模式。为科学解决广泛应用于造纸、纺织、食品、医药等行业的工业蒸汽问题，要积极发展在我国已实现重大技术突破的高温工业蒸汽热泵这种节能高效的电能替代技术方式，并通过采用绿电积极打造近零碳造纸、服装、酿酒等新业态。在新型燃料系统方面，为实现碳中和目标，大部分煤炭、石油乃至天然气等传统化石燃料将逐步退出，生物质能源、绿氢等零碳燃料将成为未来新型燃料系统的主体。未来这些能烧能储的新型燃料尤显珍贵，在因地制宜作为能源燃料的同时，也要积极发挥储能、调峰作用，绿氢也将成为未来零碳钢铁等行业的重要原料。

1. 制造业"绿色化"显著

我国工业领域以传统行业绿色化改造为重点，大力实施绿色制造工程，工业绿色发展取得明显成效，制造业"绿色化"步伐稳步向前。首先，制造业污染排放明显减少，环境污染程度明显降低。从数据来看，通常由制造业废水、废气与固体废物的综合污染排放强度来衡量制造业的减排降污效果，污染排放强度越低，表明制造业单位产值污染物排放越少，环境污染程度越低。2011—2021年我国制造业污染排放强度显著下降，这表明我国制造业单位产值排放的污染物减少，造成的环境污染程度降低，制造业的绿色发展策略取得了显著成果。其次，制造业能源资源利用率显著提升，能源消耗强度降低。2011—2021年我国制造业能源消耗强度由1.46下降到0.93，整体下降了36%，表明我国制造业单位产值能源消耗量降低，能源利用效率越来越高，更有利于制造业的绿色转型。最后，制造业绿色化程度渐深，绿色清洁型制造业占比稳步提升。我国绿色清洁型制造业产值占比由2011年的34.7%上升到2021年的39.6%，绿色清洁型制造业产值占比得到显著提升，中国制造业生产正逐渐向着清洁、绿色化的生产方式转变调整（见图6-2）。

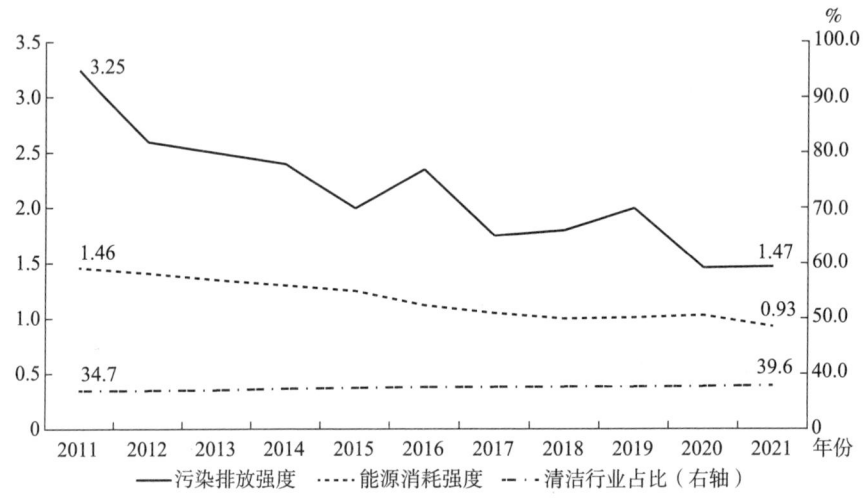

图6-2 我国制造业"绿色化"水平

2. 高技术制造业发展较快

高技术制造业的发展水平能够反映一个国家的科技创新能力和国际竞争力，是推动我国制造业高质量发展的重要保障。近年来，我国技术密集型产业的比较优势逐渐凸显，产业发展规模持续快速增长，2021年我国高技术制造业增加值同比增长 18.2%，占全国规模以上工业增加值的 15.1%；高技术产业出口总额除 2016 年及 2019 年有轻微下降趋势，其余年份均呈上升态势，2011—2021 年上涨超过 70 个百分点；同时，高技术制造业产值占制造业产值的比重持续增长，2011—2021 年比重由 9.5% 增长到 14.6%，共上涨了 5.1%（见图 6-3）。

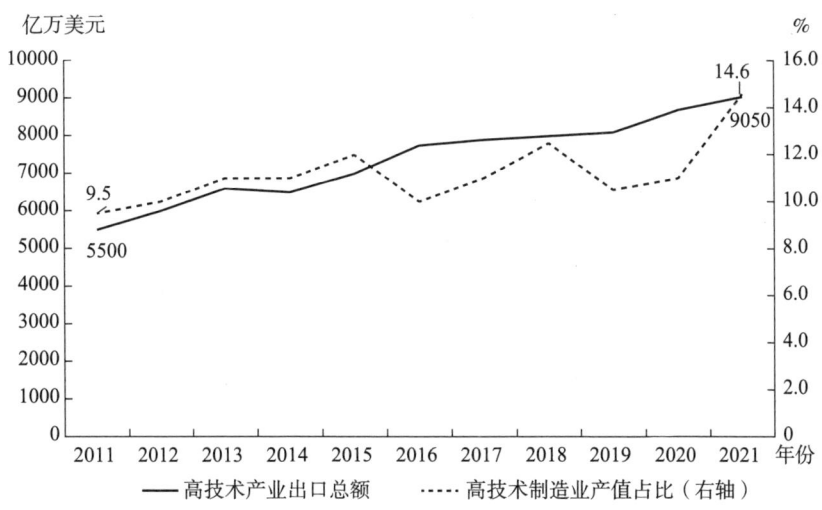

图 6-3　我国高技术产业产值占比及其出口总额

产业绿色低碳转型是绿色发展的核心，政策指引是形成合力、推动绿色转型的重要手段。2019 年 2 月，国家发展改革委公布《绿色产业指导目录（2019 年版）》，之后《绿色贷款专项统计制度（2019）》《绿色融资统计制度（2020）》《绿色债券支持项目目录（2021 年版）》《节能环保清洁产业统计分类（2021）》等一系列支持绿色产业发展的文件陆续出台。2021 年 2 月，《国务院关于加快建立健全绿色低碳循环发展经济体系的指导意见》提出"适时修订绿色产业指导目录，引导产业发展方向"的要求。

2024 年，国家发展改革委会同有关部门联合印发了《绿色低碳转型产业指导目录（2024 年版）》（以下简称《目录》），明确了节能降碳产业、环境保护产业、资源循环利用产业、能源绿色低碳转型、生态保护修复和利用、基础设施绿色升级、绿色服务等绿色低碳转型重点产业的细分类别和具体内涵，为各地方、各部门制定完善相关产业支持政策提供了依据。对引领今后一个时期我国绿色低碳转型相关产业发展方向具有重要意义，也为金融行业更好地支持绿色低碳高质量发展提供了重要支撑。

第一，体现了产业绿色低碳转型的最新共识。此次发布是在2019年版的基础上，结合当前绿色发展的新形势、新任务、新要求进行了修订。从名称上来看，由"绿色产业指导目录"调整为"绿色低碳转型产业指导目录"，纳入了低碳转型相关产业，充分体现了"双碳"工作导向。从结构上来看，共分三级，包括7类一级目录、31类二级目录、246类三级目录。将节能环保产业、清洁生产产业等一级目录进行进一步细分，同时相应调整有关二级目录、三级目录设置，使产业边界更加清晰。从内容上来看，根据绿色转型的最新进展，增加了温室气体控制、温室气体排放源监测和碳监测评估、新污染物治理、生物多样性保护、先进高效航空装备、新型储能产品、氢能"制储输用"全链条装备制造等产业，以及绿色技术交易等新业态、新模式，并根据最新法规政策和标准规范要求，更新完善《目录》各条目的解释说明内容，明确各类产业的具体内涵。

第二，助力绿色规则和产业在国际舞台协同发展。绿色分类标准是绿色金融发展的基础，是政策制定、产品创新、评估认证、监督管理工作顺利开展的前提。推动绿色标准国际合作，逐步建立与相关国际绿色标准之间的互认机制，是在国内外绿色分类标准繁多、相应标准间兼容性有限的环境下作出的前瞻性布局。中国和欧盟联合推出的《可持续金融共同分类目录》，为绿色金融国际标准的兼容协同作出了突出贡献。该目录的出台，为进一步探索中外绿色标准互认及国际绿色金融市场发展创造了有利条件。

第三，为金融支持"一带一路"绿色低碳转型构建标准参考。绿色已成为共建"一带一路"倡议的鲜明底色，绿色金融是推动共建"一带一路"高质量发展的重要动力。鼓励金融机构在依法合规、风险可控、商业可持续的基础上，为符合要求的在"一带一路"共建国家等境外地区开展的项目或活动提供金融支持，为我国企业承接"走出去"项目提供指引。"一带一路"共建国家广泛分布在世界各地，自然禀赋、经济基础、发展阶段各不相同。金融机构可参考《目录》，结合"一带一路"共建国家的发展实际和法规政策标准等要求，合理筛选金融支持标的，为适合的项目和活动提供支持，展现推进人类命运共同体建设的中国担当。

（三）建筑设计与节能

建筑设计中的节能建筑设计就是在满足人们居住、工作需求的前提下，将建筑本身所具有的各种功能进行合理配置和利用，从而最大限度地提高能源利用效率。建筑墙体材料的应用方面，建筑结构中采用内隔墙板与外墙间形成封闭空间的形式进行保温，即所谓的"内外结合式保温系统"，也称为"围护结构一体化"保温系统。除此之外，建筑墙体保温材料还包括岩棉瓦、聚氨酯泡沫、聚苯醚泡沫塑料、加气砌块、硅藻土等。目前，我国正在推广建筑墙体节能材料，外墙外保温已成为建筑节能发展方向之一。太阳能技术方面，太阳能技术作为一项清洁能源，具有环保、经济、安全等特点。在节能建筑设计中运用太阳能技术既可解决建筑能耗问题又能满足人们的需求，实现绿色设计理念。太阳能技术中还包括其他一些先进技术，如光电复合采暖、蓄热保温一体化供热、相变蓄能等新技术。其中，光电复合采暖技术是指在传统采暖系统基础上增加了光热电站模块（光电效应），从而达到提高室内温度的目的。相变蓄冷技术主要用于空调制冷或者供暖，其优点在于不受气候条件制约，且能节约大量常规能源。太阳能技术的应用使得建筑节能得到进一步发展，对减少碳排放也有很大帮助。风能技术方面，利用自然界中的风力进行发电、输送电力或将电能转换成热能等形式，使之成为一种可再生能源，满足社会生产生活对能源的需求。节能建筑设计中的风能技术应用必须按照一定的设计原则实施，即在保证建筑物安全运行和使用功能要求的前提下，充分利用自然风资源，并尽可能减少其产生的损失。按照地区碳达峰要求，适时搭建基于城市公共建筑的二氧化碳排放动态监测和评价系统，对公共建筑的二氧化碳排放和能源消耗情况进行实时动态监测和分析。

2020年，我国能源消费导致的二氧化碳排放约100亿吨，电力、工业、交通、建筑行业是最重要的排放来源。建筑能耗约占全国能源消费总量的22%，其中38%来自公共建筑，38%来自城镇居民建筑，24%来自农村居民建筑（见图6-4）。

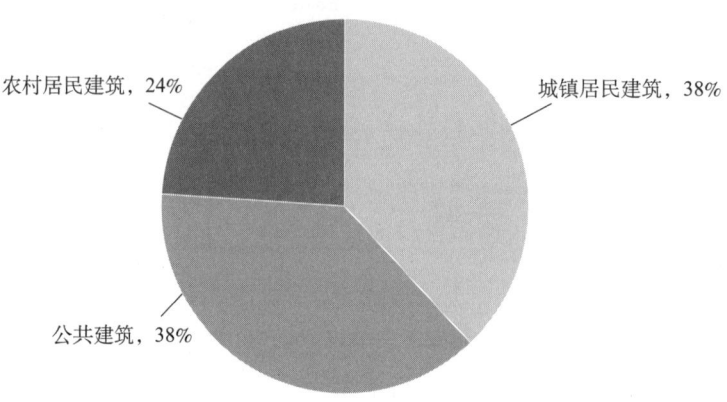

图6-4　2024年我国建筑能耗构成及占比

根据中国建筑节能协会发布的《中国建筑能耗与碳排放研究报告》，2021年，全国房屋建筑全过程（不含基础设施建造）能耗总量为19.1亿吨标准煤，占全国能源消费的36.3%，与2020年相比，有明显下滑趋势（见图6-5）。

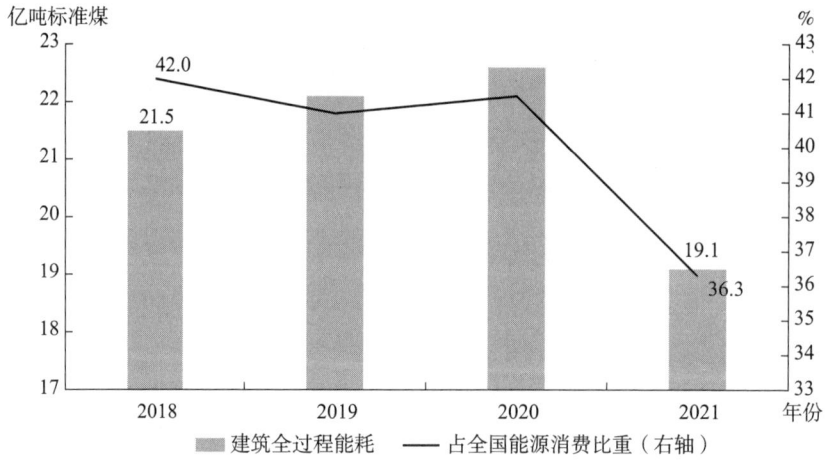

图6-5　2018—2021年中国房屋建筑全过程能耗总量及其比重变化情况

从建筑全过程碳排放量来看，根据中国建筑节能协会数据，2018—

2021年,全国房屋建筑全过程碳排放从49.3亿吨二氧化碳当量下降到40.7亿吨二氧化碳当量;2021年,中国房屋建筑全过程碳排放总量占全国能源相关碳排放的比重下降至38.2%(见图6-6)。

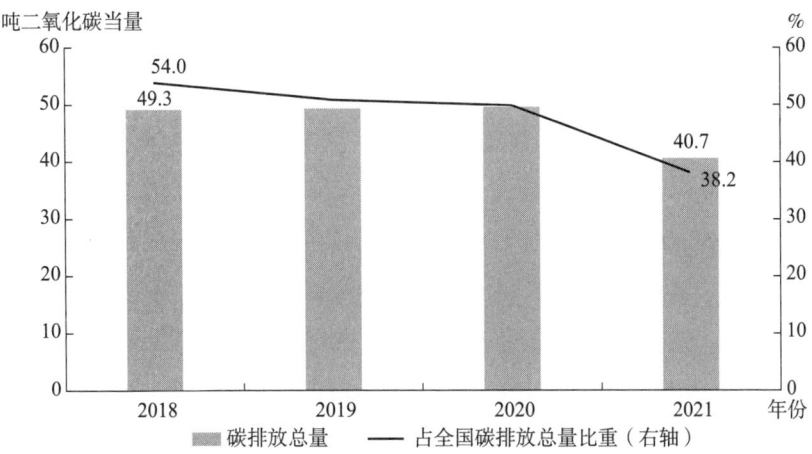

图6-6 2018—2021年中国房屋建筑全过程碳排放总量及其比重变化情况

建筑运行阶段能耗水平较高。从碳排放环节来看,2021年,建筑运行阶段碳排放量最高,占比达到57%。其次是建材生产阶段,碳排放量占比为42%,建筑施工阶段碳排放量最少(见图6-7)。

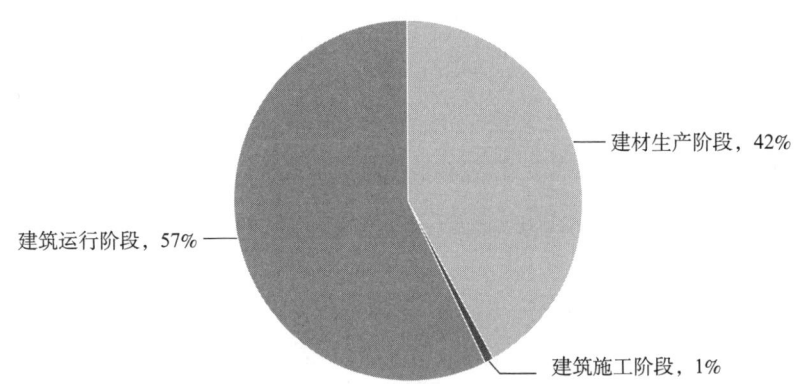

图6-7 2021年中国房屋建筑全过程碳排放分布占比情况

建筑领域是我国能源消耗和碳排放的主要领域之一。随着人民群众对建筑居住环境需求的日益提高,建筑能耗和碳排放还将快速增长,加快推动建筑领域节能降碳意义重大。2024年，国务院办公厅转发国家发展改革委、住房城乡建设部《加快推动建筑领域节能降碳工作方案》，对提升新建建筑节能降碳水平、推进既有建筑改造升级、强化建筑运行节能管理等方面提出了12项重点任务，为推动建筑领域节能降碳工作提供了重要指引，对加快提升建筑领域绿色低碳发展质量、满足人民群众对美好生活的需要具有重要意义。

（四）交通低碳与治理

2018年，中国交通运输行业碳排放占全社会比重为11%，公路货运、水路货运和民航客运为交通运输行业碳排放前三名。我们利用单位运输周转量碳排放强度数据和交通运输活动水平数据对交通运输行业排放量进行核算，结果显示，2015—2018年交通运输行业碳排放分别为9.11亿吨、9.51亿吨、10.07亿吨、10.49亿吨（见图6-8）。

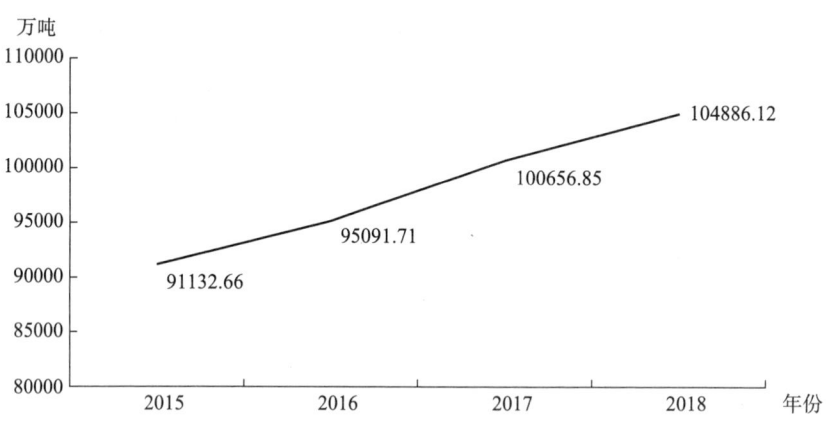

图6-8 2015—2018基于交通运输周转量核算的交通运输碳排放变化

从交通运输结构来看，公路碳排放最高，占比为57%。核算结果显示，2018年铁路、公路、水运、民航、城市交通的碳排放分别为4731.13万吨、59726.85万吨、19576.52万吨、14581.84万吨、6268.79万吨，占比分别为4%、57%、19%、14%、6%。从叠加分客货运方式分析来看，公路货运、水路货运、民航客运碳排放位居前三。2018年，公路货运、水路货运、民航客运的碳排放分别为5.65亿吨、1.95亿吨、

1.17亿吨，占比分别为53.9%、18.6%、11.2%。

推进低碳交通基础设施建设，提升车站、铁路、机场等用能电气化水平，推动非道路移动机械新能源化，加快国内运输船舶和港口岸电设施匹配改造；鼓励交通枢纽场站及路网沿线建设光伏发电设施；加强充电基础设施建设，因地制宜发展城市轨道交通、快速公交系统，加快推进公交专用道连续成网，完善城市慢行系统。推进港口集疏运铁路、物流园区及大型工矿企业铁路专用线建设，推动大宗货物及集装箱中长距离运输"公转铁""公转水"；加快发展多式联运，推动重点行业清洁运输；实施城市公共交通优先发展战略，加快城市货运配送绿色低碳、集约高效发展。加快淘汰老旧机动车，提高营运车辆能耗限值准入标准；逐步取消各地新能源汽车购买限制，落实便利新能源汽车通行等支持政策；推动公共领域车辆电动化，有序推广新能源中重型货车，发展零排放货运车队；推进老旧运输船舶报废更新，推动开展沿海内河船舶电气化改造工程试点。

（五）废弃物处置与管理

我国危险废物处置利用行业萌芽于20世纪80年代，经过30余年不断发展，经历了从无到有、从小到大、从粗放到精细的演变过程，目前正致力于构建更加高效、环保、可持续的管理体系和技术体系，以适应经济社会发展的新需求。按产生来源分类的有机固体废物示意图如图6-9所示。

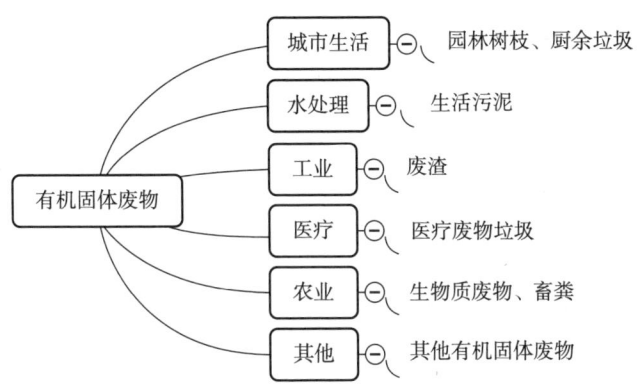

图6-9 按产生来源分类的有机固体废物示意图

2021年、2022年工业危险废物产生量排名前五的行业依次为化学原料和化学制品制造业，有色金属冶炼和压延加工业，石油、煤炭及其他燃料加工业，黑色金属冶炼和压延加工业，电力、热力生产和供应业。2021年、2022年两个年度，主要五大行业的工业危险废物产生量分别为5997.70万吨、6879.70万吨，分别占全国工业危险废物产生量的69.3%、72.3%。

随着危险废物产生量不断增长，我国政府对全国危险废物处置目标、原则、布局、规模、投资等进行统筹规划，推动我国危险废物监督管理体系的建立，使我国危险废物处置行业市场规模不断增长。2018—2023年，我国危险废物处理行业产值规模从1120.05亿元增长到1507.94亿元，年均复合增长率为6.13%，仍处于增长态势。我国工业危险废物产生量由2018年的5220万吨增加至2023年的10517万吨，年均复合增长率达10.53%，除2020年工业和社会经济受到新冠疫情暴发的较大影响，产生量出现短期下降外，其余均保持增长态势（如图6-10）；处置量与产生量增长情况保持基本一致，2020年在产生量下降情况下仍有所增加，主要是利用处置以前年份工业危险废物的部分贮存量。

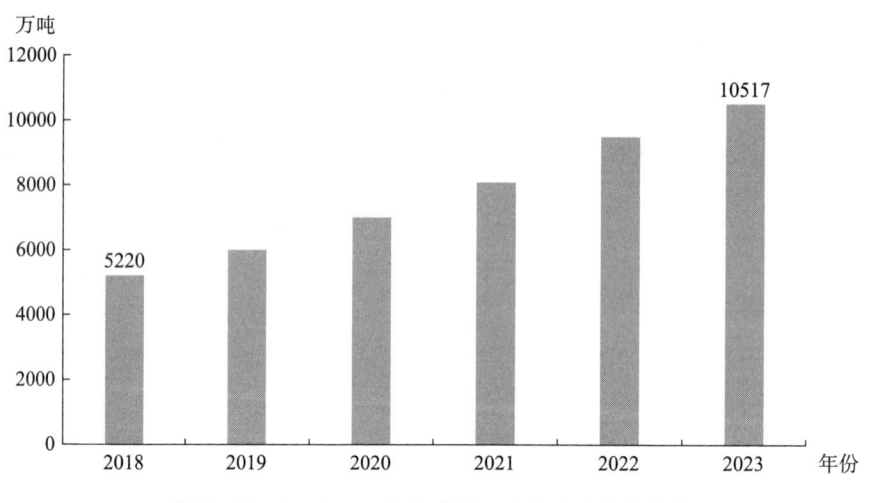

图6-10　2018—2023年我国工业危险废物产生量

习近平总书记高度重视废弃物循环利用工作，强调要更加重视资源的再生循环利用，推行垃圾分类和资源化，扩大国内固体废物的使用，加快构建废弃物循环利用体系。2024年，国务院办公厅印发了《关于加快构建废弃物循环利用体系的意见》（国办发〔2024〕7号，以下简称《意见》），对加快构建废弃物循环利用体系进行顶层设计和总体部署，旨在加快构建起覆盖全面、运转高效、规范有序的废弃物循环利用体系，推动发展方式全面绿色转型。充分发挥市场在资源配置中的决定性作用，更好发挥政府作用，建立有利于废弃物循环利用的政策体系和激励约束机制，激发各类经营主体活力，引导全民参与，增强废弃物循环利用的内生动力。到2025年，将初步建成覆盖各领域、各环节的废弃物循环利用体系，主要废弃物循环利用取得积极进展。尾矿、粉煤灰、煤矸石、冶炼渣、工业副产石膏、建筑垃圾、秸秆等大宗固体废物年利用量将达到40亿吨，新增大宗固体废物综合利用率将达到60%。废钢铁、废铜、废铝、废铅、废锌、废纸、废塑料、废橡胶、废玻璃等主要再生资源年利用量将达到4.5亿吨。资源循环利用产业年产值预计达到5万亿元。

（六）复合型碳汇系统

碳汇是指通过植树造林、植被恢复等措施，吸收大气中的二氧化碳，从而减少温室气体在大气中浓度的过程、活动或机制。根据地区林木资源、农业、湿地特点，努力增加林木碳汇和农业与湿地碳汇，加快城镇绿化建设，有效吸纳温室气体排放，增强城市碳汇能力。提升森林资源质量，推进形成河湖林网、绿色通道、生态片林、村镇绿化、果茶基地等水绿相融的生态绿化格局。大力开展农业湿地和农田林网的建设与保护，通过选育高捕碳固碳的作物种类实施作物品种替代，通过提高耕地质量水平保持农田土壤生态系统的长期固碳能力，充分应用农业湿地捕碳固碳。大力保护湿地生态系统，建立和完善湿地保护管理体系，维护湿地生态系统碳平衡，增强湿地储碳能力。推进城市绿化建设，完善并严格实行城市绿线管理制度，推进重大绿化生态工程建设，通过改良树种提升碳汇效果。

全国碳排放配额（CEA）价格稳定在49元/吨左右，活跃度提升。自

2021年7月1日开市以来，全国碳排放配额价格稳定在49元/吨左右，每周成交量波动较大，但整体活跃度呈提升趋势。从最新数据来看，2021年10月11—15日当周，CEA总成交量为49.81万吨，周成交额为2194.81万元，周成交均价为44.06元/吨（见图6-11）。

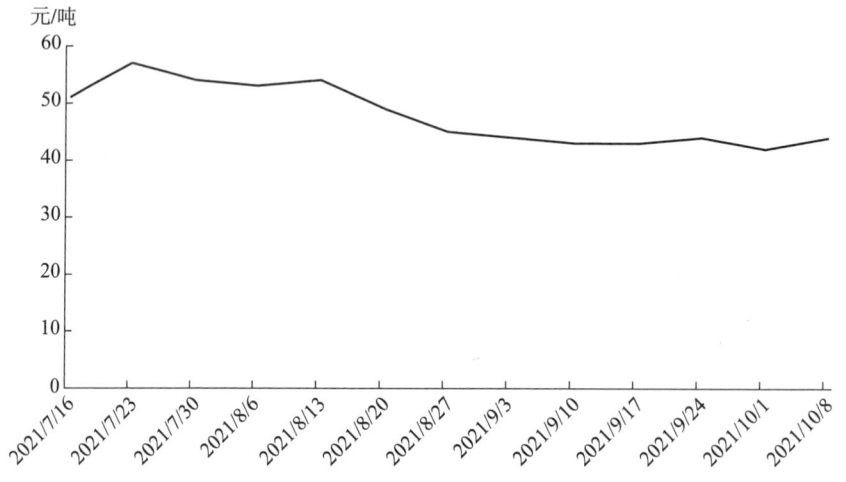

图6-11　全国碳市场碳排放配额价格

负排放（碳汇）是实现碳中和的必经之路。碳中和目标的实现主要有两种途径：①降低碳排放，主要路径包括通过调整产业结构和节能高效来降低能源消耗总量，以及通过能源生产清洁化和能源消费电气化来降低能源碳强度；②增加碳移除、负排放，主要路径包括增加碳捕集与封存，以及林业碳汇等。根据联合国政府间气候变化专门委员会（IPCC）第六次评估报告第一工作组报告，为实现《巴黎协定》中温升控制在1.5℃的愿景，仅净零还不够，负排放技术不可或缺，故减排措施与自然碳汇属于互补关系，将共同助力实现"双碳"目标。

林业碳汇为最经济的负排放技术。目前，具体的负排放技术主要包括造林/再造林、生物炭、直接空气捕捉、强化风化等。根据中国工程院院刊 Engineering，造林/再造林（林业碳汇）是最经济的负排放技术，去除二氧化碳的成本在10~50美元/吨；直接空气捕捉是最昂贵的负排放技术，去除二氧化碳的单吨成本在数百美元或更高；生物质能源+二氧化碳捕获和储存技术介于两者之间，去除二氧化碳的成本在 100~200 美元/吨。我国陆地生态碳汇能力大，林业碳汇效果佳。此外，我国重要林区，尤其是西南林区以及夏季的东北林区对此作出了主要固碳贡献，这也是我国近 40 年来对恢复天然森林植被、加强人工林培育巨大投入取得的成果。

三、零碳示范区建设的系统保障

（一）建设面临的"瓶颈"

当前，我国已开展的近零碳排放区示范工程在不同领域对低碳发展模式和路径进行了积极探索，但从各地建设实践来看，概念认识不统一、评价指标体系不健全、配套支持措施不完善等问题仍然较为突出。

1. 近零碳排放概念认识不够清晰和统一

尽管有些地方已提出一些原则性要求，但在近零碳排放示范区的建设过程中仍然存在概念模糊、指标缺失、建设路径不完善等问题，甚至将近零碳排放等同于低碳发展。近零碳排放是低碳发展的 2.0 版本，在各地区近零碳排放示范区建设过程中，应尽快统一相关定义及内容，避免在发展过程中走弯路。

2. 缺乏相对完善且适用性强的评价标准

已开展近零碳排放区示范工程的地方经济发展水平和资源禀赋各异，其近零碳排放区示范工程的建设目标和实现路径也大不相同。如何在地区发展不平衡的基础上构建一套相对完善、适用性强的评价指标体系，并针对不同领域对评价指标体系进行细分和特色化设计，有效解决经济发展需求和碳排放控制之间的平衡问题，需要进一步研究和探索。

3. 配套支持政策尚不完善

各地区在开展近零碳排放示范区建设时缺乏有效的部门协调、统筹机制，以及相关配套支持政策与有效的激励机制和监督评价机制，各相关部门尚未形成政策合力。近零碳排放示范区建设尚未与地方经济发展、产业协同、基础设施建设等规划紧密结合，这会影响示范区的建设进度和示范效应。

近零碳排放作为低碳的升级版，需从组织管理、智力支撑、资金扶持、宣传引导等多个方面进行综合考虑，为城市近零碳排放示范区的建设与经验推广构建综合性的系统保障。

（二）启示和建议

1. 建立降碳管理机制

在推动能源转型和低碳技术创新方面，政策具有激励和引导作用。政府应该为"双碳"目标战略的推进，制定和构建国家层面的相关法律、制度和政策体系，推进并完善绿色金融体系建设，实施碳排放交易机制，为"双碳"目标的实现提供投融资保障。建立低碳、近零碳排放县（区）、园区试点建设协调工作机制，加强低碳发展规划统筹，将低碳、近零碳理念和要求融入开发建设及管理全过程、各方面。健全县（区）、园区基础能源监测统计和碳排放统计核算体系，提升碳排放信息化、智能化水平。

一方面，为实现"双碳"目标，政府需要构建自上而下的法律制度体系。为应对气候变化立法，是我国实现"双碳"目标战略的法制顶层设计。另一方面，碳排放交易机制作为一种新型的市场化机制，其价格机制是核心，应不断完善碳定价机制，保障碳价水平能在合理区间内运行。绿色金融是绿色发展的重要推动力，将成为实现"双碳"目标的重要抓手。构建绿色金融体系，让金融机构和金融市场引导大量社会资本投入绿色产业，从根本上提升金融市场对"双碳"目标战略的支持力度，推动经济长足发展。完善能源和碳排放管理制度，坚决遏制高耗能、高排放、低水平项目盲目发展。有序推广碳标签，探索开展绿色低碳产品、碳足迹认证和应用。实施碳排放总量和强度"双控"，构建减污降碳激励机制。

2. 促进能源低碳转型

能源结构调整是减污降碳最关键的一环。积极推进能源结构清洁化，将当前能源结构中"化石能源为主"调整为"非化石能源为主"，通过节能提效、优化能源结构、技术创新三种显性途径实现能源高质量发展。因地制宜发展光伏、地热、生物质能等可再生能源，推动可再生能源建筑应用。因地制宜发展分布式能源项目，提升县（区）、园区供热集中度和效率。加大余热、余压、余气梯级利用，提高常规能源利用效率和能源产出率。实施煤炭消费总量控制，持续提升清洁能源占比。加快实施电能替代和清洁替代，提高生产过程、交通物流等环节电气化水平，打造100%可再生能源电力应用场景。引导和推动参与绿电和可再生能源电力交易，降低购入电力蕴含的二氧化碳排放。

3. 推动节能低碳发展

推动产业结构、产品结构有序调整，不断提升单位土地、用能和碳排放的经济产出，推动绿色低碳产业、先进制造业聚集。开展清洁生产审核、节能诊断和节能改造，深入挖掘节能减污降碳潜力，降低单位工业增加值能耗和二氧化碳排放。落实建筑环境与节能政策标准，提升园区绿色建设水平。研发和推广先进适用低碳、零碳和负碳技术，有序实施工艺流程低碳化改造。发展循环经济，提高工业固体废物综合利用率，提高工业用水重复利用率和再生水回用率。推广碳汇式绿化方式，巩固提高生态系统碳汇。

4. 增强降碳减污协同

切实发挥降碳对生态环境质量改善的源头牵引作用，协同推进低碳发展，统筹污染防治与"双碳"目标要求，突出重点领域、重点行业和关键环节，加快形成有利于降碳减污的产业结构、生产方式和生活方式。建立健全一体推进降碳减污的管理机制，开展降碳减污协同增效行动，从源头上减少污染物和碳排放。

（三）保障建议

1. 组织管理

建立以相关主管部门为主、多部门分工协同、信息共享的工作机制，统筹推进近零碳排放示范区建设的各项工作。逐层分解落实工作责任，形成市和区（县）分级管理、部门相互配合、上下良性互动的推进机制。按照国家"3060"目标远景，把近零碳排放落实到地方和行业发展规划中，制定与城市发展能级相匹配的指标体系、评价标准和专项行动计划等。

2. 智力支撑

充分借鉴美国、欧盟、日本等国低碳经济发展的成熟经验，积极探索与国内外相关城市、国际组织和研究机构的合作，加强可再生能源利用，碳捕集、利用和封存等相关技术的研发及推广应用。充分发挥行业协会、专业技术机构、高校的技术支撑，加强碳排放统计核算、考核评估、碳资产管理等高层次专业人员的培养力度。

3. 资金扶持

统筹省市有关低碳发展的专项资金，积极支持近零碳排放示范区项目建设。强化碳金融创新发展，充分发挥金融对绿色发展的资源配置和风险管理作用，积极开展绿色信贷、绿色基金等绿色金融产品和市场体系，积极引导科技风险投资、创业投资、股权投资基金等双边和多边基金进入近零碳排放示范区建设领域。

4. 宣传引导

通过设立碳排放查询系统站点，使个人获得评估家庭日常生活碳排放量的途径，为碳减排设定基线。引导个人和组织开展"擦掉碳足迹，进行碳补偿"活动，通过多样化的宣传活动，形成全社会共同参与零碳示范区建设的良好氛围。

四、零碳示范区建设技术应用

（一）智慧社区

1. 概念解释

智慧社区建设是在传统小区人防、物防、技防的基础上利用信息化手段对人、车、房屋等信息进行采集和分析，实现信息数据的利用及合理预警，对小区人员信息进行采集和登记，并关联车辆、房屋等信息，形成全系统档案，使公安详细了解小区情况，增强公安对小区的管理能力；同时小区借助信息化建设提升小区自身防控能力，通过前端设备的建设及权限的管理，实现出入小区实时监控，人员、车辆信息实时查询，刷卡信息实时查询，房屋信息实时查询和管控，让违法犯罪分子不敢出现在小区内，减少治安隐患，让居住环境更安全。

2. 政策背景

住宅小区是社会变革和城乡居民居住理念更新的产物。时代的发展、社会的进步，势必促使人们对居住环境的观念不断更新。一个具有规模的住宅小区，具备配套设施完善、居住舒适便捷、服务功能齐全等多项条件，从各方面满足小区住户物质与精神的需求。为了进一步促进经济发展和社会稳定，提高人口服务管理质量，实现对城市人口的科学管理、动态管理和长效管理，中央及各地政府逐步出台针对小区管理的政策。2019年3月，公安部发布了《全国公安机关加快社会治安防控体系建设行动计划》，加快推进立体化、信息化社会治安防控体系建设；之后于2019年7月印发了《全国公安机关社会治安防控体系建设指南》，其中提出通过建设智慧社区警务室、智慧安防小区，提升社区警务工作效能，提升社区治安防控水平。2019年12月，中央政法委研究制定了《全国市域社会治理现代化试点工作指引》（以下简称《工作指引》），标志着市域社会治理现代化试点工作的正式启动，《工作指引》中明确提到"在老旧小区改造和新建小区过程中，推进智慧社区建设，提升群众安全感"。由此可以看出，建设智慧社区对于社会治安防控和基层社会治理有着非常重要的意义。

随着国家对物联网产业的持续支持，物联网的重点运用领域智能安防逐渐被人们重视。拥有智能化系统的楼盘将格外吸引消费者的注意，它既契合民众对于智能化、舒适化生活的深度需求，又为低迷的房地产行业注入了全新而强劲的活力。智能综合安防利用科学技术，推动住宅小区往数字化、网络化、集成化的方向发展，糅合了多种先进技术的应用，最终体现出居住环境的人性化、生活化、简单化等特点，带给居住用户极大的便利性，满足小区住户追求高品质、高智能生活的心理。

3. 技术领域

从"人过留影、车过留痕"的自动化访客管理，到未授权进社区人员的智能识别；从老人小孩出社区提醒，到老人小孩/陌生人轨迹查询与追踪，以及消防通道畅通性监测预警、AI周界报警、本地黑名单人员布防等安防举措，成功将各类社区风险挡在门外，变小区治理为"智"理，从而增强对小区安全的预测、预警、预防能力，降低小区发案率，提升小区居民安全感、获得感、幸福感。

对于智能化小区系统的建设，绝不应该是对各个子系统进行简单堆砌，而应在满足各子系统功能的基础上，寻求内部各子系统之间、与外部其他智能化系统之间的完美结合，主要依托于智慧安防综合管理平台，来实现对视频监控系统、入侵报警系统、停车场管理系统、可视对讲系统、访客系统综合管理和控制等。

（1）组网架构。

智慧社区建设涉及局域网、互联网、专线网络、视频专网和公安内网等多个网络，采用市、区县、小区三级网络架构。小区侧智慧社区平台建设于小区的局域网内，作为小区智慧安防设备管理平台，将采集到的数据按照相应标准上传至区县数据汇聚平台。区县智慧社区数据汇聚平台建设于专线网络，主要负责汇聚各小区上传的数据并做相应展示，向上汇聚至市级智慧社区数据汇聚平台。专线网络内，市级智慧社区数据汇聚平台汇聚全市各区县上传的智慧安防小区数据，经过视频专网后统一传入公安内网平台。市级公安内网智慧社区平台主要负责感知信息资源整合，对接人像平台与公安原有业务库，实现实有人口分析、重点人员预警与研判分析，以及信息情报及时下派等综合应用。

（2）智慧视频监控系统。

智慧视频监控系统是采用图像处理、模式识别和计算机视觉技术，通过在监控系统中增加智能视频分析模块，借助计算机强大的数据处理能力过滤掉无用的视频画面或干扰信息、自动识别不同物体，分析抽取视频源中关键有用信息，快速准确地定位事故现场，判断监控画面中的异常情况，并以最快和最佳的方式发出警报或触发其他动作，从而有效进行事前预警、事中处理、事后及时取证的全自动、全天候实时监控的智能系统。视频监控系统作为工作区安防状态的监视、信息手段之一，结合内部对讲系统、公共广播系统遥相呼应，可减少管理人员的工作强度，提高管理质量及管理效益。

（3）智慧防入侵报警系统。

入侵报警系统一般由探测器、报警控制器、联动控制器、模拟显示屏及探照灯等组成。利用传感器技术和电子信息技术探测并指示非法进入或试图非法进入设防区域（包括主观判断面临被劫持或遭抢劫，又或其他危急情况时，故意触发紧急报警装置）的行为、处理报警信息、发出报警信息的电子系统或网络一般的入侵报警系统多采用线型探测器。线型探测器多采用双路/四路主动红外探测器，组成防非法跨越报警系统。当探测器检测到入侵信号时，即向小区物业接警中心报警，接警中心联动控制器打开相关区域探照灯，发出报警警笛，启动录像机，模拟电子屏动态显示报警区域，接警中心监控计算机即可弹出电子地图。

（4）智慧门禁系统。

小区的门禁系统是保障小区安全的第一道防线。智慧小区的智能人脸识别门禁系统设置在小区的大门进出口以及单元楼门口，充分利用先进且成熟的人脸识别技术并配套多种开门方式，比如人脸识别+刷卡+指纹。

智能人脸识别门禁系统不仅能够实现无接触"刷脸"即可验证识别轻松通行，还能根据小区的人员流动等数据进行分析。假如在后台系统中发现某个独居老人接连几日没有进出，小区的管理人员即可上门进行查看。智能门禁系统能大大提升小区的安防管理与服务水平，还增强了小区居民的安全感与高品质的体验感。

（5）智慧住宅安防系统。

智慧小区在每户业主的家中装设红外线探头、窗磁门磁开关、感烟探头、紧急报警按钮等，每个单元入口设置一台主机。在保安中心设置一套管理主机。客人来访时,按下室外按钮或被访者的房间号码,住户室内分机会发出振铃声,同时,室内机的显示屏自动打开,显示出来访者的图像及室外情况,主人与客人对讲通话,确认身份后可通过户内分机的开锁键遥控大门电控锁让客人进入,客人进入大门后,大门自动关闭。另外,通过小区联网,可实现对整个小区内所有安装家庭安全防范系统的用户进行集中的保安接警管理。每个家庭的安全防范系统通过总线可将报警信号传送至管理中心,管理人员可确认报警的位置和类型,同时计算机还显示与住户相关的一些信息,以供安保人员及时、正确地进行接警处理。

(6) 智慧周边防范系统。

周边防范围栏报警系统主要监视建筑物周边情况,防止非法入侵,是防盗报警系统的一道防线,也是非常重要的一道防线。该系统集成了手机监控与手机防盗报警两大系统,当有非法人员闯入禁区防区时,系统主机会第一时间给指定用户拨打电话并发送短信,用户收到电话短信时可以第一时间用手机或者电脑查看监控区域的画面。周边防范传感器能够在入侵者一进入防区时就立刻发觉,并且在其接近被保护人和被保护财物之前发出警报。一个有效的户外安全系统可以通过降低盗窃风险,减少破坏和人员伤害。

(7) 智慧可视对讲系统。

传统模拟可视对讲系统是由管理中心、可视室外主机、可视室内分机电源等部分构成。可实现三方通话、楼宇对讲、图像监看、综合报警、开启门锁、报警记忆、中心综合管理。系统采用485布线传输方式,根据不同要求,可外接门磁、红外、烟感、瓦斯探头及连接电脑中心、工作站和"110"报警中心,实行社区智能化管理。

(8) 智慧停车场管理系统。

小区的车辆进出以及停车场管理也是与居民密切相关的一个板块,而智慧停车场管理系统能为小区中的停车管理进行自动化管理。小区的车辆进出只需摄像头自动识别车牌即可通行,而且能在线进行自助缴费等。这既减少了小区的人力投入成本,又实现了智能化管理。

(9)智慧生活缴费。

居民可以在手机上查看物业发出的缴费通知单,并可以在线进行缴费操作。账单详情可以按照时间维度(日、月、年)进行查看,缴费电子凭证在小程序中也会留存,方便用户查阅。通过"易缴费",住户再也不用排队去物业公司缴费了,什么时候需要缴费、需要缴纳哪些费用都一目了然,远程操作安全可靠。

(二)经典案例1

广东省深圳市坪山区是全国首批智慧城市试点区,也是深圳市最早启动智慧城市建设的区域,经过多年来一系列的改革和创新,逐步在规划思路、建设模式、成果运用等方面摸索出一条具有坪山特色的新型智慧城市建设之路。坪山区将智慧城市和数字政府建设作为发挥"后发优势"、打造"创新坪山"的重要抓手,按照"五统一"原则和"大中台、小前台"建设思路,陆续建成了大数据、视频资源共享、时空信息云等资源和能力平台,以及民生诉求、应急指挥、智慧查违等一大批应用系统,为实现治理体系和治理能力的现代化打下了坚实的基础。

1. 统筹规划初见成效

构建1个区级指挥中心、6个街道分中心、N个职能分中心的"1+6+N"智慧城市指挥运行体系。建立健全顶层设计,全面统筹智慧城市建设,严格按照"五统一"(统一规划、统一标准、统一平台、统一网络、统一管理)原则进行建设,将智慧坪山建设划分为"互联互通、资源共享、数据融合、业务创新"四个阶段,逐年制订实施计划,切实推进智慧城市建设。高度重视智力支持,成立智慧城市建设专家委员会,充分保障智慧城市领域的智库支撑;高度重视信息化队伍建设,组建首席信息官(CIO)和首席隐私官团队,举办智慧城市沙龙,为智慧坪山建言献策。优化项目审批流程,颁布了《深圳市坪山区政府投资项目工程变更管理暂行办法》,对信息化建设项目实行分类管理,由信息化主管单位对技术和资金方面进行统筹。通过"总包+预选供应商"的模式推进信息化项目建设,实现智慧坪山建设的全局性统筹和全链条优化。将智慧城市和数字政府建设工作纳入全区绩效考核，全面提升各部门的信息化建设质量。

2. 基础设施初具规模

全区建成了一张网络、一朵政务云、一个运行中心、一个感知平台，形成"共享、安全、集约"的信息基础设施体系。先后规划建设了四期政务光纤网络，建成总长590千米的自有产权政务光纤网络，实现"区—街道—社区"所有机关单位和学校、医院等公共服务机构全覆盖，政务网络终端用户约6千个。升级互联网出口带宽，终端上网速度由平均19.36兆字节/秒提升到平均83.2兆字节/秒，政务网络性能实现质的飞跃；优化提升公共免费Wi-Fi，公共场所免费Wi-Fi覆盖率达到95%，日均在线用户数约6万人，无线连接成功率达100%，在全市排名第一。建成全区共享的政务云平台，计算资源的利用率从整合前的20%提升到60%以上，现有的云计算资源具备超过7000核CPU、10000G内存、160T存储空间的能力，可确保智慧应用系统快速部署。建成智慧坪山运行管理中心，采取"平战结合"的运行管理模式，实现对城市运行状态的全面感知、态势预测、事件预警，对应急、三防、城管、交通、公共安全等领域的跨部门协同指挥。开展智慧多功能杆试点建设，并着力构建基于NB-IoT、LoRa等技术的物联感知平台，为下一步多功能杆的大范围推广建立数据模型、积累实践经验、提供示范效应。

3. 公共平台支撑有力

建成视频资源智慧管理平台，接入视频数量超过1万路，实现视频资源的有效共享和整合利用，为重大活动事件及应急保障工作提供视频支撑。建成区级大数据平台，新增数据项编目648项，汇集了20家市直部门、37个区内单位的业务数据，数据量超过13亿条，信息资源共享利用率显著提升，实现政务数据统筹整合。建成统一事件分拨平台（智慧管理指挥平台），集民生诉求、巡查上报、事件分拨、业务协同、网格员指挥调度、考核监督、统计分析、决策辅助等功能于一体，受理告知率和办理告知率长期保持100%，各项考核均名列全市前茅。在全市率先建成覆盖全区、涵盖29大类650个图层的时空信息云平台，集成二维、实景三维、全景影像等空间基础数据，整合融入了企业法人、人口、房屋等120多万条专题数据，采集倾斜摄影模型精度达到2厘米，平台为全区各单位提供实时在线地图服务，累计被调用次数达600万次，满足了应用系统的电子地图服务需求。时空信息云平台还获得了国家地理信息产业优秀工程金奖。

4. 智慧应用日益丰富

政务协同方面，建设智能政务办公系统（OA），提升系统稳定性和访问速度，在全区推广应用政务微信，有效提高行政效能。公共服务方面，创新"互联网+政务服务"模式，紧扣优化"营商环境"改革部署，构建了"1+6+23"（区—街道—社区）三级政务服务体系，实现政务服务标准化。民生诉求系统"@坪山"不断完善优化，助力打造"民有所呼，我有所应；民有所需，我有所为"的服务型政府，该系统获评由人民网和中央党校联合主办的2019年全国"创新社会治理典型案例"最佳案例。创新行政审批机制，不断推进行政审批"马上办""网上办""就近办"和"秒批"服务改革。公共安全方面，打造基于视频资源共享平台的"AI+33视频"创新应用，组建"AI+视频"联合实验室，重点开发视频智能解析应用，形成"AI+视频"在城市管理治理领域应用创新的"坪山经验"，"AI+视频"系统入选全国"雪亮工程十大创新案例"。建成应急指挥系统，构建"1+6+N"应急指挥体系，破解传统应急指挥模式下多头指挥、多小散弱的局面。城市治理方面，建成基于共享地图平台的智慧查违系统，实现"底数清、情况明、查处快"的智慧查违新模式。打造"智慧监督"新标杆，党风廉政监督预警系统对工程投资、政府采购等11类廉政信息进行实时、精确分析，对区域、单位和个人的廉情状况"画图描像"，做到提前介入、抓早抓小目标。创建智能交通样板工程，实现交通视频监控"全覆盖、全智能"，对交通大数据进行分析，实现交通规划建设、监测预警、运行指挥的智慧化管理。智慧产业方面，上线产业空间地图系统，在一张图上呈现片区产业现状、研发投入强度等产业指标分布情况，为坪山区招商引资择优落地、迁移落后产能、优化产业布局提供支撑。建立信用信息共享机制，整合接入了全区安全生产、消防安全、城市管理等重点领域信用信息。推进"AI+视频"研究成果、区块链和商用密码、物联网和无人驾驶等一系列技术应用落地，加速科技成果转化，形成"智慧+"产业信息应用。

5. 网络安全保障有力

打造智慧坪山信息安全运行管理平台，实现全区身份认证、网络终端、服务器、网络出口等统一安全管理。建立安全态势感知平台，实时获取全网安全态势，有力保障了智慧各个平台系统的安全稳定运行。制定了集"运行监测中心、技术体系、管理体系、服务体系"于一体的"一中心、三体系"信息安全总体架构。出台了《坪山区党政机关网络与数据安全管理暂行办法》等规范性文件，明确了网络与数据安全管理制度，开展系统安全等级保护定级。在全区推行首席隐私官制度，并与英国标准协会（BSI）、数文明（广州）智能信息科技有限公司等国际国内专业机构合作推进数据分级分类及隐私保护相关探索。加强网络安全值班值守，实现7×24小时网络安全值守，经受住重要时间节点的网络安全保障考验，初步形成了一支信息安全保障有力的专业队伍。

（三）经典案例2

广东深圳前海深港合作区的智慧前海建设在2013年开始起步，通过5年多的信息化建设，初步实现了通信基础设施的共建共享，完成了现阶段前海人员密集区域的Wi-Fi全覆盖，发行的"前海卡"降低了深港通信资费，建设的智慧前海云中心和智慧前海云平台提供了集约化服务，建设的前海门户网站、e站通网上办事大厅、前海协同办公平台、人力资源管理、建设过程管理等业务系统形成了智慧政务的雏形，建设的前海廉情预警评估系统进一步推进了前海法治化、廉洁化。前海信息化建设为实现智慧前海跨越式发展提供了较好的基础。

1. 网络基础设施

前海网络设施环境由智慧前海云、数据中心机房等组成。智慧前海云平台由两朵云、6个区组成。两朵云分别是生产云和DMZ云，6个区分别为物理服务器区（数据库、其他服务器）、数据共享区（OceanStor 9000）、业务生产区、测试开发区、运行管理区和DMZ区。

生产云包括业务生产区、测试开发区和运行管理区。每个区之间通过集群进行隔离。其中，物理服务器区主要部署不能在云端部署的系统及对性能要求较高的业务；数据共享区主要部署数据共享业务，目前只部署了一套OceanStor 9000共享存储，对外提供文件共享、数据备份、视频监控数据保存等业务；业务生产区主要部署对性能要求不是特别高且能云化的生产系统；测试开发区主备部署测试、开发及演示的系统平台；运行管理区主要部署管理系统，包括云平台管理系统、服务管理系统、存储管理系统、网络管理系统等；DMZ区主要部署非安全服务器，如反向代理服务器或者前置机等，外网用户需通过DMZ区域服务器进行跳转访问业务生产区的业务系统，以达到安全隔离的作用。

2. 通信基础设施

（1）国际通信专用通道。

"建设国际通信专用通道"是国务院批复的前海改革创新22条之一，是前海吸引跨国企业、集聚现代金融业和现代物流业，发展现代服务业的重要战略性基础设施。2014年7月2日，工业和信息化部批准并同意建设前海直达国际出口局（广州/北京/上海）的国际通信专用通道。前海至国际出入口局的国际数据专用通道对城域网、省网、国家骨干网等几个网络的传输网和数据网进行优化，国际互联网访问可减少时延50毫秒，到中国台湾、新加坡、日本等亚太主要国家或地区时延都可以达到100毫秒以内，到中国香港地区时延可达到80毫秒以内，可以满足除高频交易之外的通信业务需求。到目前为止，已建设总带宽为420G。

(2) 新型互联网交换中心。

工业和信息化部与深圳市共同研究探讨在前海设置区域性互联网交换中心，2018年6月21日由工业和信息化部通信管理局隋静副局长主持，在前海召开了国家新型互联网交换中心专题研讨会，由深圳市通信管理局牵头，会同中国信息通信研究院、国家计算机网络应急基础处理协调中心广东分中心，共同推进在深圳建设新型互联网交换中心。2018年12月，中国信息通信研究院完成了《深圳前海新型互联网交换中心建设实施方案（送审稿）》的编制工作。

(3) 前海公共 Wi-Fi "深港通"。

2017年，前海启动公共免费 Wi-Fi 基础设施建设，为市民提供"信息惠民"服务，在满足高带宽、高速率体验的基础上，进一步发挥前海深港合作的特色，推进深港两地通信领域合作，将"信息惠民"惠及香港地区用户。在满足两地政策要求和数据安全基础上，前海管理局与香港地区移动运营商进行协商合作，经过双方技术升级改造和建设专用鉴权认证平台，实现前海公共 Wi-Fi 后台能够认证香港地区手机用户，实现 Wi-Fi 认证数据"深港通"，为到访前海的香港地区用户提供高速优质的公共 Wi-Fi 网络服务。2017年4月25日，前海公共 Wi-Fi 网络"深港通"正式启动，香港地区移动用户在深圳首次实现直接访问政府公共免费 Wi-Fi。

3. 光纤宽带网络

前海开发规划将融入"光网城市、无线城市和智慧城市"的理念。其中，以无线宽带网络为主的信号将覆盖区域每一个角落，让市民在前海的任何一个地方、任何时间都能与世界范围内任何人进行低成本、无障碍的通信交流。目前，使用统一的深圳市政务内网和政务外网，前海管理局内部各处室以局域网方式汇聚到前海数据中心机房，上联至深圳市政务内网和政务外网。

4. 智慧灯杆建设

前湾一路智慧路灯试点项目已纳入"深圳市新型智慧城市建设2018

年实施方案"。前海智慧路灯将采用一杆多用集约化建设方式,复合智慧城市管理各项功能,是目前国际国内智慧城市基础设施发展的发展方向。2019 年,前海管理局以前湾一路为试点,采用物联网、移动互联网、大数据、无线通信等先进技术的整合集成,力争打造国内智慧路灯标杆案例。目前已完成项目立项和设计招标,以及前湾一路全路段智慧路灯建设,公共 Wi-Fi 无线网络、道路及安防高清监控、气象微观测站的配套建设,实现了智慧路灯统一管理平台上线运行。